Informationelle Selbstbestimmung zwischen Wettbewerbs- und Datenschutzrecht

Europäische Hochschulschriften Recht

European University Studies in Law

Publications Universitaires Européennes de Droit

Band/Volume 6250

Tim Sperlich

Informationelle Selbstbestimmung zwischen Wettbewerbs- und Datenschutzrecht

Eine Analyse und Beurteilung der Wechselwirkungen zwischen dem Wettbewerbs- und Datenschutzrecht

PETER LANG

Bibliografische Information der Deutschen Nationalbibliothek
Die Deutsche Nationalbibliothek verzeichnet diese Publikation in der Deutschen Nationalbibliografie; detaillierte bibliografische Daten sind im Internet über http://dnb.d-nb.de abrufbar.

Zugl.: Bremen, Univ., Diss., 2020.

D 46
ISSN 0531-7312
ISBN 978-3-631-85077-0 (Print)
E-ISBN 978-3-631-85424-2 (E-PDF)
E-ISBN 978-3-631-85425-9 (EPUB)
E-ISBN 978-3-631-85426-6 (MOBI)
DOI 10.3726/b18399

Peter Lang – Berlin · Bern · Bruxelles · New York · Oxford · Warszawa · Wien

Diese Publikation wurde begutachtet.

www.peterlang.com

Vorwort

Die vorliegende Arbeit wurde im Wintersemester 2020/2021 von der Juristischen Fakultät der Universität Bremen als Dissertation angenommen. Literatur und Rechtsprechung konnten bis zum April 2020 berücksichtigt werden. Lediglich eine Entscheidung des Bundesgerichtshofs vom 23. Juni 2020 (Az.: KVR 69/19) fand noch nachträglich Eingang in die Arbeit, da sie von grundlegender Bedeutung für die bearbeitete Thematik ist.

Zunächst bedanke ich mich bei meinem Doktorvater Herrn Prof. Dr. *Benedikt Buchner*, LL.M. (UCLA) für seine Betreuung und wertvolle Unterstützung. Besonders geholfen hat mir seine jederzeitige Bereitschaft, sich meiner Problemstellungen aufgeschlossen anzunehmen, kurzfristig zu durchdenken und weiterführende Ansätze aufzuzeigen. Meine Zeit als Wissenschaftlicher Mitarbeiter am Institut für Informations-, Gesundheits- und Medizinrecht (IGMR) empfand ich als überaus lehrreich und gewinnbringend. Bedanken möchte ich mich auch bei Herrn Prof. Dr. *Gralf-Peter Calliess* für seine wichtigen Hinweise zur kartellrechtlichen Seite meiner Arbeit, die ich im Rahmen einer Überarbeitung noch berücksichtigen konnte.

Dank gebührt auch meinem Kollegen, Herrn *Marcel Kubis*. Die Bürogemeinschaft mit ihm trug täglich zur Motivation bei, die vorliegende Arbeit voranzutreiben.

Von großer Bedeutung war für mich zudem die emotionale und mentale Unterstützung sowie Hilfe in der Fertigstellungsphase, die ich von meiner Freundin, Frau *Leonie Becker* erfahren habe. Ihre gewissenhafte Durchsicht und Korrektur waren eine wesentliche Erleichterung für mich.

Ein herzlicher Dank gebührt schließlich meinen Eltern und meiner Schwester, die mich jederzeit unterstützt haben. Besonders bedanke ich mich bei meinem Vater *Klaus Sperlich*, der mir mit seiner juristischen Fachkompetenz stets zur Seite steht.

Bremen, den 12.02.2021
Tim Sperlich

Inhaltsverzeichnis

Abkürzungsverzeichnis

a.A.	andere Ansicht
ABl.	Amtsblatt
Abs.	Absatz
AEUV	Vertrag über die Arbeitsweisen der Europäischen Union
a.F.	alte Fassung
AiB	Arbeitsrecht im Betrieb
Art.	Artikel
BB	Betriebs-Berater
BDSG	Bundesdatenschutzgesetz
Beschl.	Beschluss
BGB	Bürgerliches Gesetzbuch
BGH	Bundesgerichtshof
BGHZ	Entscheidungen des Bundesgerichtshofes in Zivilsachen
BKartA	Bundeskartellamt
bspw.	beispielsweise
BT-Drs.	Bundestagsdrucksache
BVerwG	Bundesverwaltungsgericht
bzgl.	bezüglich
bzw.	beziehungsweise
CR	Computer und Recht
dass.	dasselbe
ders.	derselbe
dies.	dieselbe
DSB	Datenschutz-Berater
DS-GVO	Datenschutzgrundverordnung; Verordnung (EU) 2016/679 des Europäischen Parlaments und des Rates vom 27. April 2016 zum Schutz natürlicher Personen bei der Verarbeitung personenbezogener Daten, zum freien Datenverkehr und zur Aufhebung der Richtlinie 95/46/EG
DSRL	Datenschutzrichtlinie; Richtlinie 95/46/EG des Europäischen Parlaments und des Rates vom 24. Oktober 1995 zum Schutz natürlicher Personen bei der Verarbeitung personenbezogener Daten und zum freien Datenverkehr
DSK	Datenschutzkonferenz
DuD	Datenschutz und Datensicherheit

Ebd.	ebenda
EDSB	Europäischer Datenschutzbeauftragter
EMRK	Europäische Menschenrechtskonvention
EU	Europäische Union
EuCML	Journal of European Consumer and Market Law
EuGH	Europäischer Gerichtshof
EuZW	Europäische Zeitschrift für Wirtschaftsrecht
EWS	Europäisches Wirtschafts- und Steuerrecht
ff.	folgende Seiten/Randnummern
FKVO	Fusionskontrollverordnung; Verordnung (EG) Nr. 139/2004 des Rates vom 20. Januar 2004 über die Kontrolle von Unternehmenszusammenschlüssen, bekanntgemacht im ABl. Nr. L 024 vom 29/01/2004 S. 0001-0022
FS	Festschrift
GG	Grundgesetz
GRCh	Charta der Grundrechte der Europäischen Union
grds.	grundsätzlich
GRUR	Gewerblicher Rechtsschutz und Urheberrecht
GRUR Int.	Gewerblicher Rechtsschutz und Urheberrecht Internationaler Teil
GWB	Gesetz gegen Wettbewerbsbeschränkungen
Hrsg.	Herausgeber
i.E.	im Ergebnis
InTeR	Zeitschrift zum Innovations- und Technikrecht
lit.	Buchstabe
K&R	Kommunikation und Recht
MMR	Multimedia und Recht
NJW	Neue Juristische Wochenschrift
Nr.	Nummer
NZI	Neue Zeitschrift für Insolvenz- und Sanierungsrecht
NZKart	Neue Zeitschrift für Kartellrecht
NZWiSt	Neue Zeitschrift für Wirtschafts-, Steuer- und Unternehmensstrafrecht
PinG	Privacy in Germany
RDV	Recht der Datenverarbeitung
RL	Richtlinie
Rn.	Randnummer(n)
S.	Seite/Satz
s.a.	siehe auch
sog.	sogenannte/r/s

u.a.	unter anderem/unter anderen
UKlaG	Unterlassungsklagegesetz
Urt.	Urteil
UWG	Gesetz gegen den unlauteren Wettbewerb
v.	von
vgl.	vergleiche
VO 1/2003	Kartellverfahrensordnung; Verordnung (EG) Nr. 1/2003 des Rates vom 16. Dezember 2002 zur Durchführung der in den Artikeln 81 und 82 des Vertrags niedergelegten Wettbewerbsregeln, bekanntgemacht im ABl. Nr. L 001 vom 04/01/2003 S. 0001-0025
VuR	Verbraucher und Recht
WRP	Wettbewerb in Recht und Praxis
WuW	Wirtschaft und Wettbewerb
z.B.	zum Beispiel
ZD	Zeitschrift für Datenschutz
ZEuP	Zeitschrift für Europäisches Privatrecht
ZRP	Zeitschrift für Rechtspolitik
ZUM	Zeitschrift für Urheber- und Medienrecht
ZWeR	Zeitschrift für Wettbewerbsrecht

Einleitung

Der wirtschaftliche Erfolg eines Unternehmens hängt zumeist von der Fähigkeit ab, Kunden zu gewinnen und im Anschluss langfristig zu binden.[1] Der Erfolg der Kundengewinnung und -bindung beruht wiederum auf einer kundenorientierten Arbeitsweise mit dem Ziel, ein gewisses Maß an Kundenzufriedenheit zu generieren.[2] Die unternehmerische Kundenorientierung ist elementarer Bestandteil einer jeden erfolgreichen Unternehmensstrategie.

„Kundenorientierung“ kann beschrieben werden als die grundsätzliche Ausrichtung der Unternehmensaktivitäten an den Kundenbedürfnissen, die bei der Planung und Erstellung der unternehmerischen Leistungen Berücksichtigung finden, mit dem Ziel, langfristig stabile und ökonomisch vorteilhafte Kundenbeziehungen zu etablieren.[3] In diesem Zusammenhang spielen individualisierte Werbung sowie die Entwicklung von Innovationen, die auf die Wünsche der Kunden genau abgestimmt sind, stets eine bedeutsame Rolle: Zunächst werden Kunden durch passgenaue Werbung akquiriert. Eine langfristige Bindung setzt zudem die Entwicklung von Innovationen voraus. Kunden erwarten regelmäßig neue Produkte sowie deren Verbesserung bzw. Weiterentwicklung, also bezogen auf Softwareprodukte neue Versionen oder Updates. Unternehmerisches Ziel dieser kundenorientierten Arbeitsweise ist die Erzielung von in erster Linie monetären Gewinnen bzw. ganz allgemein die Gewährleistung des wirtschaftlichen Erfolgs.

Kundenorientierte Werbung und Innovationen basieren im Wesentlichen auf kundenbezogenen Informationen. Erfolgreiche Werbung erfasst und berücksichtigt die Interessen der Kundschaft. Das konkrete Interesse lässt sich durch die Analyse kunden- bzw. personenbezogener Informationen ermitteln. Das gleiche gilt für die Entwicklung von neuen Produkten bzw. Innovationen, die den Kunden passgenau ansprechen sollen. Die Eigenschaften neuer erfolgreicher Produkte sollten sich grundsätzlich nach dem Kundeninteresse richten. Unternehmerisches Handeln, das sich am Kunden orientiert, setzt regelmäßig Prozesse der kundenbezogenen Informationsgewinnung und -verarbeitung voraus. Am Anfang einer jeden Unternehmensstrategie steht daher eine „informationelle

1 *Hildebrand*, in: Link, Wettbewerbsvorteile durch Online Marketing, S. 57.

2 *Bräutigam*, in: Bräutigam/Rücker, E-Commerce, S. 23 Rn. 7: Oberstes Gebot ist die Sicherstellung der Kundenzufriedenheit.

3 *Bruhn*, in: Hinterhuber/Matzler, Kundenorientierte Unternehmensführung, S. 37.

Analyse“ des relevanten Personenkreises. Relevante Informationen lassen sich aus der Verarbeitung von Daten gewinnen. Enthalten die verarbeiteten Daten Informationen über persönliche oder sachliche Verhältnisse einer identifizierten oder identifizierbaren natürlichen Person, handelt es sich um schutzbedürftige personenbezogene Daten im Sinne von Art. 4 Nr. 1 DS-GVO.

Die Verarbeitung von personenbezogenen Daten ist heute Grundlage jedes wirtschaftlichen Erfolges im digitalen Wettbewerb. Die wettbewerbliche Stellung eines Unternehmens hängt von den Möglichkeiten bzw. Fähigkeiten ab, personenbezogene Daten zu erheben, zu speichern und zu nutzen. Dabei kommt es nicht nur auf den Umfang der verfügbaren Datensammlung und die Quantität der Daten an, sondern auch auf die Qualität[4] der Verarbeitungsmöglichkeiten und der konkreten Daten. Die Quantität und die Qualität der Datenverarbeitung sind zwei wichtige Faktoren, die die wettbewerbliche Stellung eines Unternehmens im Wirtschaftskreislauf bestimmen. Je mehr personenbezogene Daten über einen Kunden für ein Unternehmen verfügbar sind und je effektiver bzw. schneller die Datenverarbeitung vorgenommen werden kann, desto mehr wettbewerbliche Vorteile ergeben sich für das datenverarbeitende Unternehmen: Werbung wird weiter individualisiert, Produkte und Funktionen können exakt den Kundenwünschen entsprechend neu entwickelt werden.

Oft nehmen die Kunden in der geschilderten Verarbeitungssituation die Stellung eines Verbrauchers ein. Es gilt sie daher bei der Ausübung ihres Rechts auf informationelle Selbstbestimmung besonders zu schützen. Der Schutz des Verbrauchers bei der Verarbeitung personenbezogener Daten durch ein am Wettbewerb teilnehmendes privates Unternehmen[5] wird (auch) durch datenschutzrechtliche Vorgaben gewährleistet. Dabei handelt es sich um eine klassische Verarbeitungssituation bzw. den Normalfall[6] in der digitalen Wirtschaft.

---

4 Hier spielen insbesondere die Verarbeitungsmöglichkeiten eine Rolle, die „Big-Data“ bietet, siehe hierzu: *Meyerdierks*, in: Moos/Schefzig/Arning, DS-GVO, S. 683 ff.

5 Bezüglich des Unternehmensbegriffs bietet sich die Definition aus Art. 4 Nr. 18 DS-GVO an. Demnach ist ein Unternehmen eine natürliche oder juristische Person, die eine wirtschaftliche Tätigkeit ausübt, unabhängig von ihrer Rechtsform, einschließlich Personengesellschaften oder Vereinigungen, die regelmäßig einer wirtschaftlichen Tätigkeit nachgehen.

6 Der nationale Gesetzgeber beschreibt im Rahmen von § 2 Abs. 2 Nr. 11 UKlaG diesen Normalfall, wenn er von Vorschriften spricht, welche die Zulässigkeit der Erhebung personenbezogener Daten eines Verbrauchers durch einen Unternehmer oder der Verarbeitung oder der Nutzung personenbezogener Daten, die über einen Verbraucher erhoben wurden, durch einen Unternehmer, regeln; auf die Ausnahmen vom Regelfall hinweisend: *V. Lewinski/Hermann*, PinG 2017, S. 165 (168).

Die dargestellte Verarbeitungssituation erweist sich zugleich als Schnittstelle vieler im Grundsatz verschiedener (Teil-)Rechtsgebiete und ebenso als Ausgangspunkt für eine Vielzahl von Wechselbeziehungen: In der digitalen Wirtschaft schließen die Akteure Verträge, sodass das Vertragsrecht stets zu beachten ist.[7] Geht man davon aus, dass (personenbezogenen oder nicht-personenbezogenen) Daten ein gewisser kommerzieller Wert zukommt und, dass bezüglich des Dateninhalts nur bestimmte Personen zur Nutzung und Verwertung berechtigt sind, bedarf es der Einbeziehung der Vorschriften des Immaterialgüterrechts. Werden die Verträge, bspw. über eine Datenverarbeitung im Zusammenhang mit der Nutzung eines digitalen Dienstes, zwischen einem Unternehmer und einem Verbraucher geschlossen, rückt der Verbraucherschutz bzw. das Verbraucherschutzrecht in den Fokus. Gleichzeitig sind die privaten Unternehmen, welche die personenbezogenen Daten der Verbraucher verarbeiten, die Hauptakteure des (digitalen) Wettbewerbs; sie nehmen aktiv am Wettbewerb teil. Insofern sind das Wettbewerbsrecht und damit die beiden Teilbereiche des Lauterkeits- und Kartellrechts von besonderer Relevanz.[8]

Bei der regelmäßigen Verarbeitung von Daten durch Unternehmen sind nach alledem normative Vorgaben aus verschiedenen Rechtsgebieten zu berücksichtigen. Das Verhältnis der Rechtsgebiete ist dabei oftmals durch Wechselwirkungen gekennzeichnet. Besonders weitreichend sind solche Wechselwirkungen im Verhältnis Datenschutz- und Wettbewerbsrecht. Ebendiese stehen daher im Mittelpunkt der folgenden Ausführungen.[9]

7 Vgl. *Hennemann*, ZUM 2017, S. 544 (552).

8 *BKartA*, Arbeitspapier Markmacht von Plattformen und Netzwerken – Juni 2016, S. 92: „Datenschutzrecht, Verbraucherschutzrecht und Kartellrecht können bei der Datengewinnung und Datennutzung berührt sein."

9 Zum konkreten Ziel der folgenden Ausführungen, siehe ab S. 18 ff.

1. Teil Grundlagen des Datenschutz- und Wettbewerbsrechts

Originär zielen die Normen der beiden Rechtsgebiete auf den Schutz verschiedener Rechtsgüter ab. Gleichwohl ergeben sich hinsichtlich der Schutzziele Gemeinsamkeiten.

Vorschriften zur Durchsetzung des Datenschutz- und Wettbewerbsrechts finden sich auf nationaler und europäischer Ebene wieder.

A. Zum Datenschutzrecht

Im Bundesdatenschutzgesetz[10] setzt der nationale Gesetzgeber die ihm im Rahmen der Datenschutzgrundverordnung[11] gewährten Regelungsspielräume um. Die DS-GVO und das BDSG ersetzen das alte Bundesdatenschutzgesetz[12] sowie die EU-Datenschutzrichtlinie[13]. Abgeleitet werden sämtliche Regelungen bzw. Schutzziele aus europäischem Primärrecht. An dieser Stelle sind zunächst Art. 7 und Art. 8 der Europäischen Grundrechtecharta[14] zu nennen. Art. 7 GRCh regelt die Achtung des Privat- und Familienlebens, Art. 8 GRCh bringt den Schutz personenbezogener Daten ausdrücklich in Stellung. Dieser Schutz ergibt sich zudem aus Art. 16 des Vertrags über die Arbeitsweise der Europäischen Union[15].

---

10 Bundesdatenschutzgesetz vom 30. Juni 2017 (BGBl. I S. 2097), im Folgenden: BDSG.

11 Verordnung (EU) 2016/679 des Europäischen Parlaments und des Rates vom 27. April 2016 zum Schutz natürlicher Personen bei der Verarbeitung personenbezogener Daten, zum freien Datenverkehr und zur Aufhebung der Richtlinie 95/46/EG, im Folgenden: DS-GVO.

12 In der Fassung der Bekanntmachung vom 14.01.2003 (BGBl. I S. 66), im Folgenden: BDSG a.F.

13 Richtlinie 95/46/EG des Europäischen Parlaments und des Rates vom 24. Oktober 1995 zum Schutz natürlicher Personen bei der Verarbeitung personenbezogener Daten und zum freien Datenverkehr, im Folgenden: DSRL.

14 Charta der Grundrechte der Europäischen Union, ABl. C 326 vom 26.10.2012, S. 391, im Folgenden: GRCh.

15 Konsolidierte Fassungen des Vertrags über die Europäische Union und des Vertrags über die Arbeitsweise der Europäischen Union – 2012/C 326/01 – ABl. Nr. C 326 vom 26/10/2012 S. 0001-0390, im Folgenden: AEUV.

Zuletzt ist Art. 8 der Europäischen Menschenrechtskonvention[16] zu nennen, der das Recht auf Achtung des Privat- und Familienlebens regelt.

Betroffene können zunächst selbst im Wege privater Rechtsdurchsetzung ihre Betroffenenrechte[17] und etwaige Schadensersatz- und Schmerzensgeldansprüche[18] gegenüber den für die Datenverarbeitung Verantwortlichen geltend machen. Rechtsbehelfe für die betroffenen Personen finden sich in Art. 77 ff. DS-GVO wieder.

Der europäische Verordnungsgeber regelte in Art. 80 DS-GVO darüber hinaus zwei weitere Möglichkeiten, das Datenschutzrecht auf privatrechtlichem Wege durchzusetzen. Im Unterschied zur vorgenannten Rechtsdurchsetzung werden die Rechte nicht durch die betroffene Person selbst, sondern durch – den Anforderungen entsprechende – Verbände durchgesetzt.

Gemäß Art. 80 Abs. 1 DS-GVO hat die betroffene Person das Recht, eine Einrichtung, Organisationen oder Vereinigung ohne Gewinnerzielungsabsicht, die ordnungsgemäß nach dem Recht eines Mitgliedstaats gegründet ist, deren satzungsmäßige Ziele im öffentlichem Interesse liegen und die im Bereich des Schutzes der Rechte und Freiheiten von betroffenen Personen in Bezug auf den Schutz ihrer personenbezogenen Daten tätig ist, zu beauftragen, etwaige Rechtsbehelfe nach den Art. 77 ff. DS-GVO durchzusetzen. Weiterhin können die Mitgliedstaaten gemäß Art. 80 Abs. 2 DS-GVO vorsehen, dass jede der in Art. 80 Abs. 1 DS-GVO genannten Einrichtungen, Organisationen oder Vereinigungen unabhängig von einem Auftrag der betroffenen Person in diesem Mitgliedstaat das Recht hat, bei der gemäß Art. 77 DS-GVO zuständigen Aufsichtsbehörde eine Beschwerde einzulegen und die in den Art. 78 und 79 DS-GVO aufgeführten Rechte in Anspruch zu nehmen, wenn ihres Erachtens die Rechte einer betroffenen Person gemäß dieser Verordnung infolge einer Verarbeitung verletzt worden sind.[19]

Zu den Möglichkeiten der privaten individuellen und kollektiven Rechtsdurchsetzung tritt die behördliche Durchsetzung im öffentlichen und nichtöffentlichen Bereich hinzu. Datenschutzbehörden können unter anderem auf

---

16 Konvention zum Schutze der Menschenrechte und Grundfreiheiten, vom 04.11.1950, im Folgenden: EMRK.

17 Vgl. Art. 12 ff. DS-GVO.

18 Vgl. Art. 82 DS-GVO ff, §§ 823, 1004 BGB.

19 Damit wird den Mitgliedstaaten freigestellt, ob sie ein „echtes" Verbandsklagerecht einführen. Dies hätte zur Folge, dass die Rechte der betroffenen Personen auch ohne Beauftragung durch die Verbände durchgesetzt werden könnten, *Bergt*, in: Kühling/Buchner, DS-GVO/BDSG, Art. 80 Rn. 13.

Anfrage von Betroffenen sowie von Amts wegen Verfahren gegen die Verantwortlichen im öffentlichen und nicht-öffentlichen Bereich einleiten, um datenschutzrelevante Verhaltensweisen zu überprüfen.[20]

Gemäß § 20 BDSG ist für Streitigkeiten zwischen einer natürlichen oder einer juristischen Person und einer Aufsichtsbehörde des Bundes oder eines Landes über Rechte gemäß Art. 78 Abs. 1 und 2 der DS-GVO sowie § 61 BDSG der Verwaltungsrechtsweg gegeben. Klagen der betroffenen Person gegen einen Verantwortlichen oder einen Auftragsverarbeiter wegen eines Verstoßes gegen datenschutzrechtliche Bestimmungen im Anwendungsbereich der DS-GVO oder der darin enthaltenen Rechte der betroffenen Person können gemäß § 44 BDSG bei dem (Zivil-)Gericht des Ortes erhoben werden, an dem sich eine Niederlassung des Verantwortlichen oder Auftragsverarbeiters befindet.

B. Zum Wettbewerbsrecht

Das Lauterkeits- und das Kartellrecht bilden das gemeinsame Regelwerk des Wettbewerbsrechts.

I. Grundlagen des Lauterkeitsrechts

Rechtsrahmen des deutschen Lauterkeitsrechts ist das Gesetz gegen den unlauteren Wettbewerb[21]. Die fortschreitende Harmonisierung des Lauterkeitsrechts im europäischen Raum und die geplante Errichtung eines umfassenden Binnenmarktes veranlassten den deutschen Gesetzgeber, eine Vielzahl europäischer Sekundärrechtsakte im UWG umzusetzen.[22] Durch die sukzessive Umsetzung von Richtlinien und Verordnungen haben die gesetzlichen Vorgaben des UWG zwar eine gewisse unionsrechtliche Prägung erhalten, von einem einheitlichen lauterkeitsrechtlichen Regelungssystem sind die Mitgliedsstaaten jedoch noch nach wie vor weit entfernt.[23] Soweit die folgenden Ausführungen das Verhältnis zwischen dem Lauterkeitsrecht und anderen Rechtsgebieten zum Gegenstand

---

20 Vgl. Art. 57 DS-GVO.

21 Gesetz gegen den unlauteren Wettbewerb in der Fassung der Bekanntmachung vom 3. März 2010 (BGBl. I S.
254), das zuletzt durch Art. 4 des Gesetzes vom 17. Februar 2016 (BGBl. I S. 233) geändert worden ist, im Folgenden: UWG.

22 Bspw. RL 2000/31/EG (E-Commerce-Richtlinie), RL 2002/58/EG (Datenschutz-Richtlinie), RL 2005/29/EG (UPG-Richtlinie).

23 *Schulz*, in: Gola, DS-GVO, Art. 6 Rn. 73; *Götting*, in: Götting/Nordemann, UWG, Einleitung Rn. 101.

haben, wird – unter Berücksichtigung europarechtlicher Einflüsse durch Richtlinien und Verordnungen – auf das hierzulande geltende UWG abgestellt.

Das Lauterkeitsrecht wird von den Marktteilnehmern ausschließlich im Wege der privatrechtlichen Rechtsdurchsetzung geltend gemacht.[24] Die durch das UWG gewährten Ansprüche/Rechte stehen den Berechtigten gemäß § 8 UWG zu. Verbraucher können ihre Rechte über Verbände und qualifizierte Einrichtungen gemäß § 8 Abs. 3 Nr. 2 und Nr. 3 UWG geltend machen. Möglichkeiten einer öffentlich-rechtlichen bzw. behördlichen Rechtsdurchsetzung sind im nationalen Recht nicht vorgesehen.[25]

Die Zivilgerichte sind zuständig für lauterkeitsrechtliche Rechtsstreitigkeiten. Gemäß § 13 Abs. 1 UWG sind die Landgerichte für alle bürgerlichen Rechtsstreitigkeiten ausschließlich zuständig, mit denen ein Anspruch aufgrund dieses Gesetzes geltend gemacht wird.

II. Grundlagen des Kartellrechts

Das Gesetz gegen Wettbewerbsbeschränkungen[26] bildet den nationalen kartellrechtlichen Regelungskomplex. Das GWB wurde bisher[27] durch neun Novellen an europarechtliche Vorgaben sowie an die sich dynamisch entwickelnden Wirtschafts- und Wettbewerbsverhältnisse angepasst. Das nationale Kartellrecht ist durch eine Vielzahl von Einflüssen aus dem europäischen Primär- und Sekundärrecht geprägt. Im Rahmen der folgenden Ausführungen, insbesondere bei der Untersuchung der kartellrechtlichen Missbrauchs- und Fusionskontrollverfahren, wird daher vor allem auf das GWB – als nationale Regelung – sowie im Einzelfall auf die unionsrechtlichen Vorgaben aus dem AEUV, der Fusionskontrollverordnung[28] sowie der

---

24 *Ohly*, in: Ohly/Sosnitza, UWG, D. Rn. 1.

25 Siehe z.B. in Italien wird das Lauterkeitsrecht auch von Verbraucherschutzbehörden durchgesetzt, in Deutschland können kollektive Verbraucherinteressen von klagebefugten Verbänden geltend gemacht werden (§ 8 Abs. 3 UWG).

26 Gesetz gegen Wettbewerbsbeschränkungen in der Fassung der Bekanntmachung vom 26. Juni 2013 (BGBl. I S. 1750, 3245), das zuletzt durch Art. 10 des Gesetzes vom 12. Juli 2018 (BGBl. I S. 1151) geändert worden ist, im Folgenden: GWB.

27 Die 10. GWB-Novelle (GWB-Digitalisierungsgesetz) steht noch aus, ein Referentenentwurf liegt bereits vor: https://www.d-kart.de/wp-content/uploads/2019/10/GWB-Digitalisierungsgesetz-Fassung-Ressortabstimmung.pdf, Abrufdatum: 13.02.2020.

28 Verordnung (EG) Nr. 139/2004 des Rates vom 20. Januar 2004 über die Kontrolle von Unternehmenszusammenschlüssen, bekanntgemacht im ABl. Nr. L 024 vom 29/01/2004 S. 0001-0022; im Folgenden: FKVO.

Kartellverfahrensordnung[29] Bezug genommen. Die Missbrauchs- sowie die Fusionskontrolle gelten neben der Verhaltenskontrolle gemäß Art. 101 AEUV und §§ 1 ff. GWB als die drei Säulen des Kartellrechts.[30]

Hinsichtlich der Missbrauchskontrolle sind die nationalen Vorschriften gemäß §§ 18, 19, 20 GWB sowie Art. 102 AEUV maßgeblich. Da Art. 102 AEUV regelmäßig auf Fälle mit zwischenstaatlichem Bezug anwendbar ist,[31] müssen mitgliedstaatliche Kartellbehörden und Gerichte, wenn sie das nationale Kartellrecht auf einseitige unternehmerische Maßnahmen mit potentiell zwischenstaatlichen Auswirkungen anwenden, nach Art. 3 Abs. 1 Satz 2 VO Nr. 1/2003 und § 22 Abs. 3 GWB auch das europäische Missbrauchsverbot (parallel) anwenden.[32]

Die Vorschriften zur Fusionskontrolle finden sich auf nationaler Ebene in den §§ 35 ff. GWB wieder, die Vorschriften der FKVO sind der europäische Maßstab. Nach § 35 Abs. 3 GWB finden die Vorschriften des GWB keine Anwendung, soweit die Europäische Kommission nach der FKVO ausschließlich zuständig ist. Dementsprechend regelt Art. 21 Abs. 3 UAbs. 1 FKVO, dass die Mitgliedstaaten ihr innerstaatliches Wettbewerbsrecht nicht auf Zusammenschlüsse von gemeinschaftsweiter Bedeutung anwenden. Die nationalen Vorschriften sind nur anwendbar, wenn die Kommission nicht zuständig ist.[33]

Das Kartellrecht zeichnet sich einerseits durch eine privat- und andererseits durch eine öffentlich-rechtliche Rechtsdurchsetzung aus. Zunächst kann eine Kartellbehörde gemäß § 54 GWB ein Verfahren von Amts wegen oder auf Antrag einleiten. Als zuständige Kartellbehörden kommen auf europäischer Ebene die Kommission und auf nationaler Ebene gemäß § 48 Abs. 1 GWB das Bundeskartellamt, das Bundesministerium für Wirtschaft und Energie und die nach Landesrecht zuständigen obersten Landesbehörden in Betracht.

Daneben können Anspruchsberechtigte im Sinne von § 33 ff. GWB auf privatrechtlichem Wege kartellrechtliche Schadensersatz-, Beseitigungs- und Unterlassungsansprüche durchsetzen. Dies gilt für betroffene Einzelpersonen sowie für etwaige Verbände oder ähnliche Organisationen gemäß § 33 Abs. 4 GWB.

---

29 Verordnung (EG) Nr. 1/2003 des Rates vom 16. Dezember 2002 zur Durchführung der in den Artikeln 81 und 82 des Vertrags niedergelegten Wettbewerbsregeln, bekanntgemacht im ABl. Nr. L 001 vom 04/01/2003 S. 0001-0025; im Folgenden: VO 1/2003.

30 *Schulte/Just*, in: Schulte/Just, Kartellrecht, Einleitung Rn. 2 u. 3.

31 *Fuchs*, in: Immenga/Mestmäcker, WettbR, GWB, § 19 Rn. 59.

32 *Fuchs*, in: Immenga/Mestmäcker, WettbR, GWB, § 19 Rn. 59.

33 Sog. One-Stop-Shop-Prinzip: *Thomas*, in: Immenga/Mestmäcker, WettbR, GWB, § 35 Rn. 110.

Das Kartellrecht ist somit von einer individuellen und kollektiven privatrechtlichen, aber auch von einer öffentlich-rechtlichen/behördlichen Rechtsdurchsetzung geprägt.

Für bürgerliche Rechtsstreitigkeiten im Sinne des GWB sind die Landgerichte nach § 87 GWB ausschließlich zuständig. Gemäß § 63 Abs. 1 GWB ist gegen Verfügungen der Kartellbehörde die Beschwerde zulässig. Ausweislich § 63 Abs. 4 GWB entscheidet über die Beschwerden das für den Sitz der Kartellbehörde zuständige Oberlandesgericht. Das Kartellrecht wird zwar in erster Linie von den zuständigen Kartellbehörden mithin öffentlich-rechtlich durchgesetzt, der Rechtsweg entspricht jedoch dem des Lauterkeitsrechts. Für Rechtsstreitigkeiten sind im gesamten Wettbewerbsrecht damit ausschließlich die Zivilgerichte zuständig.

C. Schutzzielrichtungen des Datenschutz- und Wettbewerbsrechts

Auf den ersten Blick verfolgen die beiden Rechtsgebiete voneinander unabhängige und insoweit getrennt zu betrachtende Schutzziele.

I. Primäre Schutzzielrichtungen des Datenschutz-, Lauterkeits- und Kartellrechts

Das Datenschutzrecht schützt den Einzelnen bei der wirksamen Ausübung seines Rechts auf informationelle Selbstbestimmung. Hingegen sind das Lauterkeits- und das Kartellrecht im Interesse der Marktteilnehmer sowie im Allgemeininteresse auf den Schutz des Wettbewerbs ausgerichtet.[34] Während das Kartellrecht den Wettbewerb als solchen schützt (Marktstrukturkontrolle), werden durch das Lauterkeitsrecht konkrete Verhaltensweisen der Marktteilnehmer überprüft und überwacht (Marktverhaltenskontrolle).[35] Somit trägt das Kartellrecht dazu bei, dass überhaupt ein Wettbewerb existiert, hingegen zeigt sich das Lauterkeitsrecht sozusagen als „Feinjustierung“, mittels derer das konkrete Verhalten der Wettbewerber und Marktteilnehmer überprüft wird.[36]

---

34 *Köhler*, WRP 2005, S. 645 (653).

35 *Köhler*, in: Köhler/Bornkamm/Feddersen, UWG, § 4 Rn. 5.2; *Ohly*, in: Ohly/Sosnitza, UWG, D. Rn. 71; *Götting*, in: Götting/Nordemann, UWG, Einleitung Rn. 3.

36 *Ohly*, in: Ohly/Sosnitza, UWG, D. Rn. 71.

1. *Schutzziele des Datenschutzrechts*

Das Datenschutzrecht gewährleistet in erster Linie den Schutz der Betroffenen bei der Verarbeitung personenbezogener Daten durch einen Verantwortlichen. Es ist Ausfluss des im nationalen Rahmen entwickelten allgemeinen Persönlichkeitsrechts gemäß Art. 2 Abs. 1 GG. Personenbezogene Daten werden als besondere Ausprägung des allgemeinen Persönlichkeitsrechts geschützt. Das BVerfG konkretisierte im Volkszählungsurteil das allgemeine Persönlichkeitsrecht und schuf im Zuge dessen das Recht auf informationelle Selbstbestimmung.[37] Dieses Recht ist Grundlage des Datenschutzrechts. Gewährleistet wird die Befugnis des Einzelnen, grundsätzlich selbst über die Preisgabe und Verwendung seiner persönlichen Daten zu bestimmen.[38] Dieser Schutz gilt aufgrund der mittelbaren Drittwirkung der Grundrechte auch im Privatrechtsverhältnis.

Die Schutzziele des Datenschutzrechts finden sich auch in Art. 16 AEUV und Art. 8 GRCh wieder. Demnach hat jede Person das Recht auf Schutz der sie betreffenden personenbezogenen Daten. Schließlich ist in diesem Zusammenhang Art. 1 DS-GVO zu nennen. Nach Art. 1 Abs. 2 DS-GVO schützt die Verordnung die Grundrechte und Grundfreiheiten natürlicher Personen und insbesondere deren Recht auf Schutz personenbezogener Daten. Daneben verweist der europäische Verordnungsgeber gemäß Art. 1 Abs. 1 u. 3 DS-GVO auf den freien Verkehr personenbezogener Daten in der Union, der aus Gründen des Schutzes natürlicher Personen bei der Verarbeitung personenbezogener Daten weder eingeschränkt noch verboten werden darf. Damit wird nochmal verdeutlicht, dass auch der Fluss der Daten keinen Binnengrenzen ausgesetzt sein soll, es soll vielmehr ein europäischer Binnenmarkt für den freien Datenverkehr entstehen.[39] Der Datenschutz und der freie Datenverkehr sind in Einklang zu bringen.[40]

2. *Schutzziele des Lauterkeitsrechts*

Die Schutzziele des Lauterkeitsrechts sind § 1 S. 1 und S. 2 UWG unmittelbar zu entnehmen. Demnach dient das Gesetz dem Schutz der Mitbewerber, der

37 BVerfG, Urt. v. 15.12.1983 – 1 BvR 209/83, 1 BvR 484/83, 1 BvR 440/83, 1 BvR 420/83, 1 BvR 362/83, 1 BvR 269/83 – BverfGE 65, 1.

38 BVerfG, Urt. v. 15.12.1983 – 1 BvR 209/83, 1 BvR 484/83, 1 BvR 440/83, 1 BvR 420/83, 1 BvR 362/83, 1 BvR 269/83 – BverfGE 65, 1.

39 *Hornung/Spiecker*, in: Simitis/Hornung/Spiecker, DS-GVO/BDSG, Art. 1 Rn. 5.

40 *Hornung/Spiecker*, in: Simitis/Hornung/Spiecker, DS-GVO/BDSG, Art. 1 Rn. 25.

Verbraucherinnen und Verbraucher sowie der sonstigen Marktteilnehmer vor unlauteren geschäftlichen Handlungen. Es schützt zugleich das Interesse der Allgemeinheit an einem unverfälschten Wettbewerb.

Der nationale Gesetzgeber geht von einem integrierten Modell eines gleichberechtigten unmittelbaren Schutzes der Mitbewerber, der Verbraucher und der Allgemeinheit aus.[41] Aus dem Wortlaut von § 1 UWG ergibt sich bereits, dass Verbraucherinteressen auch unmittelbares Schutzziel des Lauterkeitsrechts sein können.[42] Geschützt werden sollen in erster Linie die Entscheidungsfreiheit[43] des Verbrauchers sowie grundrechtlich garantierte Positionen und Rechtsgüter[44] der Verbraucher. Dabei steht der Verbraucherschutz gleichrangig und selbstständig neben dem Mitbewerberschutz.[45] Das bedeutet, dass die lauterkeitsrechtlichen Vorgaben auch dann angewendet werden, wenn nur eines der Schutzziele betroffen ist.[46] Somit kann allein ein Verstoß gegen verbraucherschützende Normen bzw. die Berührung von Verbraucherinteressen einen lauterkeitsrechtlich relevanten Verstoß begründen.[47]

3. *Schutzziele des Kartellrechts*

Primäres Schutzobjekt des Kartellrechts ist der Wettbewerb als Institution und Prozess.[48] Das Kartellrecht schützt die Funktionsfähigkeit und Wirksamkeit des Wettbewerbs durch die Verhinderung von Wettbewerbsbeschränkungen.[49] Der Wettbewerb garantiert allen Marktteilnehmern ein Mindestmaß an wirtschaftlicher Freiheit, so dass sie unter mehreren Entscheidungsmöglichkeiten wählen

---

41 BT-Drs. 15/1487, S. 15: Sog. Schutzzwecktrias.

42 *Podszun/Schmieder*, in: Kersting/Podszun, 9. GWB-Novelle, Kap. 6 Rn. 34.

43 BT-Drs. 15/1487, S. 13: Schutz der Entscheidungsfreiheit.

44 *Köhler*, in: Köhler/Bornkamm/Feddersen, UWG, § 1 Rn. 16; Die Grundrechte wirken aufgrund der mittelbaren Drittwirkung der Grundrechte auch im Vertikalverhältnis, also zwischen Verbraucher und Anbieter oder Nachfrager; Hinweis auch auf den Schutz der informationellen Selbstbestimmung durch das UWG durch: *Weichert*, VuR 2006, 377 (379).

45 *Köhler*, in: Köhler/Bornkamm/Feddersen, UWG, § 1 Rn. 45, 46; *Sosnitza*, in: Ohly/Sosnitza, UWG, § 1 Rn. 1.

46 *Köhler*, in: Köhler/Bornkamm/Feddersen, UWG, § 1 Rn. 46.

47 *Köhler*, in: Köhler/Bornkamm/Feddersen, UWG, § 1 Rn. 46.

48 *Nordemann*, in: LMRKM, Kartellrecht, GWB, § 1 Rn. 6; *Schulte/Just*, in: Schulte/Just, Kartellrecht, Einleitung Rn. 18; *Säcker*, in MüKo WettbR, GWB, Einleitung Rn. 5 ff.

49 Vgl. Titel „Gesetz gegen Wettbewerbsbeschränkungen" – GWB; BT-Drs. 6/2520, S. 34.

können.[50] Auf europäischer Ebene kommt als Schutzzweck die Integration der nationalen Märkte zu einem europäischen Binnenmarkt hinzu.[51]

II. Verbraucherschutz als gemeinsames (sekundäres) Schutzziel?

Aus dem Wortlaut von § 1 UWG ergibt sich, dass lauterkeitsrechtliche Vorgaben auch den Verbraucher schützen. Die (auch) verbraucherschutzrechtliche Zielrichtung des Datenschutz- und Kartellrechts bedarf hingegen einer genaueren Untersuchung.

Gemäß Art. 38 GRCh hat die Politik der Union ein hohes Verbraucherschutzniveau zu gewährleisten. Der Verbraucherschutz ist damit als allgemeine Zielvorgabe und als zentrales Anliegen im Unionsrecht fest verankert.[52] Die Vorgabe stützt sich auf Art. 169 AEUV[53], demnach leistet die Union zur Förderung der Interessen der Verbraucher und zur Gewährleistung eines hohen Verbraucherschutzniveaus einen Beitrag zum Schutz der Gesundheit, der Sicherheit und der wirtschaftlichen Interessen der Verbraucher sowie zur Förderung ihres Rechtes auf Information, Erziehung und Bildung von Vereinigungen zur Wahrung ihrer Interessen.

1. Verbraucherschutz als klassischer Anwendungsfall des Datenschutzrechts

Der Prozess der Verarbeitung personenbezogener Daten ist ein integraler Bestandteil des Rechtsgeschäfts zwischen Verbraucher und Unternehmer im digitalen Rechts- und Wirtschaftsverkehr. Sofern ein Verbraucher die Nutzung eines Online-Dienstes beabsichtigt, bedarf es zwischen dem anfragenden Verbraucher und dem anbietenden Unternehmer eines wirksamen Vertragsschlusses über die Nutzung des Dienstes und die in diesem Zusammenhang erforderlich werdenden Datenverarbeitungen.[54] Durch einen solchen Nutzungsvertrag[55] verpflichtet sich der Unternehmer unter anderem zur Bereitstellung der angebotenen Services, hauptsächlich aber zur Bereitstellung der IT-Infrastruktur. In

---

50 *Schulte/Just*, in: Schulte/Just, Kartellrecht, Einleitung Rn. 18.

51 *Schulte/Just*, in: Schulte/Just, Kartellrecht, Einleitung Rn. 19.

52 *Jarass*, EU-GRCh, Art. 38 Rn. 2.

53 *Rudolf*, in: Meyer, EU-GRCh, Art. 38 Rn. 1.

54 *Jandt/Roßnagel*, MMR 2011, S. 637 (639).

55 Im Zusammenhang mit der Vererbbarkeit eines Facebook-Nutzer-Kontos wird der abgeschlossene Vertrag vom BGH als (zivilrechtlicher) Nutzungsvertrag deklariert: BGH, Urt. v. 21.06.2018 – III ZR 183/17 – NJW 2018, 3178.

ständiger Praxis der Online-Dienste kommt der Nutzungsvertrag dann wirksam zustande, wenn der Verbraucher im Gegenzug die Nutzungsbedingungen des jeweiligen Unternehmens akzeptiert bzw. in ebendiese einwilligt und damit eine Verarbeitung der personenbezogenen Daten zu den in diesem Rahmen angegebenen unternehmerischen/vertragstechnischen Zwecken erlaubt.

Indes ist für den Verbraucher in diesem Zusammenhang regelmäßig nicht erkennbar, welche der ihn betreffenden personenbezogenen Daten wann, von wem und zu welchem Zweck verarbeitet bzw. weiterverarbeitet werden. Eine wirksame Ausübung des Rechts auf informationelle Selbstbestimmung ist deshalb oft nicht möglich. Umfangreiche und dadurch zumeist intransparente Nutzungsbedingungen führen dazu, dass Verbraucher von einer eingehenden Analyse der Datenverarbeitungsbestimmungen absehen oder deren Bedeutungsgehalt nicht bzw. nicht in seiner vollen Tragweite erfassen können. Das Kräfteverhältnis zwischen Verbraucher und Unternehmen ist insofern stets unausgewogen[56]: Auf der einen Seite sammelt der Unternehmer im Zuge der Nutzung des Dienstes durch einen Verbraucher zahlreiche Informationen über ebendiesen. Je mehr Nutzungsdaten das Unternehmen sammelt, desto konkreter und individueller wird das Bild des Nutzers („gläserner Verbraucher"). Auf der anderen Seite erlangt der Verbraucher im Regelfall keine neuen Informationen über das Unternehmen, wenn er zu diesem Zweck nicht eigeninitiativ tätig wird. Dafür fehlt für ihn auch offensichtlich eine vergleichbare Motivation oder Interessenlage.

Dieses signifikante (informationelle und machtbezogene) Ungleichgewicht macht es erforderlich, den Verbraucher bei Datenverarbeitungen durch Unternehmen zu schützen. Den Schutz der personenbezogenen Daten eines Verbrauchers im Verhältnis zu Unternehmen gewährleisten die Vorgaben des Datenschutzrechts. Zwar schützt das Datenschutzrecht erst einmal alle betroffenen (natürlichen) Personen bei der Ausübung ihres Rechts auf informationelle Selbstbestimmung, unabhängig von ihrer wirtschaftlichen Stellung.[57] Das heißt aber lediglich, dass nicht nur die betroffenen Personen in der Rolle als Verbraucher dem Schutz des Datenschutzrechts unterfallen, sondern darüber hinaus auch alle anderen Personen, unabhängig von einer Verbraucherstellung.[58] Der

---

56 *Elbrecht/Schröder*, K&R 2015, S. 361 (361): „Verbraucheralltag im Netz: David gegen Goliath".

57 Siehe Art. 16 Abs. 1 AEUV, Art. 8 Abs. 1 GRCh, Art. 1 DS-GVO.

58 S.a. KG Berlin, Urt. v. 24.01.2014 – 5 U 42/12 – K&R 2014, 280 hinsichtlich der verbraucherschützenden Funktion des Datenschutzrechts im Kontext von § 3a UWG.

Schutz des Verbrauchers im Falle der Verarbeitung personenbezogener Daten durch ein am Wettbewerb teilnehmendes privates Unternehmen, insbesondere im Zusammenhang mit der Anbahnung, dem Abschluss und der Durchführung von Verträgen, ist ein wichtiger und zugleich klassischer Anwendungsfall des Datenschutzrechts.[59]

Insoweit besteht eine Schutzzielkongruenz zwischen Verbraucherschutz- und Datenschutzrecht, sodass sich Verbraucherschutz und Datenschutz in der beschriebenen Verarbeitungssituation gegenseitig bedingen und daher die Begriffe Verbraucherschutz und Datenschutz jeweils wechselseitig in diesem Kontext ersetzt werden können.[60] Soweit im Folgenden von Verbraucherinteressen die Rede ist, wird damit zugleich das Interesse der Verbraucher am Schutz ihrer personenbezogenen Daten bei der Verarbeitung durch ein am Wettbewerb teilnehmendes privates Unternehmen, also der Datenschutz, angesprochen. Anders gewendet ist mit dem Begriff des Datenschutzes gleichzeitig das Interesse der Verbraucher am Schutz personenbezogener Daten umfasst. Infolgedessen schützt das Lauterkeitsrecht auch den Verbraucher bei der Verarbeitung personenbezogener Daten durch ein am Wettbewerb teilnehmendes privates Unternehmen.[61]

2. *Verbraucher- bzw. Datenschutz im Kartellrecht*

Ob das Kartellrecht auch den Schutz der Verbraucher bezweckt, ist seit jeher umstritten. Ein gewichtiger Teil der Literatur geht nach wie vor davon aus, dass der Schutz von Verbraucherinteressen bzw. der Verbraucherschutz lediglich durch den Schutz des Wettbewerbs als Institution erreicht werden könne. Verbraucherschutz könne nur mittelbare Folge eines funktionierenden Wettbewerbs sein.[62] Die Durchsetzung von Verbraucherinteressen könne demnach kein

---

59 I.d.S. *Köhler*, in: Köhler/Bornkamm/Feddersen, UWG, § 2 Rn. 17 UKlaG; *Ohly*, in: Ohly/Sosnitza, UWG, § 3a Rn. 79; „Datenschutz als Verbraucherschutz" laut *Halfmeier*, NJW 2016, S. 1126 (1129); *Weichert*, VuR 2006, S. 377 (378); *Caspar*, Stellungnahme zum Entwurf eines Gesetzes zur Verbesserung der zivilrechtlichen Durchsetzung von verbraucherschützenden Vorschriften des Datenschutzrechts, S. 3; *Müller*, in: Bäumler/Von Mutius, Datenschutz als Wettbewerbsvorteil, S. 20 ff: „Datenschutz als Verbraucherschutz".

60 S.a. *Weichert*, VuR 2006, S. 377.

61 *Weichert*, VuR 2006, S. 377 (379).

62 *Körber*, in: Immenga/Mestmäcker, 5. Auflage, EU-WettbR, FKVO, Art. 2 Rn. 14; *Ackermann*, NZKart 2016, S. 397; *Brinkmann*, Marktmachtmissbrauch durch Verstoß gegen außerkartellrechtliche Rechtsvorschriften, S. 87 ff.

gleichberechtigter und unmittelbarer Zweck der Kartellrechtsanwendung sein. Eine unmittelbare Berücksichtigung außerkartellrechtlicher bzw. außerwettbewerblicher Belange führe zu einer Konturenlosigkeit des Kartellrechts und sei daher im Grundsatz nicht beabsichtigt.[63] Auch die Europäische Kommission nahm dahingehend (in aller Deutlichkeit) Stellung, dass außerkartellrechtliche Belange, wie der Schutz der Verbraucher, bei der Verarbeitung personenbezogener Daten nicht in den Anwendungsbereich des Wettbewerbsrechts fielen und damit in diesem Rahmen auch nicht zu berücksichtigen seien.[64] Dieser Ansicht schloss sich insbesondere die nationale Monopolkommission weitestgehend an, wenn sie erklärt, dass reine Datenschutzaspekte nicht Gegenstand wettbewerbsrechtlicher Verfahren sein sollen.[65]

Körber hingegen schließt eine Berücksichtigung verbraucherschützender Aspekte nicht vollständig aus. Er differenziert – mit Blick auf den Datenschutz (der Verbraucher) – zwischen einer Berücksichtigung *bei* Anwendung des Kartellrechts und einer Durchsetzung *durch* Anwendung des Kartellrechts.[66] Um zu gewährleisten, dass bspw. Entscheidungen und Anordnungen der Kartellbehörden datenschutzkonform sind, sollen die entsprechenden Vorgaben berücksichtigt werden.[67] Demgegenüber soll der Verstoß gegen datenschutzrechtliche Vorgaben keinen kartellrechtlich relevanten Verstoß begründen und damit auch nicht in einem kartellrechtlichen Verfahren durchgesetzt werden können.[68]

Während die von einigen Stimmen geforderte absolute Isolation des Kartell- bzw. Wettbewerbsrechts von außerkartellrechtlichen Aspekten – wie noch zu zeigen sein wird – nicht überzeugt, ist die vermittelnde Lösung von *Körber* zumindest bedenkenswert. Kartellbehörden dürfen gewiss keine Anordnungen erlassen, die gegen das Datenschutzrecht verstoßen. Nach hier vertretener Ansicht kann darüber hinaus aber auch durch die Anwendung kartellrechtlicher Vorgaben das Datenschutzrecht unmittelbar durchgesetzt werden.[69] Kartellbehörden können Maßnahmen anordnen, durch die der Datenschutz (aktiv) gefördert wird. Der Schutz der Verbraucher bei der Verarbeitung personenbezogener Daten durch ein am Wettbewerb teilnehmendes (und ebendiesen

63 *Körber*, NZKart 2017, S. 348 (354).
64 Europ. Kom., Entsch. v. 3.10.2014 – COMP/M.7217 – Facebook/WhatsApp, Rn. 164.
65 *Monopolkommission*, 68. Sondergutachten, S. 191 Rn. 586.
66 *Körber*, NZKart 2016, S. 348 (350).
67 *Körber*, NZKart 2016, S. 348 (350).
68 *Körber*, NZKart 2016, S. 348 (351).
69 I.E. *Mundt*, WuW 2019, S. 181 ff.

beherrschendes) privates Unternehmen, wird auch durch die Vorgaben des Kartellrechts gewährleistet.[70]

Diese Sichtweise wird zunächst durch die Normierung von Art. 2 Abs. 1 lit. b FKVO unterstützt. Demnach berücksichtigt die Kommission bei einer Unternehmensfusion die Marktstellung sowie die wirtschaftliche Macht und die Finanzkraft der beteiligten Unternehmen, die Wahlmöglichkeiten der Lieferanten und Abnehmer, ihren Zugang zu den Beschaffungs- und Absatzmärkten, rechtliche oder tatsächliche Marktzutrittsschranken, die Entwicklung des Angebots und der Nachfrage bei den jeweiligen Erzeugnissen und Dienstleistungen, die Interessen der Zwischen- und Endverbraucher sowie die Entwicklung des technischen und wirtschaftlichen Fortschritts, sofern diese dem Verbraucher dient und den Wettbewerb nicht behindert.

Der europäische Gesetzgeber benennt im kartellrechtlichen Normkontext damit ausdrücklich die Berücksichtigung der „Interessen der Zwischen- und Endverbraucher" im Rahmen einer kartellrechtlichen Beurteilung. Der Normwortlaut belegt, dass der Schutz von Verbraucherinteressen unmittelbares Schutzziel der kartellrechtlichen Fusionskontrolle sein kann.[71] Die Norm könnte darüber hinaus zudem als grundsätzliche Entscheidung des europäischen Gesetzgebers zu verstehen sein, das Kartellrecht auf den Verbraucherschutz zu beziehen. Systematische Erwägungen sprechen dafür, dass die Einbeziehung von Verbraucherinteressen auch auf andere kartellrechtliche Vorgaben, bspw. zur kartellrechtlichen Missbrauchskontrolle, übertragen werden kann. Die Verbraucherinteressen werden unter lit. b gleichberechtigt neben den Kriterien der Marktstellung des Unternehmens und der Marktzutrittsschranken aufgezählt. Dabei handelt es sich um klassische kartellrechtliche Beurteilungskriterien, die bspw. auch in der Missbrauchskontrolle zur Beurteilung einer marktbeherrschenden Stellung herangezogen werden. Der europäische Gesetzgeber setzte

---

70 *BKartA*, Beschl. v. 6.02.2019 – B6-22/16 – Facebook-Verfahren, S. 168 ff.; *Kamann/Miller*, NZKart 2016, S. 405 (407); i.E. *Holzweber*, NZKart 2016, S. 104 (107); *Beisenherz*, DuD 2015, S. 600 ff.; bzgl. allgemeinem Verhältnis von Wettbewerbs- und Datenschutzrecht: *Weichert*, VuR 2006, S. 377 (379); nach *Buchner*, DuD 2008, S. 724 (726) spielen auch Verbraucher eine Rolle im Kartellrecht.

71 *Riesenkampff/Steinbarth*, in: LMRKM, Kartellrecht, FKVO, Art. 2 Rn. 114; ähnlich *Hustinx*, Vorl. Stellungnahme – März 2014, S. 21 Rn. 36; *Mestmäcker/Schweitzer*, EU-WettbR, § 26 Rn. 12 sehen die Nennung der Verbraucherinteressen als Verweis auf einen verbraucherschützenden Zweck der Fusionskontrolle; a.A. *Von Rosenberg*, in: Schulte/Just, Kartellrecht, FKVO, Art. 2 Rn. 82 u. 83; *Montag/von Bonin*, in: MüKo EU-WettbR, FKVO, Art. 2 Rn. 8.

die Verbraucherinteressen also bewusst in einen direkten Zusammenhang mit klassischen kartellrechtlichen Erwägungen bzw. Beurteilungskriterien. Daraus könnte abgeleitet werden, dass der Verbraucherschutz nicht nur im Rahmen der Fusionskontrolle, sondern auch in anderen (klassischen) kartellrechtlichen Verfahren unmittelbares und gleichberechtigtes Schutzziel sein kann.

Neben diesen europäischen – möglicherweise gesetzgeberischen – Hinweis auf den unmittelbaren Verbraucherschutz durch Kartellrecht tritt auf nationaler Ebene § 19 Abs. 1 GWB, die Generalklausel des Missbrauchstatbestandes.[72] Sie umfasst neben dem Schutz der Mitbewerber des marktbeherrschenden Unternehmens auch den Schutz der Endverbraucher.[73]

Werden die Verbraucherinteressen sodann als gleichberechtigtes und in einem kartellrechtlichen Verfahren zu berücksichtigendes Schutzgut anerkannt, tritt der Verbraucherschutz regelmäßig neben den Wettbewerbsschutz.[74] Der Schutz von Verbraucherinteressen als alleiniges Ziel eines kartellrechtlichen Verfahrens ist insofern nicht vorgesehen.[75] Diesem Verständnis entspricht auch die Rechtsprechung des EuGH, wenn das Gericht ausführt, dass „Art. 81 EG (jetzt Art. 101 AEUV), wie auch die übrigen Wettbewerbsregeln des Vertrags, [...] *nicht nur* dazu bestimmt [sind], die unmittelbaren Interessen einzelner [...] Verbraucher zu schützen, sondern die Struktur des Marktes und damit

---

72 *Bechtold/Bosch*, GWB, § 19 Rn. 5 zur Generalklausel des Missbrauchstatbestandes.

73 *BKartA*, Beschl. v. 6.02.2019 – B6-22/16 – Facebook-Verfahren, S. 169 Rn. 525; BGH, Urt. v. 7.12.2010 – KZR 5/10 – NJW-RR 2011, 774, Rn. 24; vgl. a. *Bechtold/Bosch*, GWB, § 19 Rn. 5, die insbesondere einen Anwendungsbereich der Generalklausel für Verhaltensweisen gegenüber privaten Endverbrauchern festmachen; *Nothdurft*, in: Langen/Bunte, Kartellrecht, GWB, § 19 Rn. 25; gleiches gilt im Rahmen von Art. 102 AEUV: nach *Bulst*, in: Langen/Bunte, EU-Kartellrecht, AEUV, Art. 102 Rn. 11 sind Endverbraucher unmittelbar gegen Ausbeutungsmissbräuche geschützt.

74 So z.B. im Verhältnis von Kartell- und Datenschutzrecht: Wettbewerbs- und Datenschutz sind zwei Seiten derselben Medaille: *Buchner*, DuD 2008, 724 (728); grds. zu einer Beschränkung auf den Verbraucherschutz: *O. Weber*, in: Schulte/Just, Kartellrecht, AEUV, Art. 102 Rn. 3; *BKartA/Arbeitskreis Kartellrecht*, Digitale Ökonomie – Internetplattformen zwischen Wettbewerbsrecht, Privatsphäre und Verbraucherschutz – Oktober 2015, S. 25.

75 S.a. *Holzweber*, NZKart 2016, S. 104 (107); Vgl. *BKartA/Arbeitskreis Kartellrecht*, Digitale Ökonomie – Internetplattformen zwischen Wettbewerbsrecht, Privatsphäre und Verbraucherschutz – Oktober 2015, S. 25; insoweit auch *Bechtold/Bosch*, GWB, Einführung Rn. 55.

den Wettbewerb als solchen“[76]. Damit kann auch vermieden werden, dass das Kartellrecht „für die Lösung aller Probleme der Gesellschaft“[77] aktiviert wird. Sobald ein Wettbewerbs- bzw. Marktbezug des relevanten Sachverhalts festgestellt werden kann, tritt der unmittelbare Schutz der Verbraucherinteressen stets neben den Schutz der Marktstruktur.

Die Kommission führte mit Beginn des 20. Jahrhunderts nach und nach den *more economic approach* in das Kartellrecht ein. Dieser Ansatz kann ebenfalls als Argument für eine Einbeziehung von Verbraucherinteressen gesehen werden.[78] Durch den *more economic approach* sollten ökonomische Bewertungsfaktoren und die konkreten Auswirkungen des Verhaltens der Unternehmen noch stärker berücksichtigt werden.[79] „Leitlinien für vertikale Beschränkungen“[80] der Kommission lässt sich dementsprechend entnehmen, dass durch das Wettbewerbsrecht der Gemeinschaft auch negative Auswirkungen unterbunden werden sollen, wie z.B. die Einschränkung der Freiheit der Verbraucher, Waren oder Dienstleistungen in einem Mitgliedstaat ihrer Wahl zu kaufen. Aus dem *more economic approach* lässt sich damit durchaus ableiten, dass der Verbraucherschutz eine zentralere Rolle einnehmen soll.[81] Jedenfalls soll bei der Durchsetzung des Kartellrechts die Verbraucherwohlfahrt stärker fokussiert werden.

Die Berücksichtigung des Schutzes der personenbezogenen Daten eines Verbrauchers kann ferner auf die Grundrechtsbindung der europäischen und nationalen Behörden und Institutionen gestützt werden. Eine Kartellbehörde darf nicht sehenden Auges gegen grundrechtlich verankerte Rechte der betroffenen Personen verstoßen.[82] Das gilt für nationale und europäische Behörden

---

76 EuGH, Urt. v. 19.03.2015 – C-286/13 P – NZKart 2015, 267, Rn. 125; EuGH, Urt. v. 6.10.2009 – C-501/06 P, C-513/06 P, C-515/06 P und C-519/06 P – GRUR Int. 2010, 509, Rn. 63.

77 *Körber*, WuW 2015, S. 120 (132).

78 Vgl. *Kamann/Miller*, NZKart 2016, S. 405 (407); *Albers*, Der „more economic approach“ bei Verdrängungsmissbräuchen: Zum Stand der Überlegungen der Europäischen Kommission, S. 1 ff.

79 *Fuchs/Möschel*, in: Immenga/Mestmäcker, EU-WettbR, AEUV, Art. 102 Rn. 8.

80 Mitteilung der Kommission – Leitlinien für vertikaler Beschränkungen, ABl. Nr. C 291 vom 13/10/2000 S. 0001 – 0044, http://publications.europa.eu/resource/cellar/f89a44a6-9f32-49f5-8253-988ba82b472f.0003.01/DOC_1, Abrufdatum: 12.03.2020.

81 *Fuchs/Möschel*, in: Immenga/Mestmäcker, EU-WettbR, AEUV, Art. 102 Rn. 6; *Kellerbauer*, in: Berg/Mäsch, Deutsches und Europäisches Kartellrecht, FKVO, Art. 2 Rn. 24.

82 *Holzweber*, NZKart 2016, S. 104 (107); im Ergebnis auch *Beisenherz*, DuD 2015, S. 600 (604, 605); s.a. *Körber*, NZKart 2016, S. 348 (350); *Franck*, ZWeR 2016, S. 137 (154).

gleichermaßen. Gemäß Art. 51 Abs. 1 S. 1 GRCh gilt die Charta für die Organe, Einrichtungen und sonstigen Stellen der Union unter Wahrung des Subsidiaritätsprinzips und für die Mitgliedstaaten ausschließlich bei der Durchführung des Rechts der Union. Nach Art. 51 Abs. 1 S. 2 GRCh achten sie die Rechte, halten sie sich an die Grundsätze und fördern sie deren Anwendung entsprechend ihrer jeweiligen Zuständigkeiten und unter Achtung der Grenzen der Zuständigkeiten, die der Union in den Verträgen übertragen werden. Die einschlägigen Kartellrechtsnormen sind mithin von der europäischen Kommission sowie von den europäischen Gerichten im Einklang mit den EU-Grundrechten auszulegen und anzuwenden.[83] Den Grundrechtsverpflichteten kommt die „bindende Aufgabe [zu], im Rahmen ihrer Zuständigkeit für einen Schutz personenbezogener Daten auch gegenüber Privaten zu sorgen“[84]. Die deutschen Behörden sind gemäß Art. 1 Abs. 3 GG an die Grundrechte gebunden, dürfen also in ihren Entscheidungen auch nicht gegen die im Grundgesetz festgeschriebenen subjektiven Rechte der betroffenen Personen verstoßen. Kartellbehörden dürfen – basierend auf der Grundrechtsbindung – keine Entscheidungen oder Anordnungen treffen, die gegen das Datenschutzrecht verstoßen. Bezogen auf eine wirksame Ausübung des grundrechtlich garantierten Rechts auf informationelle Selbstbestimmung wäre eine Anordnung, die ein Unternehmen verpflichtet, personenbezogene Daten mit den Mitbewerbern zu teilen, genauso bedenklich wie die behördliche Freigabeentscheidung eines Zusammenschlusses, in deren Folge umfangreiche Datenbestände zusammengeführt werden.

Weiterhin könnte ein rein tatsächliches Argument zielführend sein. Wenn das Kartell- und Datenschutzrecht schon in der Praxis, insbesondere in der hier dargestellten Verarbeitungssituation regelmäßig aufeinandertreffen, wäre es widersprüchlich, das Kartellrecht von den Interessen der Verbraucher am Schutz der personenbezogenen Daten zu trennen bzw. zu isolieren.[85] Die wirtschaftliche Relevanz von personenbezogenen Daten und die tatsächlichen Gegebenheiten der digitalen Wirtschaft rücken den Verbraucher- bzw. Datenschutz in den Fokus des Kartellrechts. Das Kartell- und Datenschutzrecht sind oftmals zwei Seiten derselben Medaille.[86]

---

83 Dies ergibt sich bspw. für die Fusionskontrolle auf europäischer Ebene aus ErwG 36 der FKVO.

84 *Jarass*, EU-GRCh, Art. 8 Rn. 10.

85 S.a. *Podszun/de Toma*, NJW 2016, S. 2987 (2992);

86 *Buchner*, DuD 2008, S. 724 (728).

Zuletzt sprechen die Vorgänge auf nationaler Ebene für eine Öffnung des Kartellrechts hin zur unmittelbaren und gleichberechtigten Berücksichtigung von Verbraucherinteressen. Eine besonders weitreichende Öffnung ist im Facebook-Verfahren[87] des Bundeskartellamtes, der sich an dieses Verfahren anschließenden Entscheidung[88] des BGH sowie in der Normierung einer kartellrechtlichen Sektoruntersuchung mit verbraucherschutzrechtlichem Schwerpunkt zu sehen.[89]

3. Zwischenergebnis

Die Vorgaben des Lauterkeits- und das Kartellrechts zielen nicht nur auf den Schutz des Wettbewerbs, sondern auch auf den unmittelbaren und gleichberechtigten Schutz von Verbraucherinteressen ab.[90] Da der Verbraucherschutz in der klassischen Verarbeitungssituation der digitalen Wirtschaft (Unternehmer verarbeitet Daten eines Verbrauchers) untrennbar mit dem Datenschutz zusammenhängt, schützen das Lauterkeits- und Kartellrecht damit zugleich das Interesse der Verbraucher am Schutz der sie betreffenden personenbezogenen Daten. Das Lauterkeits- und Kartellrecht zielen daher – gewissermaßen auch – auf den Datenschutz ab.[91] Diese Schutzzielkongruenz[92] erleichtert eine Abstimmung datenschutz- und wettbewerbsrechtlicher Regelungen.

III. Fazit: Erfordernis einer Abstimmung des Datenschutz- und Wettbewerbsrechts

Im Mittelpunkt der folgenden Untersuchung soll der Schnittstellenbereich des Wettbewerbs- und Datenschutzrechts stehen: der Schutz von personenbezogenen Verbraucherdaten, die im Rahmen einer Vertragsbeziehung durch ein am Wettbewerb teilnehmendes privatrechtliches Unternehmen verarbeitet werden.

---

87 *BKartA*, Beschl. v. 6.02.2019 – B6-22/16 – Facebook-Verfahren.

88 BGH, Beschl. v. 23.06.2020 – KVR 69/19 – WRP 2020, 1316.

89 Siehe § 32e Abs. 5 S. 1 GWB.

90 Hinsichtlich Kartell- und Datenschutzrecht siehe *Kamann/Miller*, NZKart 2016, S. 405 (408).

91 *Huppertz/Ohrmann*, CR 2011, S. 449 (454) erkennen bereits 2011, dass das Datenschutz- und Wettbewerbsrecht (insbes. mit Blick auf Marketingmethoden) untrennbar miteinander verbunden sind.

92 *Louven*, CR 2019, S. 352 (357) erkennt, dass eine Schnittmenge in einem bestimmten Teilbereich bestehen kann, lehnt aber ansonsten eine Schutzzielkongruenz ab.

Generelles Ziel muss sein, die Rechtsgebiete im Bereich von Schnittstellen in materiell- und verfahrensrechtlicher Hinsicht aufeinander abzustimmen.[93] Durch die aus einer besseren Abstimmung resultierenden möglichen Synergien könnte eine noch effektivere Umsetzung der Schutzzielrichtungen erreicht werden. Zudem können Kollisionen zwischen den jeweiligen Schutzzielen identifiziert und interessengerecht aufgelöst werden. Die jeweiligen materiellrechtlichen Schnittstellen sind dabei überaus facettenreich:

Die wettbewerbsrechtliche Beurteilung eines Sachverhalts kann in einem engen Zusammenhang mit der datenschutzrechtlichen Beurteilung einer konkreten Frage stehen. So kann unter Umständen ein Datenschutzverstoß einen Verstoß gegen das Lauterkeits- oder Kartellrecht begründen.

Das Datenschutzrecht kann sich darüber hinaus im Rahmen einer Fusion zweier Unternehmen auswirken und die behördlich veranlassten Verpflichtungen der Unternehmen bzw. die Maßnahmen der zuständigen Kartellbehörde beeinflussen. In den Fällen, in denen der Wettbewerb und der Datenschutz gleichermaßen gefährdet sind, muss im kartellrechtlichen Verfahren auch darauf hingewirkt werden, dass der Wettbewerb und der Datenschutz gleichzeitig berücksichtigt und geschützt werden.

Daran anschließend kann die Beurteilung der datenschutzrechtlichen Zulässigkeit einer Verarbeitung von personenbezogenen Daten von wettbewerbsrechtlichen Aspekten bzw. von wettbewerbsrechtlichen Prüfungen abhängig sein. Bspw. steht die Frage nach einer wirksamen Einwilligung gegenüber einem marktbeherrschenden Unternehmen in einem engen Zusammenhang mit der (kartellrechtlichen) Prüfung der Marktstellung.

Zudem können Werbemaßnahmen nicht unabhängig von der Einhaltung lauterkeitsrechtlicher Vorschriften hinsichtlich der konkreten Maßnahme betrachtet werden. Schließlich sind wechselseitige Übertragungen von Rechtsbegriffen die Grundlage eines abgestimmten Konzepts.

Mit materiell-rechtlichen Überschneidungen gehen gemeinhin formellrechtliche Überschneidungen einher, wie z.B. Überschneidungen der jeweiligen

---

93 S.a. *Kerber*, GRUR Int. 2016, S. 639 (647); s.a. Zentrale Fragestellung der – von der Bundesregierung eingesetzten – Kommission Wettbewerbsrecht 4.0: „Wie kann das Zusammenspiel von Kartellrecht einerseits und Lauterkeits-, Verbraucherschutz- sowie Datenschutzrecht andererseits optimiert und besser verzahnt werden? Wie können die wettbewerbsrechtlich relevanten rechtlichen Grundlagen im Digitalbereich harmonisiert und zusammengeführt werden?", https://www.bmwi.de/Redaktion/DE/Artikel/Wirtschaft/kommission-wettbewerbsrecht-4-0.html, Abrufdatum: 10.07.2019.

rechtsgebietsspezifischen (behördlichen und gerichtlichen) Zuständigkeiten und Verfahren. Das Erfordernis einer Abstimmung setzt sich damit etwa auf verfahrensrechtlicher Ebene fort.[94]

Schließlich sind die Ziele bzw. Chancen einer besseren Abstimmung des Wettbewerbs- und Datenschutzrechts im Schnittstellenbereich vielfältig. Verbraucher könnten bei gleichzeitiger Wettbewerbsförderung effektiver geschützt werden. Bei Anwendung des Datenschutz- und Wettbewerbsrechts könnten Kollisionen der Schutzziele vermieden werden. Insbesondere könnte eine einheitliche Rechtsanwendung durch eine Vermeidung von widersprüchlichen behördlichen und gerichtlichen Beurteilungen bzw. Entscheidungen erreicht werden. Schließlich sollen sich am Wettbewerb teilnehmende Unternehmen bei der Verarbeitung personenbezogener Daten auf eine einheitliche Rechtsanwendung verlassen können. Der Aspekt der Rechtssicherheit könnte also im Endeffekt sogar einige Vorteile für die betreffenden Unternehmen mit sich bringen.

94 *V. Lewinski/Herrmann*, PinG 2017, S. 209 (211).

2. Teil Zusammenspiel des Datenschutz- und Wettbewerbsrechts auf materiell-rechtlicher Ebene

Im Verhältnis von Datenschutzrecht und Wettbewerbsrecht bestehen einige Wechselwirkungen. So finden die Normen des einen Rechtsgebiets im jeweils anderen Rechtsgebiet Berücksichtigung, indem sie angewendet, inzident ausgelegt oder durchgesetzt werden.

A. Wechselwirkungen zwischen Datenschutz- und Lauterkeitsrecht

Im Verhältnis von Datenschutzrecht und Lauterkeitsrecht lassen sich vor allem drei unterschiedliche Ausprägungen von Wechselwirkungen feststellen: Zunächst werden auf der einen Seite datenschutzrechtliche Vorgaben im Lauterkeitsrecht berücksichtigt und lauterkeitsrechtlich durchgesetzt. Auf der anderen Seite fließen lauterkeitsrechtliche Vorgaben in die Prüfung der datenschutzrechtlichen Zulässigkeit einer Datenverarbeitung mit ein. Darüber hinaus werden die rechtlichen Anforderungen an eine Einwilligung, die im datenschutzrechtlichen Regelwerk niedergelegt sind, in die lauterkeitsrechtliche Rechtsanwendung übertragen.

I. Rechtsbruch durch Datenschutzrechtsverstoß

§ 3a UWG bestimmt, dass unlauter handelt, wer einer gesetzlichen Vorschrift zuwiderhandelt, die auch dazu bestimmt ist, im Interesse der Marktteilnehmer das Marktverhalten zu regeln, und wenn der Verstoß geeignet ist, die Interessen von Verbrauchern, sonstigen Marktteilnehmern oder Mitbewerbern spürbar zu beeinträchtigen. Als Ausprägung der Wechselwirkungen zwischen dem Lauterkeitsrecht und dem Datenschutzrecht können datenschutzrechtliche Vorgaben gesetzliche Vorschriften im Sinne von § 3a UWG darstellen und als solche verletzt werden. Diese Verletzung kann dann als lauterkeitsrechtlich relevanter Rechtsbruch durch die gemäß § 8 Abs. 3 UWG Anspruchsberechtigten auf privatrechtlichem Weg durchgesetzt werden.

1. *Zur Anspruchsberechtigung nach dem UWG bei Datenschutzrechtsverstoß*

Diskutiert wird im Falle eines Datenschutzrechtsverstoßes vor allem das Vorliegen einer Anspruchsberechtigung der Mitbewerber (§ 8 Abs. 3 Nr. 1 UWG) sowie der Verbände (§ 8 Abs. 3 Nr. 2 UWG). Eine Anspruchsberechtigung nach dem UWG wird hauptsächlich mit der Begründung abgelehnt, im Falle eines Datenschutzrechtsverstoßes sei die datenschutzrechtliche Regelung der Rechtsdurchsetzung in den Art. 77 ff. DS-GVO abschließend. Insoweit sei die Anwendbarkeit des UWG ausgeschlossen.[95]

Von dieser Diskussion, die ausschließlich die Anspruchsberechtigung betrifft, unabhängig zu beurteilen, ist die potentielle Eignung datenschutzrechtlicher Vorschriften, das Marktverhalten im Sinne von § 3a UWG zu regeln. Die vielfach diskutierte Frage nach dem Bestehen einer Anspruchsberechtigung gemäß § 8 Abs. 3 UWG im Falle eines Datenschutzrechtsverstoßes berührt die Frage nach einer marktverhaltensregelnden Funktion datenschutzrechtlichen Vorschriften in der Sache nicht.[96] Der Verstoß gegen datenschutzrechtliche Vorschriften, die das Marktverhalten regeln, würde nach wie vor den Rechtsbruchtatbestand gemäß § 3a UWG erfüllen. Die Klage eines Mitbewerbers oder eines Verbandes im Sinne von § 8 Abs. 3 UWG wäre bei fehlender Anspruchsberechtigung allerdings stets als unzulässig abzuweisen, eine Prüfung der tatbestandlichen Voraussetzungen würde im Falle eines Datenschutzrechtsverstoßes nicht mehr erfolgen.[97] Damit entfiele die Streitfrage hinsichtlich einer marktverhaltensregelnden Funktion datenschutzrechtlicher Vorschriften auf lange Sicht, sie würde sich in der Praxis schlichtweg nicht mehr auswirken. Potentielle positive (zumindest mittelbare) Auswirkungen auf den Schutz der personenbezogenen Daten von Verbrauchern blieben aus.[98]

---

95 Siehe *Köhler*, in: Köhler/Bornkamm/Feddersen, UWG, § 3a Rn. 1.74b; darauf beziehend und sehr oberflächlich LG Bochum, Urt. v. 07.08.2018 – I-12 O 85/18 – BB 2018, 2580; hinsichtlich einer Verbandsklage siehe auch *Werkmeister*, in: Gola, DS-GVO, Art. 80 Rn. 17, 18; auf Köhler beziehend *Barth*, WRP 2018, S. 790 (791 f.).

96 Vgl. auch *Köhler*, in: Köhler/Bornkamm/Feddersen, UWG, § 3a Rn. 1.74b: Von der Frage abgesehen, ob die Art. 77 DS-GVO abschließend sind und insoweit die Anwendung des UWG ausschließen, „stellen die Vorschriften der DS-GVO **auch** keine Marktverhaltensregelungen iSd § 3a UWG […] dar."

97 So auch im Ergebnis *Köhler*, ZD 2018, S. 337 (338).

98 *Laoutoumai/Hoppe*, K&R 2018, S. 533 (535) sieht zur Erreichung eines hohen Datenschutzniveau eine Durchsetzung des Datenschutzrechts mittels lauterkeitsrechtlicher Vorgaben durch Mitbewerber und Verbände sogar als geboten an.

a) Anspruchsberechtigung von Mitbewerbern

Der europäische Gesetzgeber trifft in der DS-GVO keinerlei Aussage hinsichtlich der Durchsetzung datenschutzrechtlicher Vorgaben durch einen Mitbewerber trifft. Man geht grundsätzlich davon aus, dass die betroffenen Personen selbst tätig werden oder eine Institution beauftragen, um ihre Rechte geltend zu machen.[99] Lediglich in Art. 80 Abs. 2 DS-GVO wird den Mitgliedstaaten freigestellt zu regeln, dass jede der in Art. 80 Abs. 1 DS-GVO genannten Einrichtungen, Organisationen oder Vereinigungen unabhängig von einem Auftrag der betroffenen Person in diesem Mitgliedstaat das Recht hat, bei der zuständigen Aufsichtsbehörde eine Beschwerde einzulegen und die in den Art. 78 und 79 aufgeführten Rechte in Anspruch zu nehmen, wenn ihres Erachtens die Rechte einer betroffenen Person gemäß dieser Verordnung infolge einer Verarbeitung verletzt worden sind. Mitbewerber werden als Anspruchsberechtigte in den Art. 77 ff. DS-GVO nicht erwähnt. Aus der abschließenden Regelung der Art. 77 ff. DS-GVO folgern diejenigen, die eine Anspruchsberechtigung ablehnen, dass Mitbewerber im Sinne von § 8 Abs. 3 Nr. 1 UWG datenschutzrechtliche Vorgaben im Wege des Lauterkeitsrechts nicht durchsetzen können, das UWG sei insoweit nicht anwendbar.

Diese Schlussfolgerung vermag nicht zu überzeugen. Die DS-GVO enthält gemäß Art. 1 Abs. 1 Vorschriften zum Schutz natürlicher Personen bei der Verarbeitung personenbezogener Daten und zum freien Verkehr solcher Daten. Die betroffenen Personen und die – in der hier im Fokus stehenden Verarbeitungssituation – betroffenen Verbraucher, werden durch die Vorschriften der DS-GVO in ihrer informationellen Selbstbestimmung geschützt. Ausgehend von dieser Schutzdimension sind die betroffenen Personen auch zunächst selbst dafür verantwortlich, dass ihre Rechte geltend gemacht und durchgesetzt werden. Insoweit regelt die DS-GVO in erster Linie die Durchsetzung des Datenschutzrechts durch die betroffenen Personen, welche darauf abzielen ihre persönlichen Rechte durchzusetzen.

Mitbewerbern geht es hingegen nicht um den Schutz der betroffenen Personen oder die Steigerung des generellen Datenschutzniveaus, wenn sie gemäß UWG eine Datenschutzrechtsverletzung geltend machen. Mitbewerber beabsichtigen ausschließlich die Sanktion wettbewerbsschädlicher Verhaltensweisen durch rechtswidriges Verhalten. Betrachtet man die Bedeutung von personenbezogenen Daten im Wettbewerb, liegt es auf der Hand, dass Mitbewerber versuchen,

99 Vgl. Tätigwerden der betroffenen Person: Art. 77-79 DS-GVO; Tätigwerden einer Institution im Auftrag der betroffenen Person: Art. 80 Abs. 1 DS-GVO.

andere Wettbewerber zu hindern, sich einen wettbewerblichen Vorteil aufgrund rechtswidriger Verhaltensweisen zu verschaffen.

Zwar besitzt die DS-GVO mittlerweile auch eine zunehmend auf den Wettbewerb ausgerichtete Dimension, bspw. in Gestalt der Regelung eines Rechts auf Datenübertragbarkeit gemäß Art. 20 DS-GVO oder des Schutzziels des freien Datenverkehrs gemäß Art. 1 Abs. 1 2. Alt. DS-GVO. Dass der europäische Gesetzgeber in der DS-GVO aber auch die Rechtsdurchsetzung durch Mitbewerber zwecks Wettbewerbsschutzes regeln wollte, liegt eher fern.[100] Insoweit verfolgen die Normadressaten der DS-GVO einerseits sowie die Adressaten des § 8 Abs. 3 Nr. 1 UWG andererseits bei der Rechtsdurchsetzung den Schutz unterschiedlicher Rechtsgüter: den Schutz der informationellen Selbstbestimmung auf der einen und den Schutz des Wettbewerbs auf der anderen Seite.[101] Dass der Schutz der informationellen Selbstbestimmung durch den Schutz des Wettbewerbs erreicht werden kann, ist hier lediglich die mittelbare Folge der Rechtsdurchsetzung durch die Mitbewerber. Mitbewerber wollen (und sollen) sich insoweit gerade nicht zu einer weiteren auf den Verbraucherschutz ausgerichteten Institution aufschwingen, sie wollen vielmehr – eigennützig – ihre wettbewerbliche Stellung festigen, verbessern oder schützen.

Aus der fehlenden Regelung der Rechtsdurchsetzung durch Mitbewerber im Falle eines Datenschutzverstoßes kann folglich nicht abgeleitet werden, dass der europäische Gesetzgeber die Anwendbarkeit des UWG ausschließen wollte. Es handelt sich um zwei unterschiedliche Ansatzpunkte, das UWG und die DS-GVO stehen – trotz materiell-rechtlicher Wechselwirkungen im Rahmen von § 3a UWG – insoweit nebeneinander.[102]

b) Anspruchsberechtigung von Verbänden

Hinsichtlich der Verbände und anderer Einrichtungen gemäß § 8 Abs. 3 Nr. 2-4 UWG wird mit Blick auf die abschließende Regelung der Art. 77 ff. DS-GVO ähnlich argumentiert. Die lauterkeitsrechtlichen Vorgaben gemäß §§ 8 Abs. 1 u. 3 Nr. 2-4 iVm 3a UWG würden – wenn überhaupt – nur eine Teilumsetzung der unionsrechtlichen Vorgaben gemäß Art. 80 Abs. 2 DS-GVO darstellen.[103] Aufgrund der vollharmonisierenden Wirkung der DS-GVO, die eine einheitliche

---

100 *Laoutoumai/Hoppe*, K&R 2018, S. 533 (535).

101 *Laoutoumai/Hoppe*, K&R 2018, S. 533 (535).

102 *Laoutoumai/Hoppe*, K&R 2018, S. 533 (535).

103 *Frenzel*, in: Paal/Pauly, DS-GVO/BDSG, Art. 80 Rn. 13; *Werkmeister*, in: Gola, DS-GVO, Art. 80 Rn. 17, 18.

datenschutzrechtliche Rechtdurchsetzung bezwecke, solle die Umsetzung der Vorgaben aber um jeden Preis, also im Sinne eines „Alles oder Nichts“-Prinzips, erfolgen.[104] Eine Teilumsetzung der unionsrechtlichen Vorgaben, wie sie § 8 Abs. 3 iVm § 3a UWG darstelle, sei somit nicht vorgesehen.[105]

Unabhängig von der Frage, ob § 8 Abs. 3 Nr. 2-4 UWG nur eine Teilumsetzung oder doch eine vollständige Umsetzung der unionsrechtlichen Vorgaben darstellt, kann bereits der postulierte „Alles oder Nichts“-Ansatz der DS-GVO nicht entnommen werden.[106] Der europäische Gesetzgeber entschied sich zwar bewusst für den Rechtsakt der Verordnung, um eine weitreichende Harmonisierung auf EU-Ebene zu erreichen bzw. eine weitgehende Vereinheitlichung der datenschutzrechtlichen Rechtsdurchsetzung zu bewirken.[107] Dass damit allerdings ausschließlich eine vollständige, also nicht auch teilweise, Umsetzung der unionsrechtlichen Vorgaben einhergehen soll, ist nicht ersichtlich. Die DS-GVO enthält im Gegenteil eine Vielzahl von Öffnungsklauseln für die Mitgliedsstaaten und weitreichende individuelle Gestaltungsmöglichkeiten, die dafür sprechen, dass der europäische Gesetzgeber den Anspruch der Vollharmonisierung aufgegeben hat.[108] Die DS-GVO ist insoweit eher als ein „atypisches Hybrid“ aus Richtlinie und Verordnung zu betiteln.[109]

Mitbewerber, Verbände sowie sonstige Einrichtungen können im Falle der Verletzung datenschutzrechtlichen Bestimmungen mithin Ansprüche bzw. Rechte aus dem UWG nach wie vor geltend machen.

2. *Zum Tatbestandsmerkmal der Marktverhaltensregelung*

§ 3a UWG fordert eine marktverhaltensregelnde Funktion der im Wege des Lauterkeitsrechts durchzusetzenden Vorschriften. Marktverhalten ist hierbei jede Tätigkeit auf einem Markt, die objektiv der Förderung des Absatzes oder Bezugs dient und durch die ein Unternehmer auf Mitbewerber, Verbraucher

104 *Werkmeister*, in: Gola, DS-GVO, Art. 80 Rn. 17, 18.

105 *Frenzel*, in: Paal/Pauly, DS-GVO/BDSG, Art. 80 Rn. 13.

106 U.a. *Wolff*, ZD 2018, S. 248 (252); *Becker*, in: Plath, DS-GVO/BDSG, Art. 80 Rn. 6; *Bergt*, in: Kühling/Buchner, DS-GVO/BDSG, Art. 80 Rn. 13; *Moos/Schefzig*, in: Taeger/Gabel, DS-GVO/BDSG, Art. 80 Rn. 26.

107 *Kühling/Martini*, EuZW 2016, S. 448 (449).

108 *Kühling/Martini*, EuZW 2016, S. 448 (454); *Moos/Schefzig*, in: Taeger/Gabel, DS-GVO/BDSG, Art. 80 Rn. 26.

109 *Kühling/Martini*, EuZW 2016, S. 448 (449); *Buchner/Sperlich*, AiB extra August 2018, S. 56 (57).

oder sonstige Marktteilnehmer einwirkt.[110] Erfasst sind das Angebot und die Nachfrage von Waren oder Dienstleistungen, die Werbung und der Abschluss sowie die Durchführung von Verträgen.[111]

a) Regelung des Marktverhaltens

Gemäß lauterkeitsrechtlichem Rechtsbruchtatbestand muss die relevante Vorschrift dazu bestimmt sein, im Interesse der Marktteilnehmer das Marktverhalten zu regeln. Eine Norm regelt das Marktverhalten im Interesse der Mitbewerber, Verbraucher oder sonstigen Marktteilnehmer, wenn sie einen Wettbewerbsbezug in der Form aufweist, dass sie die wettbewerblichen Belange der als Anbieter oder Nachfrager von Waren oder Dienstleistungen in Betracht kommenden Personen schützt.[112] Anders gesprochen: Eine gesetzliche Vorschrift regelt das Marktverhalten, wenn sie die oben genannten marktrelevanten Verhaltensweisen Handlungs- oder Unterlassungspflichten unterwirft.[113]

Dabei kann auch eine Norm, die dem Schutz von Rechten, Rechtsgütern oder sonstigen Interessen von Marktteilnehmern dient, eine Marktverhaltensregelung darstellen.[114] Dies ist insbesondere dann der Fall, wenn das durch die konkrete Norm geschützte Interesse gerade durch die Marktteilnahme, also durch den Abschluss von Austauschverträgen und den nachfolgenden Verbrauch oder Gebrauch der erworbenen Ware oder in Anspruch genommenen Dienstleistung berührt wird.[115] Eine spezifisch wettbewerbsbezogene Schutzfunktion in dem Sinne, dass die Vorschrift die Marktteilnehmer speziell vor dem Risiko einer unlauteren Beeinflussung ihres Marktverhaltens schützen, ist nicht erforderlich.[116]

Zusammenfassend bedarf es für die Einordnung einer Vorschrift als Marktverhaltensregelung somit zweierlei: Die Vorschrift muss (auch) den Schutz von Rechten, Rechtsgütern oder sonstigen Interessen eines Marktteilnehmers im Sinne von § 2 Abs. 1 Nr. 2 UWG bezwecken, also den Schutz des Einzelnen

---

110 *Köhler*, in: Köhler/Bornkamm/Feddersen, UWG, § 3a Rn. 1.62

111 *Köhler*, in: Köhler/Bornkamm/Feddersen, UWG, § 3a Rn. 1.62.

112 OLG Hamburg, Urt. v. 25.10.2018 – 3 U 66/17 – GRUR 2019, 86; *Köhler*, in: Köhler/Bornkamm/Feddersen, UWG, § 3a Rn. 1.64.

113 *Ohly*, in: Sosnitza/Ohly, UWG, § 3a Rn. 15.

114 OLG Hamburg, Urt. v. 25.10.2018 – 3 U 66/17 – GRUR 2019, 86.

115 OLG Hamburg, Urt. v. 25.10.2018 – 3 U 66/17 – GRUR 2019, 86.

116 OLG Karlsruhe, Urt. v. 9.5. 2012 – 6 U 38/11 – NJW 2012, 3312.

in seiner Rolle als Marktteilnehmer. Zudem muss das durch die Vorschrift geschützte Interesse gerade durch die Marktteilnahme berührt werden.

b) Regelung des Marktverhaltens durch datenschutzrechtliche Vorgaben

Die Frage, ob datenschutzrechtliche Vorschriften Marktverhaltensregelungen im Sinne von § 3a UWG darstellen, ist seit jeher umstritten und nach wie vor nicht abschließend geklärt.

Die Einordnung von datenschutzrechtlichen Vorschriften als Marktverhaltensregeln gemäß § 3a UWG wurde unter dem BDSG a.F. und der DSRL teilweise abgelehnt.[117] In Frage gestellt wurde mit Blick auf die vorgenannte erste Voraussetzung bereits, dass datenschutzrechtliche Vorschriften den Schutz eines Marktteilnehmers, in diesem Fall des Verbrauchers, bezwecken.[118] Das Datenschutzrecht schütze demnach nur Individualrechtspositionen.[119] Es gehe dabei nicht konkret um den Schutz des Einzelnen in der Rolle als Marktteilnehmer bzw. als Verbraucher.[120] Das Datenschutzrecht schütze nicht wirtschaftliche, sondern ausschließlich persönliche Interessen.[121] Es gehe also um den Schutz des Verbrauchers „als Mensch".[122] In Anbetracht dessen solle insbesondere unberücksichtigt bleiben, dass sich die Verletzung von datenschutzrechtlichen Vorschriften im Geschäftsleben auswirken kann.[123]

Die Gegenansicht berücksichtigt zwar auch, dass das Datenschutzrecht im Kern individualrechtliche Positionen des Einzelnen schützt.[124] Der Kreis derjenigen, die sich auf das (Datenschutz-)Recht berufen können, sei offensichtlich nicht nur auf Verbraucher beschränkt, sondern deutlich weiter.[125] Allerdings

---

117 **Zur alten Rechtslage**: OLG München, Urt. v. 12. 1. 2012 – 29 U 3926/11 - GRUR-RR 2012, 395; *Ohly*, in: Ohly/Sosnitza, UWG, § 3a Rn. 79; *Köhler*, in: Köhler/Bornkamm/Feddersen, UWG, § 3a Rn. 1.74a; *Zech*, WRP 2013, S. 1434 (1435); Ebert-Weidenfeller, in: Götting/Nordemann, UWG, § 3a Rn. 90; **Zur neuen Rechtslage**: *Köhler*, in: Köhler/Bornkamm/Feddersen, UWG, § 3a Rn. 1.74b.

118 *Gärtner/Heil*, WRP 2005, S. 20 (24).

119 U.a. OLG München, Urt. v. 12. 1. 2012 – 29 U 3926/11 - GRUR-RR 2012, 395; *Köhler*, in: Köhler/Bornkamm/Feddersen, UWG, § 3a Rn. 1.74a.

120 *Köhler*, in: Köhler/Bornkamm/Feddersen, UWG, § 3a Rn. 1.74a.

121 OLG München, Urt. v. 12. 1. 2012 – 29 U 3926/11 - GRUR-RR 2012, 395.

122 OLG München, Urt. v. 12. 1. 2012 – 29 U 3926/11 - GRUR-RR 2012, 395; *Ohly*, in: Ohly/Sosnitza, UWG, § 3a Rn. 79.

123 OLG München, Urt. v. 12. 1. 2012 – 29 U 3926/11 - GRUR-RR 2012, 395.

124 KG Berlin, Urt. v. 24.01.2014 - 5 U 42/12 - K&R 2014, 280.

125 KG Berlin, Urt. v. 24.01.2014 - 5 U 42/12 - K&R 2014, 280.

könne aus dieser Feststellung nicht abgeleitet werden, dass nicht auch der Schutz des Einzelnen in seiner Rolle als Verbraucher bezweckt sei.[126] Das BDSG a.F., die DSRL und künftig auch die DS-GVO und das BDSG würden eben nicht nur eine Datenverarbeitung im persönlichen, nicht geschäftlichen Lebensbereich der Bürger reglementieren, sondern auch in ihrer wirtschaftlichen Betätigung als Verbraucher.[127] Teil des allgemeinen Persönlichkeitsrechts sei ebenso der Schutz des Verbrauchers im Zusammenhang mit einer Datenverarbeitung durch Unternehmen.[128] Gesetze, die die Erhebung von Daten betreffen, würden im Einzelfall nicht nur ausschließlich das Recht auf informationelle Selbstbestimmung schützen, sondern darüber hinaus auch den Wettbewerb an sich.[129] Insoweit seien datenschutzrechtliche Vorschriften potentiell dazu geeignet, das Marktverhalten zu regeln. Für den konkreten Einzelfall sei jedoch zu prüfen, ob die relevante Norm tatsächlich die Regelung des Marktverhaltens zum Gegenstand habe, denn nicht jede Datenschutzvorschrift sei pauschal eine Marktverhaltensregelung im Sinne des § 3a UWG[130]. Hinzutreten müsse – wie oben bereits ausgeführt – die Berührung der durch die Norm geschützten Interessen gerade durch die Markteilnahme.[131]

Dieser (Gegen-)Ansicht, die vor Geltung der DS-GVO bereits als herrschend galt, ist zu folgen: Datenschutzrechtliche Vorschriften sind potentiell geeignet, das Marktverhalten zu regeln. Ob eine konkrete Vorschrift tatsächlich das Marktverhalten regelt, bedarf jedoch einer Prüfung im Einzelfall.

Sobald der Einzelne als Verbraucher am Marktgeschehen teilnimmt, bspw. indem er sich in Vertragsverhandlungen begibt und die ihn betreffenden personenbezogenen Daten in diesem Rahmen preisgibt, kann es zur Beeinträchtigung

126 KG Berlin, Urt. v. 24.01.2014 – 5 U 42/12 – K&R 2014, 280.

127 Zum BDSG a.F.: KG Berlin, Urt. v. 24.01.2014 – 5 U 42/12 – K&R 2014, 280.

128 KG Berlin, Urt. v. 24.01.2014 – 5 U 42/12 – K&R 2014, 280.

129 LG Düsseldorf, Urt. v. 9.3.2016 – 12 O 151/15 – MMR 2016, 328; OLG Hamburg, Urt. v. 27.06.2013 – 3 U 26/12 – GRUR-RR 2013, 482; OLG Köln, Urt. v. 19.11.2010 – 6 U 73/10 – CR 2011, 680; OLG Karlsruhe, Urt. v. 09.05.2012 – 6 U 38/11 – GRUR-RR 2012, 396; KG Berlin, Urt. v. 24.01.2014 – 5 U 42/12 – K&R 2014, 280.

130 OLG Hamburg, Urt. v. 25.10.2018 – 3 U 66/17 – GRUR 2019, 86; OLG Köln, Urt. v. 14.08.2009 – I-6 U 70/09 – NJW 2010, 90; OLG Köln, Urt. v. 19.11.2010 – I-6 U 73/10 – CR 2011, 680.

131 OLG Hamburg, Urt. v. 25.10.2018 – 3 U 66/17 – GRUR 2019, 86; OLG Köln, Urt. v. 14.08.2009 – I-6 U 70/09 – NJW 2010, 90; OLG Köln, Urt. v. 19.11.2010 – I-6 U 73/10 – CR 2011, 680.

des Rechts auf informationelle Selbstbestimmung kommen.[132] Sobald er am Marktgeschehen teilnimmt, erhält der Verbraucher oftmals nicht nur ein Produkt, vielmehr werden – wie bereits ausgeführt – er und seine persönlichen Daten gleichzeitig selbst zum Produkt. Dass der Verbraucher in diesem Sinne als Produkt der Dienste anbietenden Unternehmen fungiert, ist ihm zumeist nicht bewusst. Der Beginn einer unternehmerischen „informationellen Analyse" und der Zeitpunkt der Markteilnahme, bspw. durch Vertragsverhandlungen, fallen in der Regel zusammen. Der durch die Markteilnahme ausgelösten „informationellen Analyse" durch die entsprechenden Unternehmen müssen Grenzen gesetzt werden.[133] Damit haben insbesondere solche datenschutzrechtlichen Vorschriften einen marktverhaltensregelnden Charakter, die den Unternehmer im Rahmen von vertraglichen Verhandlungen oder bei der Durchführung eines Vertrages anweisen, die personenbezogenen Daten des Verbrauchers rechtmäßig zu verarbeiten und den Verbraucher hinreichend über etwaige Datenverarbeitungen zu informieren.[134] Zu diesen Vorschriften zählen insbesondere die datenschutzrechtlichen Erlaubnistatbestände, die Datenverarbeitungen zu Werbezwecken regeln.[135] Entsprechende datenschutzrechtliche Regelungen unterwerfen insoweit das Marktverhalten gewissen Handlungs- oder Unterlassungspflichten hinsichtlich der Datenverarbeitung.[136]

An der Natur von datenschutzrechtlichen Regelungen hat sich mit der Einführung der DS-GVO nichts geändert, sodass diese vorzugswürdige Ansicht unter der DS-GVO weiterhin Geltung beansprucht.[137] Mit der Einführung des Rechts auf Datenübertragbarkeit unterstützt der europäische Gesetzgeber vielmehr die potentielle Eignung datenschutzrechtlicher Vorschriften, das Marktverhalten im Sinne von § 3a UWG zu regeln. Art. 20 DS-GVO ist offensichtlich eine

---

132 OLG Hamburg, Urt. v. 25.10.2018 – 3 U 66/17 – GRUR 2019, 86; OLG Karlsruhe, Urt. v. 9. 5. 2012 – 6 U 38/11 – NJW 2012, 3312; OLG Köln, Urt. v. 14.08.2009 – I-6 U 70/09 – NJW 2010, 90; OLG Köln, Urt. v. 19.11.2010 – I-6 U 73/10 – CR 2011, 680; vgl. *Galetzka*, K&R 2015, S. 77 (80).

133 OLG Karlsruhe, Urt. v. 9. 5. 2012 – 6 U 38/11 – NJW 2012, 3312.

134 Geschäftliches Handeln ohne Datenverarbeitung ist in der heutigen Zeit nicht mehr realistisch, so jedenfalls *Schneider*, NJW 2012, S. 3315 (3315).

135 OLG Köln, Urt. v. 14.08.2009 – I-6 U 70/09 – NJW 2010, 90; OLG Köln, Urt. v. 19.11.2010 – I-6 U 73/10 – CR 2011, 680; *Schmitt*, WRP 2019, S. 27 (29); *Huppertz/Ohrmann*, CR 2011, S. 449 (454).

136 Vgl. *Götting/Hetmank*, in: Fezer/Büscher/Obergfell, UWG, § 3a Rn. 80, 81.

137 *Laoutoumai/Hoppe*, K&R 2018, S. 533 (534); a.A. *Köhler*, in: Köhler/Bornkamm/Feddersen, UWG, § 3a Rn. 1.74b.

Vorschrift, die das Marktverhalten regeln kann.[138] Die Vorschrift zielt gerade auf den Schutz des Verbrauchers im Unternehmer-Verbraucher-Verhältnis ab und kann sich ferner ganz erheblich auf den Wettbewerb auswirken und insoweit auch das Marktverhalten einzelner Unternehmen beeinflussen.[139] Im Hinblick auf die durch Art. 20 DS-GVO in Gang gesetzte Neuausrichtung des Datenschutzrechts und die damit eingefügte wettbewerbsrechtliche Komponente würde die Ablehnung einer marktverhaltensregelnden Funktion datenschutzrechtlicher Vorschriften zudem zu einem unauflösbaren Wertungswiderspruch führen: Wenn personenbezogene Daten zunehmend das Verhalten auf dem Markt sowie die Arbeitsweise der Unternehmen bestimmen, müssen die (relevanten) datenschützenden Vorschriften auch gleichzeitig als zwingende Vorgaben für das unternehmerische Verhalten auf dem Markt zu verstehen sein.[140]

3. *Zwischenergebnis*

Der Verstoß eines marktteilnehmenden Unternehmens gegen das Datenschutzrecht kann einen Rechtsbruch im Sinne von § 3a UWG begründen. Dieses Ergebnis entspricht dem festgestellten Gleichlauf des Datenschutz- und Lauterkeitsrechts hinsichtlich eines Schutzes des Verbrauchers bei der Verarbeitung personenbezogener Daten durch ein am Wettbewerb teilnehmendes privates Unternehmen. Der Marktteilnehmerschutz, hier der Schutz des Verbrauchers, ist grundsätzlich ein Hauptanwendungsfall des Datenschutzrechts.[141]

Zu beachten ist allerdings, dass nur der Verstoß gegen marktverhaltensregelnde Datenschutzvorschriften einen Wettbewerbsverstoß gemäß § 3a UWG darstellen kann. Ob eine datenschutzrechtliche Vorschrift im Rahmen des Rechtsbruchtatbestandes nach § 3a UWG tatsächlich berücksichtigt werden kann, hängt also von der konkreten Norm und vom zu betrachtenden Einzelfall ab.[142] Dem datenschutzrechtlichen Normgefüge kann nicht pauschal ein marktverhaltensregelnder Charakter im Sinne von § 3a UWG zugewiesen werden. Zum Teil fehlt es an der Berührung der normspezifisch geschützten Interessen unmittelbar durch die Marktteilnahme. Soweit eine datenschutzrechtliche Norm auf „eine Datennutzung zum Zwecke der Werbung und damit für Zwecke, die die geschützten Interessen des Betroffenen gerade in Bezug auf seine

---

138 *Wolff*, ZD 2018, S. 248 (250).

139 *Wolff*, ZD 2018, S. 248 (250).

140 Im Ergebnis auch *Laoutoumai/Hoppe*, K&R 2018, S. 533 (534).

141 Siehe dazu bereits ab S. 11.

142 *Schneider*, NJW 2012, S. 3315 (3315); *Podszun/de Toma*, NJW 2016, 2987 (2990).

Marktteilnahme berühren“[143], abzielt, kann bspw. von einem marktverhaltensregelnden Charakter ausgegangen werden. Allgemein ist von einer Interessenberührung auszugehen, wenn es für die betroffene Person um „das Angebot von oder die Nachfrage nach Waren oder Dienstleistungen“[144] geht. Damit wird mit Blick auf die nunmehr geltende DS-GVO insbesondere der Einwilligung nach Art. 6 Abs. 1 lit. a DS-GVO sowie den gesetzlichen Erlaubnistatbeständen gemäß Art. 6 Abs. 1 lit. b (Datenverarbeitung zwecks Vertragserfüllung und -durchführung) und lit. f (Datenverarbeitung zu Werbezwecken[145]) DS-GVO ein marktverhaltensregelnder Charakter zuzusprechen sein.[146]

II. Datenschutz- und lauterkeitsrechtliche Anforderungen an Werbemaßnahmen

Ferner treffen datenschutz- und lauterkeitsrechtliche Vorgaben bei der Beurteilung der Rechtmäßigkeit einer Werbemaßnahme und der damit zusammenhängenden Verarbeitung von personenbezogenen Daten, wie E-Mail-Adressen und Telefonnummern, aufeinander. Zur Beurteilung der Rechtmäßigkeit einer unternehmerischen Werbemaßnahme gegenüber einem Verbraucher über die Werbekanäle Telefon und E-Mail sind datenschutz- und lauterkeitsrechtliche Anforderungen gleichermaßen zu berücksichtigen. Die auf gesetzlichen Vorschriften basierende datenschutzrechtliche Zulässigkeit einer Datenverarbeitung zu Werbezwecken sollte stets im Zusammenhang mit der lauterkeitsrechtlichen Zulässigkeit der tatsächlichen Werbeansprache betrachtet werden.

1. Zusammenhang zwischen Werbung und Datenverarbeitung

Die lauterkeitsrechtlich relevante Werbung bzw. Werbeansprache sowie die datenschutzrechtlich relevante Verarbeitung personenbezogener Daten zu Zwecken der Werbeansprache hängen in tatsächlicher und rechtlicher Hinsicht eng zusammen.

143 OLG Hamburg, Urt. v. 25.10.2018 – 3 U 66/17 – GRUR 2019, 86
144 OLG Hamburg, Urt. v. 25.10.2018 – 3 U 66/17 – GRUR 2019, 86.
145 Nach ErwG 47 S. 7 der DS-GVO kann die Verarbeitung personenbezogener Daten zum Zwecke der Direktwerbung als eine einem berechtigten Interesse dienende Verarbeitung betrachtet werden.
146 S.a. *Schmitt*, WRP 2019, S. 27 (31).

a) *Tatsächlicher Zusammenhang zwischen Werbung und Datenverarbeitung*

Erfolgreicher Werbung gehen in der Regel zwei rechtlich bedeutsame Vorgänge voraus: Im Grundsatz ist zwischen der lauterkeitsrechtlich relevanten (konkreten) Ansprache über einen bestimmten Werbekanal auf der einen und der datenschutzrechtlich relevanten Verarbeitung von personenbezogenen Kontaktdaten des Werbeempfängers als Verbraucher auf der anderen Seite zu unterscheiden. Soweit Verbraucher individuell und direkt[147] angesprochen werden sollen, bedarf es – wie oben bereits gezeigt – einer „informationellen Analyse". Unternehmen erheben personenbezogene Daten[148], um sie in einem weiteren Schritt für die tatsächliche Kontaktaufnahme mit dem Betroffenen zu verwenden bzw. im datenschutzrechtlichen Sinne zu verarbeiten. Datenverarbeitungsvorgänge gemäß Art. 4 Nr. 2 DS-GVO sind in diesem Zusammenhang die Verwendung einer individuellen Mail-Adresse oder das Wählen der individuellen Festnetz- oder Mobilfunk-Rufnummer.

Die zu betrachtenden Zusammenhänge im Verhältnis von Datenschutz- und Lauterkeitsrecht ergeben sich insbesondere bei der Beurteilung der Zulässigkeit von Werbemaßnahmen mittels Telefon (§ 7 Abs. 2 Nr. 2 UWG) oder elektronischer Post (§ 7 Abs. 2 Nr. 3 u. Abs. 3 UWG). Das Lauterkeitsrecht setzt für die Durchführung dieser Werbemaßnahmen ein besonders hohes Schutzniveau an, indem gemäß § 7 Abs. 2 Nr. 2 und 3 UWG grundsätzlich von einem Einwilligungserfordernis ausgegangen wird. Dieser Grundsatz findet seine Ausnahme in einem gesetzlichen Erlaubnistatbestand gemäß § 7 Abs. 3 UWG, der im Falle der Bewerbung von Bestandskunden mittels E-Mail Berücksichtigung findet.

Daneben findet das Datenschutzrecht Anwendung. Die genannten Werbemaßnahmen können unter der DS-GVO ebenfalls auf eine Einwilligung des Betroffenen (Art. 6 Abs. 1 lit. a DS-GVO) in die Verarbeitung der relevanten Daten sowie auf gesetzliche Erlaubnistatbestände (Art. 6 Abs. 1 lit. b oder f DS-GVO) gestützt werden. Beabsichtigt das werbende Unternehmen die Bewerbung per Telefon oder E-Mail durch eine Einwilligung zu legitimieren, bedarf es durch

---

147 Dabei handelt es sich um Merkmale der Direktwerbung bzw. des Direktmarketings, vgl. *Roßnagel/Jandt*, MMR 2011, S. 86 (86). Der Begriff der Direktwerbung wird darüber hinaus in ErwG 47 der DS-GVO verwendet, und stellt demnach ein berechtigtes Interesse für die Verarbeitung dar. Direktwerbung setzt notwendigerweise die Verarbeitung von personenbezogenen Daten des Werbeempfängers voraus.

148 Speziell Kontaktdaten wie Anschrift, Telefonnummer und E-Mail-Adresse kommt nach wie vor eine wichtige Rolle in der Werbebranche zu.

den Betroffenen der Bestätigung der konkreten Ansprache einerseits und der konkreten Datenverarbeitung andererseits. Entsprechen eine oder beide Einwilligungen nicht den einheitlichen[149] (datenschutzrechtlichen) Anforderungen, darf die Werbemaßnahme nicht durchgeführt werden bzw. wäre die Werbemaßnahme bei Durchführung rechtswidrig.

b) Zusammenhang zwischen wettbewerbsrechtlich geschützter Privatsphäre und Datenschutz

Das Datenschutzrecht bezweckt den Schutz personenbezogener Daten sowie die Gewährleistung der informationellen Selbstbestimmung. Art. 8 GRCh gewährleistet in diesem Zusammenhang das Recht auf Schutz der personenbezogenen Daten der Betroffenen und speziell der Verbraucher. Die wettbewerbsrechtliche Norm § 7 UWG schützt hingegen die Interessen der Verbraucher und sonstigen Marktteilnehmer dadurch, dass sie den Einzelnen in bestimmtem Umfang vor einem Eindringen des Werbenden in seine private oder berufliche Sphäre behütet.[150] Durch § 7 Abs. 2 Nr. 2 und Nr. 3, Abs. 3 UWG setzte der nationale Gesetzgeber Art. 13 RL 2002/58 EG[151] um. Ausweislich ErwG 2 der RL 2002/58 EG soll mit dieser Richtlinie gewährleistet werden, dass die in den Art. 7 und 8 GRCh niedergelegten Rechte uneingeschränkt geachtet werden. Während Art. 8 GRCh den Datenschutz gewährleistet, bestimmt Art. 7 GRCh, dass jede Person das Recht auf Achtung ihres Privat- und Familienlebens, ihrer Wohnung sowie ihrer Kommunikation hat. Art. 13 RL 2002/58/EG schützt in erster Linie die Privatsphäre gemäß Art. 7 GRCh. Dementsprechend bezweckt auch die Umsetzung in § 7 Abs. 2 Nr. 2 und Nr. 3, Abs. 3 UWG den Schutz der Privatsphäre gemäß Art. 7 GRCh. Gerade aus der Verarbeitung personenbezogener Daten können aber Gefahren für die Privatsphäre resultieren. Der Datenschutz ist daher auch immer ein Teil des Schutzes der Privatsphäre. Art. 7 und Art. 8 GRCh sind in einer Zusammenschau zu betrachten. Dies ergibt sich auch aus Art. 8 EMRK,

---

149 Zur Unzulässigkeit einer Opt-Out-Regelung im Datenschutz- und Lauterkeitsrecht siehe *Buchner*, WRP 2018, S. 1283 (1285).

150 *Leible*, in: MüKo Lauterkeitsrecht, UWG, § 7 Rn. 98.

151 Richtlinie 2002/58/EG des Europäischen Parlaments und des Rates vom 12. Juli 2002 über die Verarbeitung personenbezogener Daten und den Schutz der Privatsphäre in der elektronischen Kommunikation (Datenschutzrichtlinie für elektronische Kommunikation), ABl. Nr. L 337 S. 11, ber. 2013 ABl. Nr. L 241 S. 9, ber. 2017 ABl. Nr. L 162 S. 56, (abgekürzt als: RL 2002/58 EG).

der den Datenschutz als Teil der Privatsphäre begreift.[152] Wenn der Datenschutz also schon Teil des Schutzes der Privatsphäre ist, müssen die wettbewerbsrechtlichen Vorschriften zum Schutze der Privatsphäre stets im Zusammenhang mit den datenschutzrechtlichen Vorschriften gesehen werden. Ein Verstoß gegen die durch Art. 7 GRCh geschützte Privatsphäre durch belästigende Werbung im Sinne von § 7 UWG besitzt damit zugleich stets Relevanz bei der datenschutzrechtlichen Betrachtung einer Datenverarbeitung zu Werbezwecken.

Schließlich ist in § 7 Abs. 2 Nr. 2 und Nr. 3 UWG kein Fremdkörper im wettbewerbsrechtlichen Rahmen aufgrund der Umsetzung von Art. 13 RL 2002/58/EG zu erblicken.[153] § 1 S. 1 UWG gibt eindeutig zu verstehen, dass Verbraucher unmittelbares und gleichrangiges Schutzobjekt sind.[154] Das UWG hat sonach auch eine verbraucherschützende Funktion.[155] Von diesem Schutzzweck erfasst sind auch der Schutz der Privatsphäre der Verbraucher vor belästigenden Eingriffen und der Schutz des allgemeinen Persönlichkeitsrechts bzw. des Rechts auf informationelle Selbstbestimmung der Verbraucher.[156]

2. *Lauterkeitsrechtliche Zulässigkeit einer Werbemaßnahme*

Die lauterkeitsrechtliche Zulässigkeit von Werbemaßnahmen richtet sich nach § 7 UWG. Nach § 7 Abs. 1 S. 1 UWG ist eine geschäftliche Handlung unzulässig, durch die ein Markt-teilnehmer in unzumutbarer Weise belästigt wird. Dies gilt nach § 7 Abs. 1 S. 2 UWG insbesondere für Werbung, obwohl erkennbar ist, dass der angesprochene Marktteilnehmer diese Werbung nicht wünscht. In § 7 Abs. 2 Nr. 1-4 UWG werden spezielle Werbemaßnahmen auf-geführt, bei denen stets eine Belästigung im Sinne von § 7 Abs. 1 S. 1 UWG anzunehmen ist. Schließlich privilegiert § 7 Abs. 3 UWG Werbemaßnahmen, die gegenüber Bestandskunden vorgenommen werden. Sollten die Voraussetzungen gemäß § 7 Abs. 3 Nr. 1-4 UWG vorliegen, ist eine Einwilligung des Werbeempfängers entbehrlich. Die Zulässigkeit der Werbemaßnahme ergibt sich sodann auf der Grundlage einer gesetzlichen Vorschrift.

Gemäß § 7 Abs. 2 Nr. 2 und Nr. 3 UWG bedarf es bei Werbung über einen Telefonanruf gegenüber einem Verbraucher einer vorherigen ausdrücklichen

---

152 *Meyer-Ladewig/Nettesheim*, in: Meyer-Ladewig/Nettesheim/Von Raumer, EMRK, Art. 8 Rn. 32.

153 *Ohly*, in: Ohly/Sosnitza, UWG, § 7 Rn. 10.

154 *Sosnitza*, in: Ohly/Sosnitza, UWG, § 1 Rn. 19.

155 *Sosnitza*, in: Ohly/Sosnitza, UWG, § 1 Rn. 19.

156 *Sosnitza*, in: Ohly/Sosnitza, UWG, § 1 Rn. 23.

Einwilligung, gegenüber einem sonstigen Marktteilnehmer einer mutmaßlichen Einwilligung. Bei Werbung unter Verwendung einer automatischen Anrufmaschine, eines Faxgerätes oder elektronischer Post ist eine vorherige ausdrückliche Einwilligung des Adressaten erforderlich.

Gemäß § 7 Abs. 2 Nr. 2 und Nr. 3 UWG ist bei Werbung u.a. über einen Telefonanruf oder elektronische Post also stets von einer unzumutbaren Belästigung und damit von der Unzulässigkeit der Werbemaßnahme auszugehen, wenn es an einer im Vorfeld abgegebenen ausdrücklichen Einwilligung des Werbungsempfängers fehlt. Lediglich bei der Werbung mit elektronischer Post ist gemäß § 7 Abs. 3 UWG zu beachten, dass derartige Werbemaßnahmen dann nicht per-se verboten sind, wenn die Werbungsempfänger Bestandskunden des Unternehmens sind, also im Rahmen der rechtsgeschäftlichen Beziehungen der Werbemaßnahme ausgesetzt sind.

3. *Datenschutzrechtliche Zulässigkeit einer Werbemaßnahme unter dem BDSG a.F.*

Bei unternehmensbezogener Werbung gegenüber Verbrauchern sind sowohl lauterkeits- als auch datenschutzrechtliche Belange sowie die in diesem Verhältnis bestehenden wechselseitigen Zusammenhänge zu berücksichtigen.[157] Die wechselseitigen Zusammenhänge ergeben sich insbesondere bei der – auch heute noch überaus relevanten und breitenwirksamen – Bewerbung von Verbrauchern über die Werbekanäle Telefon und E-Mail.

Unter der alten Rechtslage fand eine Berücksichtigung der Wechselbeziehungen durch die Aufsichtsbehörden und Gerichte bereits statt.[158] Die folgenden Grundsätze dienen als Grundlage für eine fortlaufende Berücksichtigung der Zusammenhänge auch im Verhältnis UWG und DS-GVO bzw. BDSG.

Wie bereits ausgeführt hat der Gesetzgeber im UWG ein grundsätzliches lauterkeitsrechtliches Einwilligungserfordernis für die Bewerbung per Telefon und E-Mail statuiert, von dem nur im Falle des kumulativen Vorliegens der Voraussetzungen gemäß § 7 Abs. 3 UWG abgewichen werden kann, also vereinfacht ausgedrückt im Falle der E-Mail-Werbung gegenüber Bestandskunden. Sowohl das lauterkeitsrechtliche Einwilligungserfordernis bei Telefon- und E-Mail-Werbung als auch die lauterkeitsrechtlichen Anforderungen bei der

157 S.a. *Eckhardt/Rheingans*, ZD 2013, S. 318 (320).

158 Vgl. *Düsseldorfer Kreis*, Anwendungshinweise der Datenschutzaufsichtsbehörden zur Werbedatenverarbeitung – September 2014, S. 8; *Gola*, in: Gola/Schomerus, BDSG a.F., § 28 Rn. 50a; VG Saarland, Urt. v. 9.03.2018 – 1 K 257/17 – ZD 2019, 94.

E-Mail-Bestandskundenwerbung sollten als (wettbewerbsrechtliche) Abwägungsfaktoren in die datenschutzrechtliche Interessenabwägung eingestellt werden.[159] Verstößt ein Unternehmen im Zusammenhang mit einer Werbemaßnahme gegen die lauterkeitsrechtlichen Vorgaben, ist darüber hinaus von einer Verletzung schutzwürdiger Interessen des Betroffenen auszugehen.[160] Die Verarbeitung der personenbezogenen Daten (Telefonnummer und E-Mail-Adresse) verstößt dann (auch) gegen geltendes Datenschutzrecht.

Das Vorliegen einer lauterkeitsrechtlichen Einwilligung bzw. der speziellen lauterkeitsrechtlichen Anforderungen spricht für die gesetzliche datenschutzrechtliche Zulässigkeit der Verarbeitung der Telefonnummer und der E-Mail-Adresse, hingegen führt das Fehlen zur Unzulässigkeit der Datenverarbeitung.[161] Wettbewerbsrechtliche Aspekte beeinflussen insoweit die Zulässigkeit einer Datenverarbeitung zu Werbezwecken auf gesetzlicher Basis. Das Resultat ist eine einheitliche rechtliche Bewertung eines Sachverhalts (Werbeansprache und Datenverarbeitung zu Werbezwecken), dessen Aufspaltung letztlich unangebracht wäre. Im Anwendungsbereich von § 7 Abs. 2 Nr. 2 und Nr. 3 sowie Abs. 3 UWG kann im Falle einer lauterkeitsrechtlichen Zulässigkeit der Werbemaßnahme somit auch die datenschutzrechtliche Zulässigkeit der Verarbeitung der E-Mail-Adresse oder der Telefonnummer, als personenbezogene Daten, angenommen werden. Diese Vereinheitlichung der rechtlichen Bewertung bietet sich zudem aus praktischen Erwägungen an: Die Anforderungen an rechtskonforme Werbung ergeben sich eben nicht nur aus dem UWG, sondern bspw. auch aus einer Vielzahl datenschutzrechtlicher Bestimmungen.[162] Für Unternehmen macht es jedoch keinen Unterschied, an welchen gesetzlichen Bestimmungen die Werbemaßnahme zu messen ist und möglicherweise scheitert. Werbende Unternehmen sollten deshalb an einer einheitlichen und rechtssicheren Lösung interessiert sein, die zur Vermeidung widersprüchlicher rechtlicher Beurteilungen beitragen kann.

---

159 *Düsseldorfer Kreis*, Anwendungshinweise der Datenschutzaufsichtsbehörden zur Werbedatenverarbeitung – September 2014, S. 8

160 Ausdrücklich so zum BDSG a.F. im B2B-Verhältnis: VG Saarland, Urt. v. 9.03.2018 – 1 K 257/17 – ZD 2019, 94.

161 I.E. *Eckhardt/Rheingans*, ZD 2013, S. 318 (320).

162 *Conrad*, in: Auer-Reinsdorff/Conrad, Handbuch IT- und Datenschutzrecht, Rn. 503 spricht von kumulativem Wettbewerbs- und Datenschutz; *Eckhardt/Rheingans*, ZD 2013, S. 318 (320).

4. Datenschutzrechtliche Zulässigkeit einer Werbemaßnahme unter der DS-GVO

Die behördliche und gerichtliche Berücksichtigung der Wechselbeziehungen zwischen Lauterkeits- und Datenschutzrecht unter der alten Rechtslage ist begrüßenswert. Die bestehenden Wechselbeziehungen zwischen Lauterkeits- und Datenschutzrecht sollen in entsprechender Weise unter der DS-GVO bzw. dem BDSG berücksichtigt und umgesetzt werden. Lauterkeitsrechtliche Wertungen und Vorgaben sind im Falle von Telefon- und E-Mail-Werbung weiterhin im Rahmen der datenschutzrechtlichen Interessenabwägung zu beachten.

a) Datenverarbeitungen zu Werbezwecken unter der DS-GVO

Alte und neue Rechtslage unterscheiden sich vor allem hinsichtlich der relevanten Normen, die im Rahmen einer Zulässigkeitsprüfung herangezogen werden können. Zudem sollte die DS-GVO als europäische Verordnung ursprünglich zu einer Vollharmonisierung des Datenschutzrechts in den Mitgliedsstaaten führen. Sie ist im Gegensatz zur Richtlinie gemäß Art. 288 AEUV in allen ihren Teilen verbindlich und gilt unmittelbar in jedem Mitgliedstaat.

Die DS-GVO enthält - abweichend zum BDSG a.F. - keine Norm, die im Speziellen die Verarbeitung personenbezogener Daten zu Werbezwecken regelt. Die Verarbeitung personenbezogener Daten zu Werbezwecken kann entweder auf eine Einwilligung gemäß Art. 6 Abs. 1 lit. a DS-GVO oder entsprechende gesetzliche Erlaubnistatbestände – in Frage kommen vor allem Art. 6 Abs. 1 lit. b DS-GVO und Art. 6 Abs. 1 lit. f DS-GVO – gestützt werden. Ein Listenprivileg, wie es § 28 Abs. 3 S. 2 BDSG a.F. vorsah, wurde vom europäischen Gesetzgeber nicht in die DS-GVO aufgenommen. Während im BDSG a.F. die genannten Listendaten ohne Einwilligung verarbeitet bzw. darüberhinausgehende Daten nur unter ganz bestimmten Voraussetzungen hinzugespeichert werden durften, ist in der DS-GVO eine solche Unterscheidung nicht mehr vorzufinden. Konsequenz dieser Änderung ist, dass grundsätzlich erst einmal alle Datenverarbeitungen zu Werbezwecken durch eine gesetzliche Erlaubnisnorm gerechtfertigt werden können.[163]

Im Vergleich zum BDSG a.F. verzichtet der europäische Gesetzgeber im Rahmen der DS-GVO somit auf ein grundsätzliches Einwilligungserfordernis bei

163 *Plath*, in: Plath, DS-GVO/BDSG, Art. 6 Rn. 70.

Datenverarbeitungen zu Werbezwecken,[164] vielmehr stehen die Einwilligung und die gesetzlichen Erlaubnistatbestände gleichberechtigt nebeneinander.[165] Der Verantwortliche erfährt durch diese Änderung eine weitreichende Privilegierung, das Schutzniveau bei Datenverarbeitungen zu Werbezwecken wird gleichzeitig abgesenkt.

Die datenschutzrechtliche Zulässigkeit einer Verarbeitung von personenbezogenen Daten zu Werbezwecken richtet sich in Abwesenheit einer datenschutzrechtlichen Einwilligung insbesondere nach Art. 6 Abs. 1 lit. f DS-GVO. Demnach ist die Verarbeitung zur Wahrung der berechtigten Interessen des Verantwortlichen oder eines Dritten erforderlich, sofern nicht die Interessen oder Grundrechte und Grundfreiheiten der betroffenen Person, die den Schutz personenbezogener Daten erfordern, überwiegen, insbesondere dann, wenn es sich bei der betroffenen Person um ein Kind handelt. Nach ErwG 47 S. 7 der DS-GVO kann die Verarbeitung personenbezogener Daten zum Zwecke der Direktwerbung als eine einem berechtigten Interesse dienende Verarbeitung betrachtet werden.

Zwecks Vermeidung von Wertungswidersprüchen ist in die datenschutzrechtliche Interessenabwägung gemäß Art. 6 Abs. 1 lit. f DS-GVO, für die Interessen der betroffenen Personen streitend, die Frage nach der Einhaltung des lauterkeitsrechtlichen Einwilligungserfordernisses einzustellen.[166] Die Einhaltung des lauterkeitsrechtlichen Einwilligungserfordernisses gemäß § 7 Abs. 2 UWG kann insoweit die Legitimität der Verarbeitung personenbezogener Daten, wie der Telefonnummer und der E-Mail-Adresse, auf gesetzlicher Grundlage, gemäß Art. 6 Abs. 1 lit. f DS-GVO, indizieren.[167] Grundsätzlich ist die Wertung des § 7

164 Anstatt eines grundsätzlichen Einwilligungserfordernisses fand das Widerspruchsrecht Eingang in die DS-GVO, so *Buchner/Petri*, in: Kühling/Buchner, DS-GVO/BDSG, Art. 6 Rn. 176.

165 *Buchner/Petri*, in: Kühling/Buchner, DS-GVO/BDSG, Art. 6 Rn. 22 f.

166 Dies gilt zumindest für den Regelfall, der sich dadurch auszeichnet, dass das Lauterkeits- und Datenschutzrecht durch eine Werbemaßnahme und die in diesem Zusammenhang stattfindende Datenverarbeitung gleichermaßen berührt sind. Es sind auch Fälle denkbar, in denen zwar eine lauterkeitsrechtliche Relevanz vorliegt, es aber gleichzeitig an einer datenschutzrechtlichen Betroffenheit fehlt, siehe *Gierschmann*, MMR 2018, S. 7 (10); a.A. *Tavanti*, RDV 2016, S. 295 (298) mit Blick auf die Vollharmonisierung durch die DS-GVO.

167 *DSK*, Kurzpapier zur Verarbeitung personenbezogener Daten für Werbung – Dezember 2018, S. 2; ausdrücklich auch *Plath*, in: Plath, DS-GVO/BDSG, Art. 6 Rn. 80, der ErwG 47 der DS-GVO als Argument anführt und erklärt, dass es nicht den „vernünftigen Erwartungen" der betroffenen Person entspräche, wenn die Daten

Abs. 2 UWG bei Eingriffen in das allgemeine Persönlichkeitsrecht und damit auch in das Recht auf informationelle Selbstbestimmung der betroffenen Person im Rahmen der regelmäßig erforderlichen Interessenabwägung zu berücksichtigen, damit Wertungswidersprüche vermieden werden.[168] Zudem führt die Einhaltung der speziellen lauterkeitsrechtlichen Vorgaben bezüglich E-Mail-Werbung gegenüber Bestandskunden gemäß § 7 Abs. 3 UWG zu einer rechtmäßigen Verarbeitung der E-Mail-Adresse zwecks E-Mail-Werbung.[169]

Der Schluss von der lauterkeitsrechtlichen Zulässigkeit der Werbeansprache auf die datenschutzrechtliche Zulässigkeit der Werbedatenverarbeitung ist grundsätzlich nur im Anwendungsbereich von § 7 Abs. 2 Nr. 2 und 3, Abs. 3 UWG ohne Weiteres möglich. Zu differenzieren ist hier zwischen einerseits personenbezogenen Daten, die für eine Kontaktaufnahme (Telefonnummer und E-Mail-Adresse) erforderlich sind, sowie andererseits den personenbezogenen Daten, die für das Zustandekommen des tatsächlichen Inhalts der Werbung verwendet werden. Die Indizwirkung erfasst bspw. alle Fälle, in denen der Verbraucher per Telefonanruf oder E-Mail angesprochen wird und der Inhalt des Gesprächs oder der E-Mail nicht auf den jeweiligen Verbraucher passgenau zugeschnitten ist, also keine weitergehende Datenverarbeitung im Vorfeld stattgefunden hat. Denkbar ist bspw. die Zusendung von Urlaubsangeboten per Mail, ohne, dass im Vorfeld die Präferenzen des Verbrauchers analysiert bzw. weitergehende personenbezogene Daten verarbeitet wurden. Nicht ohne Weiteres erfasst von der angesprochenen Indizwirkung sind die Fälle, in denen die Verarbeitung der E-Mail-Adresse oder der Telefonnummer den datenschutzrechtlichen Anforderungen zwar entspricht, während die Verarbeitung personenbezogener Daten, die Grundlage für das Zustandekommen des Inhalts der E-Mail sind, datenschutzrechtswidrig ist. Für einen passgenauen Inhalt der Mail

---

(lauterkeits-) rechtswidrig verarbeitet werden; s.a. in Bezug auf Datenverarbeitungen bei Gewinnspielen *Schulz*, in: Gola, DS-GVO, Art. 6 Rn. 73. Hier wird lediglich auf das Bestandskundenverhältnis verwiesen. Jedoch muss dieser Schluss auch gelten, wenn die lauterkeitsrechtliche Einwilligung eines potentiellen Neukunden eingeholt wurde; *Taeger*, in: Taeger/Gabel, DS-GVO/BDSG, Art. 6 Rn. 57; *Uecker*, ZD 2019, S. 248 (250).

Plath, in: Plath, DS-GVO/BDSG, Art. 6 Rn. 72.

168 Ähnlich *Ettig*, DSB 2019, S. 7 (7); bezogen auf die Prüfung einer Persönlichkeitsrechtsverletzung im Rahmen von § 823 Abs. 1, § 1004 Abs. 1 Satz 2 BGB analog siehe BGH, Urt. v. 10.07.2018 – VI ZR 225/17 – NJW 2018, 3506, Rn. 23.

169 S.o. § 7 Abs. 3 UWG in der Interessenabwägung; *Taeger*, in: Taeger/Gabel, DS-GVO/BDSG, Art. 6 Rn. 57.

kann bspw. die Verarbeitung von Daten wie persönliche Vorlieben, die letzten Website-Besuche oder die Adresse und Anschrift von Relevanz sein. In diesen Fällen kann von der lauterkeitsrechtlichen Zulässigkeit nach § 7 Abs. 2 Nr. 2 und 3, Abs. 3 UWG grundsätzlich keine Indizwirkung für die (gesamte) datenschutzrechtliche Zulässigkeit der Datenverarbeitung ausgehen. Je sensibler die personenbezogenen Daten, desto höhere Anforderungen sind an die Rechtmäßigkeit der Datenverarbeitung. Diesen Anforderungen wird eine Indizwirkung der lauterkeitsrechtlichen Zulässigkeit der Werbeansprache nicht gerecht. Diskutiert werden könnte allenfalls eine Indizwirkung, wenn die E-Mail-Adresse als solche bereits personenbezogene Daten enthält, die für den Inhalt der Mail relevant sein können. Im Normalfall wird der Verbraucher allerdings keine allzu privaten Daten in die E-Mail-Adresse einpflegen, da sie jeden Tag im elektronischen Rechtsverkehr von jedem eingesehen werden können.

Hinsichtlich § 7 Abs. 3 UWG sind sodann weitere Besonderheiten zu beachten. Bestandskunden sind im Lauterkeits- und im Datenschutzrecht gleichermaßen privilegiert. Gemäß ErwG 47 S. 2 der DS-GVO könnte ein berechtigtes Interesse bspw. vorliegen, wenn eine maßgebliche und angemessene Beziehung zwischen der betroffenen Person und dem Verantwortlichen besteht, z.B. wenn die betroffene Person ein Kunde des Verantwortlichen ist. Der europäische Gesetzgeber zeigt insoweit an, dass die Art der Kundenbeziehung (Bestandskunde oder Neukunde) eine Rolle im Rahmen der Interessenabwägung spielen kann. Mit ErwG 47 der DS-GVO könnte der europäische Gesetzgeber sogar eine gesetzliche Vermutung beabsichtigen, dass die Direktwerbung im Rahmen einer Interessenabwägung grundsätzlich zulässig ist.[170] Die derart ausgestaltete Direktwerbung sowie die in diesem Zusammenhang vorgenommene Datenverarbeitung können nach beiden Regelungsregimen (auch) auf gesetzliche Erlaubnistatbestände gestützt werden. Eine Einwilligung ist insofern nicht zwingend erforderlich, sollten die entsprechenden Voraussetzungen vorliegen.

Gemäß § 7 Abs. 3 Nr. 1 UWG ist abweichend von Abs. 2 Nr. 3 eine unzumutbare Belästigung bei einer Werbung unter Verwendung elektronischer Post nicht anzunehmen, wenn ein Unternehmer im Zusammenhang mit dem Verkauf einer Ware oder Dienstleistung von dem Kunden dessen elektronische Postadresse erhalten hat. § 7 Abs. 3 Nr. 1 UWG übernimmt insoweit den Wortlaut der Richtlinienvorgabe gemäß Art. 13 Abs. 2 RL 2002/58 EG.

Eine Bestandskundeneigenschaft im Sinne des UWG setzt somit den „Verkauf" voraus. Der Wortlaut dieser gesetzlichen Privilegierung legt nahe, dass ein

---

170 *Plath*, in: Plath, DS-GVO/BDSG, Art. 6 Rn. 72.

tatsächlicher Erfolg der Vertragsverhandlungen erzielt werden muss. Zwischen dem Unternehmen und dem Verbraucher muss es also zu einem tatsächlichen Vertragsschluss gekommen sein. Die bloße Anbahnung eines rechtsgeschäftlichen Verhältnisses und in diesem Zusammenhang stattfindende Vertragsverhandlungen reichen nicht aus.[171] Die Ausweitung des Anwendungsbereichs von § 7 Abs. 3 UWG würde dem unbedingten Ausnahmecharakter einer Bewerbung ohne (lauterkeitsrechtliche) Einwilligung widersprechen.[172] Eine extensive Auslegung senkte das durch § 7 UWG festgelegte hohe Schutzniveau.[173]

Der Gesetzgeber schränkte den Anwendungsbereich von Art. 6 Abs. 1 lit. f DS-GVO nicht entsprechend ein. Die lauterkeitsrechtlichen Vorgaben in Umsetzung der Vorgaben der RL 2002/58/EG sind somit strenger als die der DS-GVO. In ErwG 47 S. 2 der DS-GVO gibt der Gesetzgeber lediglich zu verstehen, dass die Bestandskundschaft ein (besonders) berechtigtes Interesse darstellt. Daraus kann nicht abgeleitet werden, dass ein tatsächlicher Vertragsschluss zwischen der betroffenen Person und dem Verantwortlichen vorliegen muss, damit eine Rechtfertigung der Verarbeitung der Mail-Adresse gemäß Art. 6 Abs. 1 lit. f DS-GVO in Frage kommt. Die Vorschrift kann bereits das Stadium des Eintritts in die Vertragsverhandlungen erfassen. In diesem Stadium ist aus lauterkeitsrechtlicher Sicht nach wie vor eine Einwilligung nach § 7 Abs. 2 Nr. 3 UWG erforderlich. Die Werbeansprache und die Verarbeitung der E-Mail-Adresse sind nur dann ausnahmsweise ohne Einwilligung möglich, wenn die Voraussetzungen von § 7 Abs. 3 UWG und Art. 6 Abs. 1 lit. f DS-GVO kumulativ vorliegen. Sind die strengeren Anforderungen von § 7 Abs. 3 UWG nicht erfüllt und liegt auch keine Einwilligung gemäß § 7 Abs. 2 Nr. 3 UWG vor, überwiegen die Interessen des Betroffenen im Rahmen der datenschutzrechtlichen Interessenabwägung gemäß Art. 6 Abs. 1 lit. f DS-GVO.[174]

Diese lauterkeitsrechtliche Korrektur führt zur Vereinheitlichung der rechtlichen Beurteilung einer Werbemaßnahme gegenüber Bestandskunden sowie zu einer Anhebung des Schutzniveaus. Sie setzt die Wechselwirkungen zwischen Wettbewerbs- und Datenschutzrecht um. Soweit also bspw. tatsächlich ein Vertrag (als Resultat der Vertragsverhandlungen) abgeschlossen wurde und die

---

171 *Ohly*, in: Ohly/Sosnitza, UWG, § 7 Rn. 73.

172 I.E. *DSK*, Kurzpapier zur Verarbeitung personenbezogener Daten für Werbung – Dezember 2018, S. 2.

173 S.a. *Leible*, in: MüKo Lauterkeitsrecht, UWG, § 7 Rn. 184.

174 *Taeger*, in: Taeger/Gabel, DS-GVO/BDSG, Art. 6 Rn. 57; *DSK*, Kurzpapier zur Verarbeitung personenbezogener Daten für Werbung – Dezember 2018, S. 2.

weiteren Vorgaben des § 7 Abs. 3 UWG erfüllt sind, fällt die datenschutzrechtliche Interessenabwägung hinsichtlich der Verarbeitung der E-Mail-Adresse zugunsten des Verantwortlichen aus.[175] Sollten sich die Parteien noch in einer Phase der Vertragsverhandlungen oder der Vertragsanbahnung befinden, wäre eine derartige Datenverarbeitung rechtswidrig. In den Fällen der Vertragsanbahnung geht dann mit der fehlenden lauterkeitsrechtlichen Konformität der Werbeansprache ein Verstoß gegen das Datenschutzrecht einher. Damit wird auch deutlich, dass die Auslegung von wettbewerbsrechtlichen Normen Auswirkungen auf die Zulässigkeit der Datenverarbeitung haben kann. Bleibt das BDSG a.F. hinter dem Schutzniveau des UWG zurück, verbleibt regelmäßig die Möglichkeit durch eine entsprechende Einbeziehung des UWG in der Interessenabwägung eine Korrektur vorzunehmen.

b) Berücksichtigung der Wechselbeziehungen trotz Vollharmonisierung

Die vollharmonisierende Wirkung der DS-GVO steht der soeben vorgenommenen Verknüpfung nicht entgegen. Zwar wird diesbezüglich angeführt, dass die Einbeziehung des mitgliedstaatsspezifischen Wettbewerbsrechts in die datenschutzrechtliche Abwägung zu einer uneinheitlichen, vom jeweiligen Mitgliedsstaat abhängigen Durchsetzung des Datenschutzrechts führen würde.[176] Demnach würde die Einbeziehung der wettbewerbsrechtlichen Zulässigkeit in die datenschutzrechtliche Abwägung stets zu einem mitgliedsstaats-spezifischen Ergebnis führen, da die nationalen, auf Art. 13 Abs. 1 und 3 der RL 2002/58/EG zurückgehenden wettbewerbsrechtlichen Vorgaben keinem einheitlichen Maßstab folgen. Die einheitliche Anwendung des EU-weit verbindlichen datenschutzrechtlichen Erlaubnistatbestandes wäre insoweit im Bereich des Werbedatenschutzes aufgehoben.[177]

Die pauschale Annahme, die vollharmonisierende Wirkung der DS-GVO stehe einer wechselseitigen Einbeziehung lauterkeits- und datenschutzrechtlicher Vorgaben entgegen, geht allerdings fehl. Von der Frage abgesehen, ob

175 Auch hier gilt es wieder zu differenzieren: Eine Verarbeitung weitergehender personenbezogener Daten, wie bspw. Surfverhalten und persönliche Präferenzen, die die Grundlage einer passgenauen und individuellen Werbeansprache bilden, kann dazu führen, dass die Interessen der betroffenen Person überwiegen. Der Schluss von § 7 Abs. 3 UWG auf die datenschutzrechtliche Konformität im Rahmen von Art. 6 Abs. 1 lit. f DS-GVO ist grundsätzlich nur dann zulässig, wenn für den Inhalt der Mail keine weiteren personenbezogenen Daten als die Mail-Adresse verarbeitet wurden.

176 *Schulz*, in: Gola DSGVO Art. 6 Rn. 73.

177 *Schulz*, in: Gola DSGVO Art. 6 Rn. 73.

die DS-GVO dem (einer Verordnung immanenten) Anspruch einer Vollharmonisierung gerecht wird[178], muss der potentielle Anwendungsvorrang der Verordnung gemäß Art. 95 DS-GVO immer unter Berücksichtigung anderer Sekundärrechtsakte der Union, speziell der RL 2002/58 EG, betrachtet werden. Anderenfalls käme es zu einer deutlichen Absenkung des Schutzniveaus bei Werbemaßnahmen gegenüber Verbrauchern. Denn eine vorrangige Anwendung der DS-GVO und eine damit einhergehende Verdrängung der Vorgaben gemäß Art. 13 RL 2002/58/EG hätten zur Folge, dass die datenschutzrechtliche Zulässigkeit von Datenverarbeitungen im Zusammenhang mit Werbemaßnahmen mittels Telefon- und E-Mail unabhängig von den lauterkeitsrechtlichen Anforderungen bestimmt wird. Damit bestünde in diesem Bereich wiederum die Gefahr von Wertungswidersprüchen. Zudem liefe der europäische Gesetzgeber mit der oben beschriebenen Vollharmonisierung Gefahr, das lauterkeitsrechtliche Schutzniveau zu konterkarieren.

Die Vorgaben der RL 2002/58/EG können unter Beachtung der Vorgaben von Art. 95 DS-GVO speziellere Regelungen darstellen und nach wie vor der DS-GVO vorgehen.[179] Gemäß Art. 95 DS-GVO erlegt die Verordnung natürlichen oder juristischen Personen in Bezug auf die Verarbeitung in Verbindung mit der Bereitstellung öffentlich zugänglicher elektronischer Kommunikationsdienste in öffentlichen Kommunikationsnetzen in der Union keine zusätzlichen Pflichten auf, soweit sie besonderen in der Richtlinie 2002/58/EG festgelegten Pflichten unterliegen, die dasselbe Ziel verfolgen. Weiterhin sollte gemäß ErwG 173 der DS-GVO die Verordnung auf alle Fragen des Schutzes der Grundrechte und Grundfreiheiten bei der Verarbeitung personenbezogener Daten Anwendung finden, die nicht den in der Richtlinie 2002/58/EG des Europäischen Parlaments und des Rates bestimmten Pflichten unterliegen, die dasselbe Ziel verfolgen, einschließlich der Pflichten des Verantwortlichen und der Rechte natürlicher Personen.

Die Vorschrift regelt das Verhältnis der DS-GVO zur RL 2002/58 EG. Unter zwei Voraussetzungen gehen die Vorgaben der RL 2002/58/EG der DS-GVO als lex specialis vor:[180]

---

178 Dies bezweifelnd: *Kühling/Martini*, EuZW 2016, S. 448 (449); *Buchner/Sperlich*, AiB extra August 2018, S. 56 (57).

179 *Piltz*, in: Gola, DS-GVO, Art. 95 Rn. 11; *Köhler*, in: Köhler/Bornkamm/Feddersen, UWG, § 3a Rn. 1.74d.

180 *Piltz*, in: Gola, DS-GVO, Art. 95 Rn. 10.

Art. 95 DS-GVO setzt einen Bezug zur Bereitstellung öffentlich zugänglicher elektronischer Kommunikationsdienste in öffentlichen Kommunikationsnetzen in der Union voraus. Regelungen der RL 2002/58/EG können demnach nur der DS-GVO vorgehen, wenn Pflichten in dem genannten Zusammenhang geregelt werden. Der Anwendungsbereich wird durch ErwG 173 der DS-GVO noch erweitert. Ausweislich dieses Erwägungsgrundes gibt es keine sachliche Eingrenzung, vielmehr soll es um alle der RL 2002/58/EG entspringenden Pflichten gehen.[181]

Eine Eingrenzung findet im Rahmen der zweiten Voraussetzung statt. Demnach muss die speziellere Regelung dasselbe Ziel wie die DS-GVO verfolgen. Da die DS-GVO und die RL 2002/58/EG im Allgemeinen nicht dieselben Ziele verfolgen, bestimmt sich die Ausfüllung dieses Merkmals durch Auslegung der konkreten Norm.[182] Während die DS-GVO nur auf Art. 8 GRCh verweist, gewährleistet die RL 2002/58/EG darüber hinaus auch die Einhaltung von Art. 7 GRCh.[183] Art. 13 RL 2002/58/EG verfolgt ausweislich der Normüberschrift das Ziel, vor unerbetenen Nachrichten zu schützen. In diesem Kontext aufgeführte Werbemaßnahmen dürfen nur bei vorheriger Einwilligung oder – unter besonders strengen Voraussetzungen – auf gesetzlicher Grundlage vorgenommen werden. Geschützt wird die Privatsphäre des Einzelnen gemäß Art. 7 GRCh.[184]

Auf den ersten Blick besteht damit keine Kongruenz der Ziele, da das primäre Schutzziel der DS-GVO, der Schutz personenbezogener Daten, nicht direkt bezweckt ist. Aus diesen Gründen eine Schutzzielkongruenz der Pflichten gemäß Art. 95 DS-GVO abzulehnen, wäre jedoch verfehlt. So besteht bei der Direktwerbung gegenüber Verbrauchern – wie oben festgestellt wurde – stets ein enger Zusammenhang zwischen Werbeansprache und der Verarbeitung von personenbezogenen Daten. Der Hinweis in Art. 13 Abs. 2 RL 2002/58/EG auf diese lauterkeits- und datenschutzrechtliche Verknüpfung sowie die

---

181 *Piltz*, in: Gola, DS-GVO, Art. 95 Rn. 6; *Kühling/Raab*, in: Kühling/Buchner, DS-GVO/BDSG, Art. 95 Rn. 5 meinen, dass die Formulierung in ErwG 173 der DS-GVO dafür spreche, dass der europäische Gesetzgeber ein diesbezügliches Problem nicht erkannt habe.

182 *Kühling/Raab*, in: Kühling/Buchner, DS-GVO/BDSG, Art. 95 Rn. 5.

183 Siehe ErwG 2 der RL 2002/58 EG; *Kühling/Raab*, in: Kühling/Buchner, DS-GVO/BDSG, Art. 95 Rn. 1.

184 Siehe ErwG 40 der RL 2002/58 EG: „Es sollten Vorkehrungen getroffen werden, um die Teilnehmer gegen die Verletzung ihrer Privatsphäre durch unerbetene Nachrichten für Zwecke der Direktwerbung, insbesondere durch automatische Anrufsysteme, Faxgeräte und elektronische Post, einschließlich SMS, zu schützen."

Verwendung des Begriffs Direktwerbung, der überwiegend mit der eindeutigen Identifikation[185] der zu bewerbenden Zielperson in Verbindung gebracht wird, legen nahe, dass die Vorschrift auch eine datenschutzrechtliche Zielrichtung hat. Insoweit verfolgen Art. 13 RL 2002/58/EG und die in diesem Rahmen auferlegten Pflichten auch datenschutzrechtliche Ziele und damit dieselben Ziele wie die DS-GVO. Art. 13 der RL 2002/58/EG ist eine speziellere Regelung im Sinne von Art. 95 DS-GVO[186] und damit auch deren Umsetzung in das nationale Recht.[187] In Umsetzung von Art. 13 RL 2002/58/EG genießen § 7 Abs. 2 Nr. 2 und Nr. 3, Abs. 3 UWG insoweit Vorrang vor der DS-GVO. Dieser Vorrang führt nicht zu einer gänzlichen Verdrängung von Art. 6 Abs. 1 lit. f DS-GVO als Zulässigkeitstatbestand, da die Zulässigkeit der Datenverarbeitung zu Werbezwecken in Art. 13 RL 2002/58/EG nicht geregelt ist. Die ergänzenden (im Falle von § 7 Abs. 3 UWG strengeren) Vorgaben der RL 2002/58/EG sollen im Rahmen einer datenschutzrechtlichen Interessenabwägung gemäß Art. 6 Abs. 1 lit. f DS-GVO als Abwägungsfaktoren einbezogen werden. Somit wäre ein einheitliches Schutzniveau im Wettbewerbs- und Datenschutzrecht gewährleistet.

c) Verhältnis UWG und DS-GVO im Falle einer ePrivacy-Verordnung

Das Verhältnis des Lauterkeits- und Datenschutzrechts im Zusammenhang mit Werbemaßnahmen wird sich mit der Verabschiedung einer ePrivacy-Verordnung, die schon seit längerer Zeit geplant wird, rein normtechnisch verändern, eine materiell-rechtliche Änderung mit weitreichenden Auswirkungen auf das beschriebene Verhältnis ist hingegen nicht zu erwarten.

So wird der derzeit in den Vorschlägen zur ePrivacy-VO aufgeführte Art. 16 die Vorschriften des § 7 Abs. 2 Nr. 2 und Nr. 3 UWG, die in Umsetzung von Art. 13 RL 2002/58/EG ergangen sind, im Falle seines unveränderten Inkrafttretens verdrängen.[188] Die ePrivacy-VO wird dann als lex specialis der DS-GVO vorgehen.[189] Den Vorschlägen zu Art. 16 ePrivacy-VO kann allerdings entnommen werden, dass sich im Vergleich zu Art. 13 RL 2002/58/EG materiell-rechtlich

---

185 *Roßnagel/Jandt*, MMR 2011, S. 86 (87).

186 Zum selben Ergebnis kommen *Kühling/Raab*, in: Kühling/Buchner, DS-GVO/BDSG, Art. 95 Rn. 7; *Piltz*, in: Gola, DS-GVO, Art. 95 Rn. 17.

187 *Piltz*, in: Gola, DS-GVO, Art. 95, Rn. 15.

188 Siehe *Rehker/Lachenmann*, in: Koreng/Lachenmann, Formularhandbuch Datenschutzrecht, S. 945.

189 Siehe Vorschlag für eine eprivay-VO, 2017/0003(COD), Pkt. 1.2.

keine wesentlichen Änderungen ergeben werden.[190] Die Verabschiedung der ePrivacy-VO würde zwar dazu führen, dass die im UWG geregelten Aspekte zur Werbung in vorrangig anwendbares europäisches Recht übergehen. Dies steht jedoch den vorhergehenden Ausführungen zum Verhältnis von Lauterkeits- und Datenschutzrecht nicht entgegen. Auch im Verhältnis ePrivacy-VO und DS-GVO wird es zu den beschriebenen Wechselwirkungen kommen, die entsprechend der vorhergehenden Ausführungen zum UWG und der RL 2002/58/EG umgesetzt werden müssen, um ein einheitliches Schutzniveau zu gewährleisten. Im Unterschied zur RL 2002/58/EG greift der Einwand, dass die Einbeziehung von lauterkeitsrechtlichen Aspekten einer datenschutzrechtlichen Vollharmonisierung durch die DS-GVO entgegenstünde nur, soweit die Mitgliedsstaaten von Art. 16 Abs. 4 ePrivacy-VO unterschiedlich Gebrauch machen.

III. Einheitliche Anforderungen an eine Einwilligung im Datenschutz- und Lauterkeitsrecht

Schließlich unterliegt die Einwilligung eines Verbrauchers in eine Werbemaßnahme, bestehend aus Werbeansprache und Datenverarbeitung zu Werbezwecken, im Lauterkeits- und Datenschutzrecht den gleichen rechtlichen Anforderungen.[191] Zwecks Einheitlichkeit der Beurteilung einer Werbeeinwilligung sind die datenschutzrechtlichen Anforderungen an eine Einwilligung in das Lauterkeitsrecht zu übertragen. Insoweit ist die dritte – oben genannte – Ausprägung der Wechselwirkungen zwischen dem Datenschutz- und Lauterkeitsrecht feststellbar.

Das Erfordernis einer lauterkeitsrechtlichen Einwilligung in die Werbeansprache lässt sich § 7 Abs. 2 Nr. 2 und Nr. 3 UWG entnehmen. Demnach bedarf es bei Werbung mit einem Telefonanruf gegenüber einem Verbraucher einer vorherigen ausdrücklichen Einwilligung oder gegenüber einem sonstigen Marktteilnehmer einer mutmaßlichen Einwilligung, bei Werbung unter Verwendung einer automatischen Anrufmaschine, eines Faxgerätes oder elektronischer Post, einer vorherigen ausdrücklichen Einwilligung des Adressaten.

Durch § 7 Abs. 2 Nr. 2 UWG füllt der nationale Gesetzgeber den in Art. 13 Abs. 3 RL 2002/58/EG gewährten Spielraum aus. Der nationale Gesetzgeber entschied sich im Rahmen seines Handlungsspielraums bei Telefonwerbung

---

190 § 7 Abs. 3 UWG und Art. 16 Abs. 2 ep-VO, § 7 Abs. 2 Nr. 2 UWG und Art. 16 Abs. 4 ep-VO, § 7 Abs. 2 Nr. 3 UWG und Art. 16 Abs. 1 ep-VO; siehe auch *Köhler*, in: Bornkamm/Feddersen/Köhler, UWG, § 3a Rn. 1.74d.

191 S. dazu *Buchner*, WRP 2018, S. 1283 ff.

gegenüber einem Verbraucher für das Erfordernis einer vorherigen ausdrücklichen Einwilligung. Ferner ergeht § 7 Abs. 2 Nr. 3 UWG in Umsetzung von Art. 13 Abs. 1 RL 2002/58/EG. Da diese Vorschrift in Umsetzung von Art. 13 RL 2002/58/EG ergangen ist, bedarf es bei der rechtlichen Beurteilung einer Werbemaßnahme regelmäßig einer richtlinienkonformen Auslegung. Für die Bestimmung der Anforderungen an eine Einwilligung verweist Art. 2 S. 2 lit. f der RL 2002/58/EG auf die DSRL. Demnach ist die "Einwilligung" eines Nutzers oder Teilnehmers die Einwilligung der betroffenen Person im Sinne von Richtlinie 95/46 EG. Ferner konkretisiert ErwG 17 der RL 2002/58/EG die Vorgaben hinsichtlich der Einwilligung. Nach ErwG 17 S. 1 der RL 2002/58/EG sollte für die Zwecke dieser Richtlinie die Einwilligung des Nutzers oder Teilnehmers unabhängig davon, ob es sich um eine natürliche oder eine juristische Person handelt, dieselbe Bedeutung haben wie der in der Richtlinie 95/46/EG definierte und dort weiter präzisierte Begriff "Einwilligung der betroffenen Person". Gemäß ErwG 17 S. 2 der RL 2002/58/EG kann die Einwilligung in jeder geeigneten Weise gegeben werden, wodurch der Wunsch des Nutzers in einer spezifischen Angabe zum Ausdruck kommt, die sachkundig und in freier Entscheidung erfolgt; hierzu zählt auch das Markieren eines Feldes auf einer Internet-Website.

Das Erfordernis einer Vereinheitlichung des lauterkeitsrechtlichen und datenschutzrechtlichen Einwilligungsbegriffs ergibt sich somit bereits aus dem Wortlaut von Art. 2 S. 2 lit. f der RL 2002/58 EG. Der Verweis auf den datenschutzrechtlichen Begriff der Einwilligung in der DSRL ist bzw. war eindeutig.

Mit Inkrafttreten der DS-GVO sind gemäß Art. 94 Abs. 2 DS-GVO Verweise auf die DSRL Verweise auf die entsprechenden Normen in der Verordnung. Dies gilt für alle Verweise in den Rechtsakten der EU.[192] In entsprechender Anwendung verweist Art. 2 S. 2 lit. f der RL 2002/58/EG für die Bestimmung des Einwilligungsbegriffs damit auf Art. 4 Nr. 11 DS-GVO, sowie für die Anforderungen an eine Einwilligung auf Art. 7 DS-GVO. Die Neuregelungen der DS-GVO stehen einer Vereinheitlichung der Einwilligungsbegriffe somit nicht entgegen, vielmehr beenden sie die diesbezügliche Diskussion. Dies gilt insbesondere für Art. 95 DS-GVO. Da im Rahmen der RL 2002/58/EG keine eigenständigen und spezielleren Regelungen zur Einwilligung vorgegeben sind, kann die Frage zunächst dahinstehen, ob die RL 2002/58/EG lex specialis zur DS-GVO ist oder von der Verordnung gänzlich verdrängt wird.[193]

---

192 *Kühling/Raab*, in: Kühling/Buchner, DS-GVO/BDSG, Art. 94 Rn. 5.

193 S.a. *Kühling/Raab*, in: Kühling/Buchner, Art. 95 Rn. 7.

Gemäß Art. 4 Nr. 11 DS-GVO ist die „Einwilligung" der betroffenen Person jede freiwillig für den bestimmten Fall, in informierter Weise und unmissverständlich abgegebene Willensbekundung in Form einer Erklärung oder einer sonstigen eindeutigen bestätigenden Handlung, mit der die betroffene Person zu verstehen gibt, dass sie mit der Verarbeitung der sie betreffenden personenbezogenen Daten einverstanden ist. Zur Klarstellung führt der europäische Gesetzgeber in ErwG 32 der DS-GVO ergänzend aus, dass Stillschweigen, bereits angekreuzte Kästchen oder Untätigkeit der betroffenen Person keine Einwilligung darstellen. Der europäische Gesetzgeber bestimmt somit, dass Einwilligungen nicht mehr in Form von Opt-Out-Erklärungen eingeholt werden können.[194] Zulässig sind lediglich – im Sinne eines Mindeststandards – Opt-In-Erklärungen, mittels derer der Verbraucher sich aktiv für eine Erklärung entscheiden muss.[195]

Mit dieser Klarstellung des europäischen Gesetzgebers erübrigt sich jede Diskussion über die Zulässigkeit einer Übertragung des datenschutzrechtlichen Einwilligungsbegriffs in das Wettbewerbsrecht. Der Hauptstreitpunkt und damit auch der Grund, aus dem der eindeutige Wortlaut des Verweises auf die DSRL in der RL 2002/58/EG unberücksichtigt blieb, war unter der DSRL und dem BDSG a.F. die Befürchtung einer möglichen Absenkung des Schutzniveaus durch eine Übertragung datenschutzrechtlicher Anforderungen in das Lauterkeitsrecht. So forderten § 7 Abs. 2 Nr. 2 und 3 UWG in Umsetzung von Art. 13 RL 2002/58/EG eine ausdrückliche (vorherige) Einwilligung. Der nationale Gesetzgeber entschied sich unter Beachtung von Art. 13 Abs. 3 RL 200/58/EG damit für das Opt-In-Modell im UWG und damit für ein hohes Schutzniveau bei der Einholung einer wettbewerbsrechtlichen Einwilligung. Konkludente oder gar mutmaßliche Einwilligungen eines Verbrauchers in die konkrete Werbeansprache sind nicht zulässig. Diese erhöhten Anforderungen an eine Einwilligung resultieren aus der Gefahr einer belästigenden Werbung für die Privatsphäre des Verbrauchers. Die vorher einzuholende ausdrückliche Einwilligung ist die einzige Möglichkeit des Verbrauchers, sich wirksam gegen belästigende Werbeanrufe zu wehren.[196]

Wird eine Einwilligung als Opt-Out eingeholt, verzichtet man auf eine aktive Erklärung des Betroffenen, sie wird vielmehr unterstellt, sollte sich aus dem Verhalten des Betroffenen nichts Anderes oder Gegenteiliges ergeben. Da unter der DSRL und dem BDSG a.F. zum Teil angenommen wurde, dass

---

194 *Buchner*, in TBPH, Einführung in das Datenschutzrecht, S. 425.
195 *Buchner/Kühling*, in: Kühling/Buchner, DS-GVO/BDSG, Art. 7 Rn. 58.
196 BT-Drs. 15/1487, S. 21.

im Datenschutzrecht auch solche Opt-Out-Erklärungen eine wirksame Einwilligung des Betroffenen darstellen können, wurde überwiegend vertreten, dass die Einwilligungserklärungen in ihren Anforderungen zu trennen seien. Eine Übertragung des niedrigeren datenschutzrechtlichen Schutzniveaus bei der Einholung einer Einwilligung durch die Zulässigkeit von Opt-Out-Erklärungen in das Lauterkeitsrecht sollte demnach vermieden werden. Dem ist zuzustimmen. Solange das Datenschutzrecht ein niedrigeres Schutzniveau statuiert, kann keine Übertragung rechtlicher Anforderungen in das Wettbewerbsrecht stattfinden. Insoweit wären die Schutzzwecke des Lauterkeitsrechts gefährdet. Somit ist die Folgerung, die Einwilligungen insoweit zu trennen, prinzipiell richtig. Diese Ansicht und die daraus resultierenden Überlegungen basierten jedoch bereits unter der alten Rechtslage auf der fehlerhaften Annahme,[197] dass die Willensbekundung des Betroffenen gemäß Art. 2 lit. h DSRL und § 4a BDSG a.F. als Opt-Out-Erklärung erfolgen könne.

Der BGH führte in diesem Zusammenhang aus, dass sich eine zwingende Opt-In-Gestaltung einer Einwilligungserklärung in den AGBs gerade nicht aus dem datenschutzrechtlichen Einwilligungsbegriff ergebe.[198] Das Merkmal einer „freien Entscheidung" schließe die Verwendung von Opt-Out-Klauseln nicht aus. Das Hervorhebungserfordernis gemäß § 4a Abs. 1 S. 4 BDSG a.F. stelle bereits sicher, dass der Betroffene regelmäßig eine bewusste und aktive Erklärung im Rahmen der AGBs abgibt.[199] Soweit eine Einwilligungserklärung drucktechnisch besonders hervorgehoben ist, könne der Betroffene seine Einwilligung durch einfaches Nichts-Tun erteilen, da er die Möglichkeit habe, eine bewusste und aktive Entscheidung zu treffen.[200] Er entscheide sich aktiv für eine Datenverarbeitung, wenn er bspw. ein gesetztes Häkchen nicht entfernt.[201]

Dieser Ansicht hätte schon unter der DSRL nicht gefolgt werden dürfen. Unter Berücksichtigung des Schutzzwecks des Datenschutzrechts konnte eine

197 Die Basis dieser Ansicht war die Rechtsprechung des BGH zu Payback und Happy Digits: BGH, Urt. v. 16.07.2008 – VIII ZR 348/06 – BGHZ 177, 253; BGH, Urt. v. 11.11.2009 – VIII ZR 12/08 – NJW 2010, 864.

198 BGH, Urt. v. 16.07.2008 – VIII ZR 348/06 – BGHZ 177, 253; BGH, Urt. v. 11.11.2009 – VIII ZR 12/08 – NJW 2010, 864.

199 BGH, Urt. v. 16.07.2008 – VIII ZR 348/06 – BGHZ 177, 253; BGH, Urt. v. 11.11.2009 – VIII ZR 12/08 – NJW 2010, 864.

200 BGH, Urt. v. 16.07.2008 – VIII ZR 348/06 – BGHZ 177, 253; BGH, Urt. v. 11.11.2009 – VIII ZR 12/08 – NJW 2010, 864.

201 BGH, Urt. v. 16.07.2008 – VIII ZR 348/06 – BGHZ 177, 253; BGH, Urt. v. 11.11.2009 – VIII ZR 12/08 – NJW 2010, 864.

Einwilligungserklärung als Opt-Out-Klausel keinen Bestand haben. Der Betroffene kann nur dann selbstbestimmt handeln, wenn ihm bewusst ist, dass er im Begriff ist, sich für die Preisgabe der ihn betreffenden personenbezogenen Daten zu entscheiden. Die Durchsetzbarkeit des Rechts auf informationelle Selbstbestimmung hängt insoweit von der Transparenz ab, die der Verantwortliche im Zusammenhang mit einer möglichen Datenverarbeitung gewährt.[202] Solange der Betroffene sich der Tragweite seiner Entscheidung nicht bewusst ist, kann nicht von selbstbestimmtem Handeln und von einer wirksamen Einwilligung gesprochen werden. Durch eine aktive Handlung kann sichergestellt werden, dass der Betroffene eine bewusste Entscheidung getroffen und nicht lediglich ein vorangekreuztes Kästchen übersehen hat. Ein einfaches Nichts-Tun bzw. Unterlassen einer Handlung kann insoweit keine aktive Erklärungshandlung des Betroffenen darstellen.[203] Dies gilt auch dann, wenn die Opt-Out-Erklärungen gemäß § 4a Abs. 1 S. 4 BDSG a.F. besonders hervorgehoben sind. Das Abstellen auf ein einfaches Hervorhebungsgebot trägt zur Absenkung des datenschutzrechtlichen Schutzniveaus bei der Verarbeitung personenbezogener Daten bei.

Der Entwicklungsprozess einer Vereinheitlichung der rechtlichen Anforderungen an eine Einwilligung ist nunmehr abgeschlossen. Die DS-GVO festigt eine einheitliche Rechtsordnung und ist somit Ausdruck der Wechselbeziehung zwischen Wettbewerbs- und Datenschutzrecht.

IV. Fazit

Das Lauterkeitsrecht schützt den freien Wettbewerb durch eine Kontrolle des Marktverhaltens der Normadressaten. Daneben hat das Lauterkeitsrecht aber auch eine auf den Verbraucher ausgerichtete Schutzrichtung. So sollen die Entscheidungsfreiheit sowie grundrechtlich geschützte Positionen der Verbraucher geschützt werden. In der hier dargestellten Verarbeitungssituation schützt das Lauterkeitsrecht also auch den Verbraucher bei der Verarbeitung der ihn betreffenden Daten.

Das Datenschutzrecht schützt ganz allgemein betroffene Personen bei der Ausübung ihres Rechts auf informationelle Selbstbestimmung, aber auch im Speziellen den Verbraucher bei der Verarbeitung der ihn betreffenden personenbezogenen Daten. Damit sind beide Rechtsgebiete (auch) auf den unmittelbaren

202 Vgl. *Buchner*, DuD 2010, S. 39 (41).
203 Vgl. *Buchner*, DuD 2010, S. 39 (42).

Schutz des Verbrauchers bei der Verarbeitung personenbezogener Daten durch ein am Wettbewerb teilnehmendes privates Unternehmen ausgerichtet.

Dieser teilweise Gleichlauf der Schutzziele ist Grundlage für die Synergien, die sich aus einer wechselseitigen Betrachtung der beiden Rechtsgebiete ergeben können. Datenschutzrecht wird im Zuge des Lauterkeitsrechtsrechts durchgesetzt. Lauterkeitsrecht wird in datenschutzrechtlichen Prüfungen berücksichtigt. Beide Rechtsgebiete gehen von einem einheitlichen Einwilligungsbegriff aus. Konkrete Schutzzielkollisionen, die einer noch besseren Abstimmung bedürfen, sind in diesem Verhältnis nicht festzustellen.

B. Wechselwirkungen zwischen Datenschutz- und Kartellrecht

Die Wechselwirkungen im Verhältnis des Datenschutz- und Kartellrechts lassen sich mit den soeben dargelegten Verknüpfungen vergleichen. Im Rahmen der kartellrechtlichen Missbrauchs- und Fusionskontrolle sollten datenschutzrechtliche Vorgaben berücksichtigt und durchgesetzt werden. Gleichzeitig können kartellrechtliche Vorgaben Gegenstand einer datenschutzrechtlichen Rechtmäßigkeitsprüfung sein.

I. Datenschutzrecht in der Missbrauchskontrolle

Die kartellrechtliche Missbrauchskontrolle bietet einige Anknüpfungspunkte für eine Berücksichtigung datenschutzrechtlicher Aspekte.

1. Anwendbare Normen im Rahmen der Missbrauchskontrolle

Zur Beurteilung eines Missbrauchs können die nationalen und europäischen Vorschriften nach §§ 18, 19 GWB und Art. 102 AEUV herangezogen werden. Im Verhältnis dieser Vorschriften ist gemäß Art. 3 Abs. 1 S. 2 VO Nr. 1/2003 allerdings zu beachten, dass die Wettbewerbsbehörden der Mitgliedstaaten oder einzelstaatliche Gerichte im Falle der Anwendung des einzelstaatlichen Wettbewerbsrechts auf nach Art. 102 AEUV verbotene Missbräuche, auch immer Art. 102 AEUV anzuwenden haben. Art. 102 AEUV erfasst die Missbräuche, die geeignet sind, den Handel zwischen Mitgliedstaaten zu beeinträchtigen, also sämtliche Verfahren, die eine die Grenzen der Mitgliedstaaten überschreitende Bedeutung haben.[204] Art. 3 Abs. 1 S. 2 VO Nr. 1/2003 entsprechend führt der

---

204 Sog. Zwischenstaatlichkeitsklausel, die der Abgrenzung von nationalen und

deutsche Gesetzgeber in § 22 Abs. 3 S. 1 GWB aus, dass auf Handlungen, die einen nach Art. 102 AEUV verbotenen Missbrauch darstellen, auch die Vorschriften des GWB angewandt werden. Weiter heißt es in § 22 Abs. 3 S. 2, dass in diesem Fall gemäß Art. 3 Abs. 1 S. 2 VO Nr. 1/2003 auch Art. 102 AEUV anzuwenden ist. Im Ergebnis werden Art. 102 AEUV und § 19 GWB parallel angewendet.[205]

Auffällig ist, dass das Bundeskartellamt im Missbrauchsverfahren gegen Facebook lediglich das deutsche Missbrauchsverbot gemäß § 19 Abs. 1 GWB unter Berücksichtigung der dazu entwickelten Rechtsprechung[206] anwendet. Begründet wird dies zum Teil damit, dass es im Hinblick auf Art. 102 AEUV an einer entsprechenden behördlichen oder gerichtlichen Verknüpfung des Kartellrechts mit außerkartellrechtlichen gesetzlichen Wertentscheidungen fehle.[207] Als Begründung für eine Anwendung von § 19 GWB ist die Bewertung von § 19 GWB im Verhältnis zu Art. 102 AEUV als strengere Vorschrift im Sinne von Art. 3 Abs. 2 S. 2 VO 1/2003 und § 22 Abs. 3 GWB allerdings um einiges zielführender und überzeugender.[208]

Da Art. 102 AEUV im Verhältnis zu § 19 GWB grundsätzlich Anwendungsvorrang genießt, könnte eine abweichende Entscheidung/Beurteilung auf Grundlage der nationalen Vorschriften insoweit verdrängt werden.[209] In diesem Zusammenhang sind jedoch Art. 3 Abs. 2 S. 2 VO 1/2003 und § 22 Abs. 3 GWB zu beachten. Demnach ist es den Mitgliedstaaten durch die Verordnung nicht verwehrt, in ihrem Hoheitsgebiet strengere innerstaatliche Vorschriften zur Unterbindung oder Ahndung einseitiger Handlungen von Unternehmen zu

europäischen Regelungen gilt: *Fuchs/Möschel*, in: Immenga/Mestmäcker, EU-WettbR, AEUV, Art. 102 Rn. 22.

205 *Rehbinder*, in: Immenga/Mestmäcker, WettbR, GWB, § 22 Rn. 5.

206 BGH, Urt. v. 24.01.2017 – KZR 47/14 – VersR 2017, 775; BGH, Urt. v. 7.6.2016 – KZR 6/15 – NJW 2016, 2266, BGH, Urt. v. 6.11.2013 – KZR 58/11 – BGHZ 199, 1.

207 *BKartA*, Beschl. v. 6.02.2019 – B6-22/16 – Facebook-Verfahren, S. 287 Rn. 914.

208 Dazu sehr kurz: *BKartA*, Beschl. v. 6.02.2019 – B6-22/16 – Facebook-Verfahren, S. 287 Rn. 914.

209 Die europäische Missbrauchskontrolle gemäß Art. 102 AEUV und die nationale Missbrauchskontrolle nach § 19 GWB weisen mittlerweile aber einen annähernd gleichen Regelungsgehalt auf, sodass der Anwendungsvorrang oft keine Bedeutung mehr hat: *Fuchs*, in: Immenga/Mestmäcker, WettbR, GWB, § 19 Rn. 59; *Loewenheim*, in: LMRKM, Kartellrecht, GWB, § 19 Rn. 4 spricht von der Herausbildung eines Gleichlaufes der deutschen Missbrauchsaufsicht mit Art. 102 AEUV; *Huttenlauch/Lübbig*, in: LMRKM, Kartellrecht, AEUV, Art. 102 Rn. 10.

erlassen oder anzuwenden. Damit wird strengeres nationales Recht der Missbrauchsaufsicht nicht verdrängt.[210] Abweichungen sind nicht nur in räumlicher, sondern auch in inhaltlicher Hinsicht, bspw. strengere oder weitergehende Auslegungen bestimmter Tatbestandsmerkmale, zulässig.[211] Unter Heranziehung der national entwickelten Grundsätze, insbesondere der Integration außerkartellrechtlicher Normen und Wertungen, ist § 19 GWB als strengere bzw. weitergehende Vorschrift im Sinne von Art. 3 Abs. 2 S. 2 VO 1/2003 zu bewerten.[212] Die Anwendung von § 19 Abs. 1 GWB auf einen Missbrauch durch datenschutzrechtswidrige unternehmerische Verhaltensweisen ist der nationalen Kartellbehörde damit nicht verwehrt.[213] Um während des gesamten Verfahrens dennoch eine fehlerhafte oder sogar kollidierende Anwendung der nationalen und europäischen Vorschriften zu verhindern, arbeitete das Bundeskartellamt mit der europäischen Kommission eng zusammen.[214]

Auch im Folgenden sollen – unter Berücksichtigung der Möglichkeit, das Kartellrecht mit außerkartellrechtlichen Aspekten und Wertungen aufzuladen – die nationalen Regelungen §§ 18, 19 GWB im Fokus stehen, wobei Art. 102 AEUV ergänzend aktiviert wird, da sich die Verhaltensweisen von Unternehmen wie Facebook, WhatsApp, Instagram, Twitter, Amazon, Google und Co. regelmäßig grenzüberschreitend im gesamten Unionsgebiet auswirken.

2. *Marktbeherrschende Stellung als Voraussetzung des Marktmachtmissbrauchs*

Der Prüfung eines Marktmachtmissbrauchs gemäß § 19 GWB geht die Feststellung einer marktbeherrschenden Stellung nach § 18 GWB voraus. Marktbeherrschende Unternehmen unterliegen grundsätzlich strengeren Maßstäben, als Unternehmen, die keine marktbeherrschende Stellung einnehmen.[215] Der Grund für diese Einschränkung von Handlungsspielräumen besteht darin, dass die Funktionsfähigkeit des Wettbewerbs auf dem Markt gerade wegen der Anwesenheit des beherrschenden Unternehmens bereits so sehr geschwächt ist, dass der noch bestehende Restwettbewerb schutzwürdig ist.[216]

---

210 *Rehbinder*, in: Immenga/Mestmäcker, WettbR, GWB, § 22 Rn. 19.

211 *Rehbinder*, in: Immenga/Mestmäcker, WettbR, GWB, § 22 Rn. 19.

212 *BKartA*, Beschl. v. 6.02.2019 – B6-22/16 – Facebook-Verfahren, S. 287 Rn. 914.

213 *BKartA*, Beschl. v. 6.02.2019 – B6-22/16 – Facebook-Verfahren, S. 287 Rn. 914; s.a. *Bechtold/Bosch/Brinker*, EU-Kartellrecht, VO 1/2003, Art. 3 Rn. 13.

214 *BKartA*, Hintergrundinformationen zum Facebook-Verfahren – Februar 2019, S. 7.

215 Vgl. *Fuchs/Möschel*, in: Immenga/Mestmäcker, WettbR, GWB, § 18 Rn. 5.

216 *Fuchs*, in: Immenga/Mestmäcker, WettbR, GWB, § 19 Rn. 25.

a) *Datenbasierte Geschäftsmodelle als Schnittstelle zwischen Datenschutz- und Kartellrecht*

Werden personenbezogene Daten eines Verbrauchers durch ein am Wettbewerb teilnehmendes privates Unternehmen verarbeitet, treffen das Datenschutz- und Kartellrecht zwangsläufig aufeinander. Solche datenbasierten Geschäftsmodelle bilden eine wichtige Schnittstelle des Kartell- und Datenschutzrechts und gleichzeitig den Anknüpfungspunkt für eine gemeinsame Prüfung der Rechtsgebiete im Rahmen des Missbrauchstatbestandes.

aa) *Datenschutz- und kartellrechtliche Aspekte bei der Herausbildung datenbasierter Geschäftsmodelle*

Nahezu jedes am Wettbewerb teilnehmende Unternehmen verarbeitet automatisiert oder nichtautomatisiert personenbezogene Daten im Sinne der DS-GVO: So werden bspw. regelmäßig Postanschriften zwecks Zusendung von Waren von Versandhäusern/Lieferdiensten angefordert. Zur Erfüllung von klassischen Kauf-, Werk- oder Dienstverträgen bedarf es stets der Verarbeitung von personenbezogenen Daten. Gemäß Art. 2 Abs. 1 DS-GVO ist der sachliche Anwendungsbereich der Verordnung in diesen Fällen eröffnet. Die dargestellten Verarbeitungsprozesse bedürfen daher einer rechtlichen Grundlage. Sollte es in den genannten Fällen an einer Einwilligung in die Verarbeitung gemäß Art. 6 Abs. 1 lit. a DS-GVO fehlen, käme eine gesetzliche Rechtfertigung gemäß Art. 6 Abs. 1 lit. b-f DS-GVO in Betracht.[217] Da die oben genannten Verarbeitungsvorgänge in der Regel für die Erfüllung des konkreten Vertrags erforderlich sind, bietet Art. 6 Abs. 1 lit. b DS-GVO eine passende Rechtsgrundlage.[218] Bspw. wäre eine ordnungsgemäße Lieferung durch ein beauftragtes Versandhaus unmöglich, wenn die betroffene Person die Übermittlung der Postanschrift verweigert bzw. das Unternehmen eine Postanschrift nicht verarbeiten dürfte.

Mit fortschreitender Digitalisierung und der Entwicklung des Online-Wettbewerbs haben sich allerdings neuartige Geschäftsmodelle herausgebildet, die sich von den soeben genannten klassischen Unternehmen in Qualität und Quantität der Datenverarbeitungen erheblich unterscheiden und insoweit auch abgrenzbar sind.[219] Die Rede ist von Geschäftsmodellen, die primär auf der Verarbeitung von personenbezogenen Daten basieren. Unternehmen, die ein

---

217 Die Einwilligung und die gesetzlichen Erlaubnistatbestände stehen nebeneinander, siehe *Buchner/Petri*, in: Kühling/Buchner, DS-GVO/BDSG, Art. 6 Rn. 22.

218 Vgl. *Buchner/Petri*, in: Kühling/Buchner, DS-GVO/BDSG, Art. 6 Rn. 39.

219 Vgl. *Hustinx*, Vorl. Stellungnahme – März 2014, Rn. 11 ff.

derartiges Geschäftsmodell verfolgen, zielen final auf eine Verarbeitung personenbezogener Daten ab.[220] Die Datenverarbeitungen, in Form der Zusammenführung, Analyse und Auswertung von Daten, sind insofern selbst unmittelbarer und zentraler Geschäftsgegenstand und nicht bspw. nur ein notwendiger Zwischenschritt für einen ordnungsgemäßen Versand und die Zustellung eines Produktes. Datenbasierte Geschäftsmodelle können sich somit erheblich auf die Fähigkeit der betroffenen Personen auswirken, informationell selbstbestimmt zu handeln: Personenbezogene Daten sind stets einer bestimmten Personen zuordenbar. Die betroffenen Nutzer („hinter den Daten") werden daher auch immer selbst zum Geschäftsgegenstand bzw. zum Produkt. Dadurch, dass die Nutzer jedoch regelmäßig „kostenlos", also nicht gegen Entgelt im klassischen Sinne und insoweit bequem und einfach, eine Leistung von dem datenverarbeitenden Unternehmen erhalten, gerät die Degradierung des Nutzers zum – gewinnbringenden – Geschäftsgegenstand oftmals in den Hintergrund.

Die den Nutzern vertraglich geschuldete Leistung der datenbasierten Geschäftsmodelle besteht zu einem großen Teil in der „kostenlosen" Bereitstellung der technischen und virtuellen Infrastruktur zur Interaktion mit anderen Nutzern oder Nutzergruppen sowie anderer „kostenloser" Dienste. Die datenbasierten Geschäftsmodelle haben gewissermaßen ein Tausch-Modell „Leistung gegen Daten" etabliert, ohne dass die Nutzer davon bewusst Kenntnis nehmen konnten bzw. Kenntnis genommen hätten.[221]

Fraglos können Nutzer und Online-Dienst-Anbieter derartige Tauschgeschäfte an sich jederzeit abschließen, dies gewährleistet die – verfassungsrechtlich abgesicherte[222] – Privatautonomie des Einzelnen.[223] Ein Tauschgeschäft „Leistung gegen Daten" wäre bspw. dann hinnehmbar, wenn es dem jeweiligen Verbraucher durch den Verantwortlichen transparent kommuniziert wird. Dann hätte der Verbraucher die hinreichende Möglichkeit – im Sinne einer wirksamen informationellen Selbstbestimmung – zu entscheiden, ob er den Dienst im Tausch gegen die ihn betreffenden personenbezogenen Daten nutzen will oder nicht.[224] Ein entsprechender Passus, der den Transparenzanforderungen

---

220 *Lundquist*, EuCML 2018, S. 146 (147): „Daten-Driven Business Models".

221 Die Legalisierung von personenbezogenen Daten als Gegenleistung im zivilrechtlichen Sinne kritisch sehend: *Dix*, ZEuP 2017, S. 1 (4).

222 *Di Fabio*, in: Maunz/Dürig, GG, Art. 2 Abs. 1 Rn. 101.

223 Die DS-GVO erlaubt grundsätzlich ein derart gestaltetes Tauschgeschäft, siehe *Albrecht/Jotzo*, Das neue Datenschutzrecht in der EU, S. 71 Rn. 44; s.a. *Albers/Veit*, in: BeckOK Datenschutzrecht, DS-GVO, Art. 6 Rn. 29.

224 Vgl. *Buchner/Kühling*, in: Kühling/Buchner, DS-GVO/BDSG, Art. 7 Rn. 51.

genügte, ist bisher in den Vertragswerken der Online-Dienste allerdings nicht vorzufinden. Vielmehr ist nach wie vor der Versuch zu beobachten, dem Einzelnen das überaus erfolgreich praktizierte Geschäftsmodell basierend auf einem Tauschgeschäft „unterzuschieben".[225] Insoweit nutzen die Unternehmen auch ihren offensichtlichen Wissensvorsprung sowie ihre Marktstellung und die damit verbundene Macht gegenüber den Verbrauchern aus.

Im Unterschied zur beispielhaft aufgeführten Adressübermittlung zwecks Zusendung von Waren an ein Versandhaus, ist eine Legitimation auf Grundlage von Art. 6 Abs. 1 lit. b DS-GVO im Bereich der datenbasierten Geschäftsmodelle in der Regel kritisch zu sehen.[226] Dies gilt insbesondere mit Blick auf die Erforderlichkeit der Verarbeitung. Die Bereitstellung der technischen Infrastruktur, virtueller Funktionen sowie anderer Dienste hängt oftmals nicht von der Übermittlung sämtlicher vom Nutzer eingeholten personenbezogenen Daten ab.[227] So kann die Analyse und Auswertung aller dem Verantwortlichen zur Verfügung stehenden personenbezogenen Daten des Nutzers unter keinen Umständen erforderlich sein, um diesem bestimmte Funktionen oder Innovationen bereitzustellen.[228] Bereits jetzt nutzen einige Unternehmen den Erlaubnistatbestand gemäß Art. 6 Abs. 1 lit. b DS-GVO aus: Facebook ordnet in seinen Nutzungsbedingungen bspw. alles als „erforderlich" für die Vertragserfüllung ein, was auch nur in irgendeiner Art und Weise die geschäftlichen Vorgänge optimieren kann.[229] Wie bereits erläutert, können auch solche umfangreichen Datenverarbeitungen erforderlich und damit auf Grundlage von Art. 6 Abs. 1 lit. b DS-GVO rechtmäßig sein, etwa dann, wenn man auf ein in den jeweiligen

225 So *Buchner/Kühling*, in: Kühling/Buchner, DS-GVO/BDSG, Art. 7 Rn. 51.

226 *Albrecht/Jotzo*, Das neue Datenschutzrecht in der EU, S. 71 Rn. 44.

227 So könnte man zwar im Sinne einer Erforderlichkeit noch argumentieren, dass der Verantwortliche personenbezogene Daten, wie bspw. den Namen oder das Geburtsdatum bei Vertragsschluss abfragen muss, da zum Teil nur so gewährleistet werden kann, dass der jeweilige Vertragspartner geschäftsfähig und damit der geschlossene Nutzungsvertrag auch tatsächlich wirksam ist. Allerdings muss auch hier je nach Einzelfall differenziert werden, die Verarbeitung dieser Daten über den Zweck der Überprüfung der Geschäftsfähigkeit hinaus wäre wiederum verboten und ohne wirksame Einwilligung nicht zu rechtfertigen, vgl. *Schantz*, in: Simitis/Hornung/Spieker, DS-GVO/BDSG, Art. 6 Rn. 34.

228 S.a. *Buchner/Petri*, in: Kühling/Buchner, DS-GVO/BDSG, Art. 6 Rn. 41; *Schantz*, in: Simitis/Hornung/Spieker, DS-GVO/BDSG, Art. 6 Rn. 31.

229 Siehe Nutzungsbedingungen Facebook; Siehe auch *Buchner*, Wirtschaftsinformatik & Management 2019, S. 43 (44). der von einer Pervertierung der Erlaubnisnorm spricht.

AGBs geregeltes Tauschgeschäft „Daten gegen Leistung“ abstellt.[230] Von einer derart transparenten Regelung in den AGBs ist Facebook allerdings weit entfernt. Das Unternehmen demonstriert vielmehr, welche Gefahren die Anerkennung solcher vertraglich geregelter Tauschleistungen mit sich bringt, wenn die Transparenzanforderungen nicht ernst genommen werden.[231] Lediglich in einem Nebensatz in der Datenrichtlinie von Facebook können Nutzer über den Link „Erfahre mehr“ einsehen, wie, zu welchem Zweck und auf Basis welcher Rechtsgrundlagen die personenbezogenen Daten verarbeitet werden.[232]

Zu dieser persönlichkeitsrechtlichen Komponente treten wirtschaftliche und wettbewerbliche Aspekte hinzu. Der wirtschaftliche Erfolg für das verarbeitende Unternehmen ergibt sich infolge der Datenpreisgabe durch den Betroffenen. Die gewonnenen personenbezogenen Daten bzw. die daraus gezogenen Informationen verwendet das Unternehmen für die Generierung eines tatsächlich wirtschaftlich feststellbaren Erfolges, bspw. durch Werbeeinnahmen oder zur Produktverbesserung und -entwicklung.[233] So werden personenbezogene Daten bspw. an Werbetreibende übermittelt, die im Gegenzug ein Entgelt für die Bereitstellung von Werbeflächen entrichten. Die originären Datenerhebungen bei dem Nutzer führen also mittelbar zu einem finanziellen Erfolg.[234]

Vor dem Hintergrund des nicht zu unterschätzenden, aber gleichzeitig nur schwer zu beziffernden, Wertes personenbezogener Daten für die Unternehmen überrascht es keineswegs, dass gerade die beschriebenen Unternehmen regelmäßig gegen datenschutzrechtliche Vorgaben verstoßen. Die Unternehmen

---

230 S.a. *Buchner/Petri*, in: Kühling/Buchner, DS-GVO/BDSG, Art. 6 Rn. 41.

231 Nach *Buchner/Petri*, in: Kühling/Buchner, DS-GVO/BDSG, Art. 6 Rn. 41, würde in diesem Falle aber das hohe Schutzniveau der DS-GVO unterlaufen; s.a. *Schantz*, in: Simitis/Hornung/Spieker, DS-GVO/BDSG, Art. 6 Rn. 33.

232 Siehe https://www.facebook.com/about/privacy/update; Abrufdatum: 4.06.2019 unter „Was ist unsere Rechtsgrundlage für die Verarbeitung von Daten?“. Auffällig ist hier, dass Facebook diese Überschrift sowie die Informationen zur Kontaktaufnahme in einem grellen gelb in die Datenrichtlinie übernommen hat. Es fällt bereits schwer diese Überschriften nicht zu übersehen. Sämtliche andere Überschriften werden in dunkleren, angenehmeren Farben dargestellt. Zudem beschränken sich die wirklich relevanten Ausführungen unter „Was ist unsere Rechtsgrundlage für die Verarbeitung von Daten?“ auf einzelne Links.

233 *Holzweber*, NZKart 2016, S. 104 (106).

234 Der ehemalige europäische Datenschutzbeauftragte *Hustinx* sprach in diesem Zusammenhang treffender Weise von „Geschäftsmodellen zur Wertschöpfung aus personenbezogenen Big Data“; Siehe *Hustinx*, Vorl. Stellungnahme – März 2014, Rn. 11 ff.

nehmen in ihrer Strategie solche Verstöße regelmäßig billigend in Kauf oder verstoßen teilweise offensichtlich vorsätzlich gegen geltendes Datenschutzrecht. Auf diesem Wege testen Unternehmen die Belastbarkeit der Nutzer sowie im Allgemeinen die rechtlichen Grenzen der eigenen Strategie aus. Nachrichten über datenschutzrechtliche Verstöße reißen jedenfalls nicht ab.[235] Brisantes und gleichzeitig rechtlich interessantes Beispiel ist diesbezüglich der Zusammenschluss von Facebook und WhatsApp: Die Unternehmen erklärten im Vorfeld des Unternehmenszusammenschlusses ausdrücklich, von einer Zusammenführung unternehmensspezifischer personenbezogener Daten absehen zu wollen.[236] Diesen Angaben widersprechend verknüpfte Facebook im Zuge der Fusion personenbezogene WhatsApp-Nutzerdaten datenschutzrechtswidrig.[237]

Dass sich die genannten Unternehmen regelmäßig solche „datenschutzrechtlichen Fehltritte" leisten können, ohne dass es zu einer Abwanderungswelle der Nutzer und damit zu erheblichen Einbußen auf dem Markt kommt, ist nicht zuletzt auf die bestehende Marktstruktur, mithin auf kartellrechtlich relevante Gegebenheiten, zurückzuführen. So fehlt es bspw. den Nutzern von Facebook schlichtweg an einer Alternative, die die gleichen Funktionen anbietet und zusätzlich eine entsprechend weitreichende Vernetzung mit anderen Nutzern ermöglicht. Und falls alternative Angebote Zugang zum Markt gefunden haben, können sie sich im Wettbewerb nicht behaupten oder werden bei Feststellung von Marktpotential aufgekauft und mit bereits marktmächtigen Unternehmen verbunden. Marktbeherrschende Unternehmen können es sich daher leisten, den Verbrauchern offensichtlich unzulässige Vertragskonditionen aufzunötigen. Diese würden sich unter einem wirksamen Wettbewerb vermutlich nicht durchsetzen lassen. Soweit es an ebenbürtigen Mitbewerbern auf dem konkreten Markt fehlt, sind die Verbraucher (möglicherweise aufgrund wirtschaftlichen

---

235 https://www.faz.net/aktuell/politik/ausland/datenkrake-cambridge-analytica-sammelt-unerlaubt-informationen-der-nutzer-15504081.html, Abrufdatum: 3.06.2019; https://www.faz.net/aktuell/wirtschaft/unternehmen/firmen-speicherten-ungeschuetzt-daten-von-facebook-nutzern-16123674.html, Abrufdatum: 3.06.2019.

236 https://www.faz.net/aktuell/wirtschaft/netzwirtschaft/der-facebook-boersengang/facebook-hat-bei-uebernahme-von-whatsapp-doch-gelogen-15021650.html, Abrufdatum: 3.06.2019.

237 Siehe OVG Hamburg, Beschl. v. 26.02.2018 – 5 Bs 93/17 13 – DuD 2018, 384; VG Hamburg, Beschl. v. 24.04.2017 – 13 E 5912/16 – DuD 2017, 688.

oder gesellschaftlichen Drucks) zumeist gezwungen, die Konditionen zu akzeptieren und insoweit eine Datenverarbeitung zu legitimieren.[238]

Doch nicht nur die Marktstruktur verhindert die Sanktionierung der Unternehmen durch die Nutzer, bspw. durch Abwanderung zu Konkurrenten. Gemeinhin ist der Masse der Nutzer digitaler Dienste nach wie vor augenscheinlich wenig am Schutz ihrer Daten gelegen. In diesem Zusammenhang ist das vielbesprochene Phänomen „Privacy Paradox" zu beobachten. Nutzer können zwar erahnen, dass ihre Daten möglicherweise rechtswidrig verarbeitet werden, Gegenmaßnahmen werden aber aus „Trägheit, Unkenntnis oder einer intuitiven Abwägung der Vor- und Nachteile"[239] nicht getroffen. „Datenschutzrechtliche Fehltritte" werden daher zwar wahrgenommen, insbesondere wenn sie medial ausgebreitet werden. Die Verletzung des Rechts auf informationelle Selbstbestimmung überwiegt jedoch offensichtlich nach der subjektiven Wahrnehmung vieler Nutzer nicht den Nutzen der entsprechenden Online-Dienste. Zur Wahrung der Belange des Datenschutzes muss solchen Unternehmen also auf anderem Wege Einhalt geboten werden.

Schließlich ist es keine Option, die Verbraucher „ihrem Schicksal zu überlassen" und insoweit zu argumentieren, dass diese sich mit dem Datenschutzrecht auseinander setzen und sämtliche viele Seiten umfassenden Einwilligungs- und Datenschutzerklärungen von Unternehmen vollständig lesen sollten, da sie ansonsten „selbst schuld" seien und ihrer „eigenen Dummheit"[240] erliegen, wenn ihre Daten rechtswidrig verarbeitet werden. Die Steigerung der Konsumentensouveränität[241] ist zwar ein wichtiger Faktor für einen funktionierenden Datenschutz. Allen bestehenden Problemen der Datenverarbeitung durch marktbeherrschende Unternehmen kann damit aber nicht abgeholfen werden. Dafür sind Bequemlichkeit und/oder Desinteresse der Nutzer zu groß. Eine Vielzahl von Verbrauchern ist offensichtlich und durchaus nachvollziehbar zu der Einschätzung gelangt, dass sie keine reelle Chance haben, ihr Recht auf informationelle Selbstbestimmung wirksam auszuüben.[242]

---

238 Vgl. BGH, Beschl. v. 23.06.2020 – KVR 69/19 – WRP 2020, 1316, m. Anm. *Buchner*, WRP 2020, S. 1401 ff.; a.A. OLG Düsseldorf, Beschl. v. 26.08.2019 – VI-Kart 1/19 (V) – K&R 2019, 661, demnach läge keine Zwangssituation vor, die Zustimmung der Nutzer erfolge mit Wissen und Wollen. Der Nutzer könne den Richtern nach unbeeinflusst und vollkommen autonom treffen.

239 *Martini*, in: Paal/Pauly, DS-GVO/BDSG, Art. 25 Rn. 12.

240 Vgl. *Körber* NZKart 2016, S. 348 (349).

241 So *Körber* NZKart 2016, S. 348 (349).

242 Das OLG Düsseldorf, Beschl. v. 26.08.2019 – VI-Kart 1/19 (V) – K&R 2019, 661, erklärt im Ergebnis, dass jeder Nutzer nach wie vor die reelle Chance hat, sein Recht

bb) Begriffliche Einordnung: Plattformen und Netzwerke

Zur besseren (kartell-)rechtlichen Einordnung der beschriebenen Geschäftsmodelle sollte eine weitergehende begriffliche Konkretisierung vorgenommen werden.[243] Zwar benennt der Begriff des „datenbasierten Geschäftsmodells" oder „Geschäftsmodells zur Wertschöpfung aus Daten"[244] den Hauptansatzpunkt aus datenschutzrechtlicher Sicht bzw. die Gemeinsamkeit der Unternehmen, dass (zumeist personenbezogene) Daten verarbeitet werden. Jedoch verarbeiten annährend alle am Wettbewerb teilnehmenden Unternehmen in irgendeiner Art und Weise Daten, um daraus einen Wert zu schöpfen. Eine Abgrenzung allein nach dem „Ob" der Datenverarbeitungen wäre deshalb noch zu ungenau, es kommt vielmehr auf das „Wie" an. Um Unternehmen wie bspw. Facebook, Google, Amazon und Co. von klassischen Vertriebsunternehmen abzugrenzen, bedarf es der Herausarbeitung eines weiteren Spezifikums: Datenbasierte Geschäftsmodelle üben regelmäßig eine Intermediärsfunktion aus.[245] Solche datenbasierten Geschäftsmodelle werden bildlich als „Plattformen" und/oder „Netzwerke" für die verschiedenen Nutzer- und Anwendergruppen umschrieben.

Unter den Begriff der Plattform sind Unternehmen zu fassen, „die als Intermediäre die direkte Interaktion zweier oder mehr Nutzerseiten, zwischen denen indirekte Netzwerkeffekte bestehen, ermöglichen.".[246] Plattformen führen mithin unterschiedliche Marktseiten[247] zueinander, sie sind daher auch als zwei- bzw. mehrseitige Märkte zu bezeichnen.[248] Netzwerke sind hingegen typischerweise Unternehmen, die als Intermediäre Interaktionen zwischen Nutzern

auf informationelle Selbstbestimmung vollumfänglich auszuüben. Eine solche Einschätzung liegt jedoch fernab von jeder Realität.

243 Vgl. *BKartA*, Arbeitspapier Marktmacht von Plattformen und Netzwerken – Juni 2016, S. 8: Eine Begriffskonkretisierung „dient der Eingrenzung des Phänomens und der Strukturierung der Prüfung."; *BKartA/Arbeitskreis Kartellrecht*, Digitale Ökonomie – Internetplattformen zwischen Wettbewerbsrecht, Privatsphäre und Verbraucherschutz – Oktober 2015, S. 13.

244 Siehe *Hustinx*, Vorl. Stellungnahme – März 2014, Rn. 11 ff.

245 *BKartA*, Beschl. v. 6.02.2019 – B6-22/16 – Facebook-Verfahren, S. 66 Rn. 215.

246 *BKartA*, Arbeitspapier Marktmacht von Plattformen und Netzwerken – Juni 2016, S. 14.

247 Bspw. die verschiedenen Nutzerseiten: Endkonsument, Werbetreibende, Inhalteanbieter.

248 *Mohr*, EuZW 2019, S. 265 (267).

derselben Nutzergruppe[249], zwischen denen direkte Netzwerkeffekte entstehen, ermöglichen.[250]

Plattformen bzw. mehrseitige Märkte und Netzwerke lassen sich jedoch nicht immer trennscharf voneinander abgrenzen, die meisten datenbasierten Geschäftsmodelle vereinen beide Merkmale.[251] Facebook bspw. weist direkte und indirekte Netzwerkeffekte auf: Vermittelt werden nicht nur die Nutzer untereinander, sondern auch Nutzer und Werbetreibende sowie Inhalteanbieter. Insoweit ist das soziale „Netzwerk" nicht nur ein Netzwerk bzw. einseitiger Markt[252] im obigen Sinne, sondern auch eine Plattform bzw. ein mehrseitiger Markt.[253] Da viele datenbasierte Geschäftsmodelle die Merkmale von Plattformen und Netzwerken vereinen, kann laut Bundeskartellamt grundsätzlich auf bestehende Konzepte hinsichtlich der Analyse und Beurteilung von Plattformen abgestellt werden.[254] Im Folgenden werden daher vorrangig der Begriff der Plattform bzw. der mehrseitigen Märkte sowie die dazu entwickelten Prüfkonzepte fokussiert. Gerade hier ergeben sich einige Besonderheiten bei der Marktabgrenzung sowie bei der Feststellung der Marktbeherrschung.[255]

b) Marktabgrenzung auf mehrseitigen Märkten

Lediglich Plattformen in einer marktbeherrschenden Stellung können durch einen Verstoß gegen datenschutzrechtliche Vorgaben missbräuchlich im Sinne von § 19 GWB und damit rechtswidrig im Sinne des Kartellrechts handeln. Die Beurteilung der Marktstellung richtet sich im deutschen Regelungsgefüge nach § 18 GWB. Nach § 18 Abs. 1 GWB ist ein Unternehmen marktbeherrschend, soweit es als Anbieter oder Nachfrager einer bestimmten Art von Waren oder gewerblichen Leistungen auf dem sachlich und räumlich relevanten Markt ohne Wettbewerber ist, keinem wesentlichen Wettbewerb ausgesetzt ist oder eine im Verhältnis zu seinen Wettbewerbern überragende Marktstellung hat.

---

249 Bspw. nur die Endkonsumenten untereinander.

250 *BKartA*, Beschl. v. 6.02.2019 – B6-22/16 – Facebook-Verfahren, S. 66 Rn. 215.

251 *BKartA*, Beschl. v. 6.02.2019 – B6-22/16 – Facebook-Verfahren, S. 66 Rn. 215; *Tamke*, NZKart 2018, S. 503 (504); *Mohr*, EuZW 2019, S. 265 (267).

252 Ein Netzwerk ist letztlich ein einseitiger Markt: *BKartA*, Arbeitspapier Marktmacht von Plattformen und Netzwerken – Juni 2016, S. 97.

253 *Mohr*, EuZW 2019, S. 265 (267).

254 S.a. *BKartA*, Arbeitspapier Marktmacht von Plattformen und Netzwerken – Juni 2016, S. 98.

255 Netzwerke werden bereits weitestgehend durch das Kartellrecht erfasst: *BKartA*, Arbeitspapier Marktmacht von Plattformen und Netzwerken – Juni 2016, S. 97.

Ausweislich § 18 Abs. 1 GWB hält der Gesetzgeber die Marktabgrenzung in jedem Fall für erforderlich. Damit verbunden ist die Vorstellung, dass sich wirtschaftliche Macht nicht allgemein aus der Unternehmensgröße oder anderen abstrakten Kriterien ableiten lässt, sondern immer nur in konkret abgegrenzten relevanten Märkten entfalten kann.[256] Die Beurteilung, ob ein Unternehmen eine marktbeherrschende Stellung einnimmt, kann nur unter Bezugnahme auf die jeweiligen Wettbewerber vorgenommen werden, die auf dem gleichen Markt agieren. Ziel ist es, diejenigen Unternehmen zu ermitteln, die mit dem verfahrensgegenständlichen Unternehmen in direktem Wettbewerb stehen.[257] Konkrete Vorgaben zur Verfahrensweise bei einer Marktabgrenzung regelt der nationale Gesetzgeber (bisher) allerdings nicht.[258]

Als Ausgangspunkt für die Abgrenzung des sachlich und räumlich relevanten Marktes hat sich das durch die Rechtsprechung entwickelte Bedarfsmarktkonzept bewährt.[259] Es besagt, dass zu einem (sachlichen oder räumlichen) Markt alle Waren oder gewerblichen Leistungen gehören, die sich aus der Sicht der Marktgegenseite nach ihren Eigenschaften, ihrem wirtschaftlichen Verwendungszweck und ihrer Preislage so nahe stehen, dass sie als für die Deckung eines bestimmten Bedarfs gleichermaßen geeignet betrachtet und funktional als gegeneinander austauschbar angesehen werden.[260] Der Vorgang der sachlichen Marktabgrenzung setzt insoweit die Substituierbarkeit von Leistungen aus objektiver Sicht der Marktgegenseite voraus.[261] Maßgebend ist die tatsächliche Handhabung durch einen verständigen Abnehmer.[262] Das Konzept ist ersichtlich auf einheitliche Märkte zugeschnitten, die bspw. durch eine einfache Anbieter-Nachfrager-Beziehung gekennzeichnet sein können. In einem solchen

---

256 Sog. Markmachtkonzept; *Fuchs/Möschel*, in: Immenga/Mestmäcker, WettbR, GWB, § 18 Rn. 22.

257 *Kühnen*, in: LMRKM, Kartellrecht, GWB, § 18 Rn. 11.

258 Einzig in § 18 Abs. 2a GWB wird – seit der 9. GWB-Novelle – darauf hingewiesen, dass der Annahme eines Marktes nicht entgegensteht, dass eine Leistung unentgeltlich erbracht wird.

259 U.a. BGH, Beschl. v. 24.10.1995 – KVR 17/94 – BGHZ 131, 107; BGH, Urt. v. 9.03.1996 – KZR 1/95 – NJW 1996, 2656; BGH, Beschl. v. 21.01.2014 – KVR 38/13 – ZIP 2014, 1140; BGH, Beschl. v. 6.12.2011 – KVR 95/10 – BGHZ 192, 18.

260 U.a. BGH, Beschl. v. 24.10.1995 – KVR 17/94 – BGHZ 131, 107; BGH, Urt. v. 9.03.1996 – KZR 1/95 – NJW 1996, 2656; BGH, Beschl. v. 21.01.2014 – KVR 38/13 – ZIP 2014, 1140; BGH, Beschl. v. 6.12.2011 – KVR 95/10 – BGHZ 192, 18.

261 *Fuchs/Möschel*, in: Immenga/Mestmäcker, WettbR, GWB, § 18 Rn. 33.

262 *Fuchs/Möschel*, in: Immenga/Mestmäcker, WettbR, GWB, § 18 Rn. 33.

Fall ergibt sich die Substituierbarkeit der Leistungen exklusiv aus der objektiven Sicht eines verständigen Nachfragers, der insoweit die maßgebliche Marktgegenseite darstellt.

Das Bedarfsmarktkonzept flankierend haben sich unter anderen der „Small but Significant Non-transitory Increase in Price"-Test (SSNIP-Test) sowie die Angebotsumstellungsflexibilität als Abgrenzungsmechanismen etabliert. Führt eine geringe Preiserhöhung eines Gutes zu einer Abwanderung auf ein anderes Produkt, so deutet das in Anwendung des SSNIP-Tests auf Ausweichmöglichkeiten und damit auf einen gleichen sachlichen Markt hin.[263] Gemäß des Konzepts der Angebotsumstellungsflexibilität sind funktionell nicht austauschbare Produkte dann in die Marktabgrenzung einzubeziehen, wenn sie für ihren Hersteller die Grundlage bieten, kurzfristig und mit wirtschaftlich vertretbarem Aufwand sein Sortiment umzustellen und ein Konkurrenzprodukt anzubieten.[264] Allerdings wird die Anwendung dieser Hilfskonzepte auf mehrseitige Märkte weitestgehend abgelehnt bzw. auf eine erforderliche Weiterentwicklung hinsichtlich der Besonderheiten auf mehrseitigen Märkten verwiesen.[265]

Die Marktabgrenzung auf einseitigen Märkten anhand der entwickelten Konzepte gilt bereits als hochkomplex und zum Teil ungenau.[266] Gleichwohl ermöglichen sie es den Gerichten und den Behörden, die vom Gesetzgeber vorgeschriebene Marktabgrenzung – zumindest näherungsweise – vorzunehmen. Das Bedarfsmarktkonzept bietet eine Hilfestellung, sollte allerdings nicht schematisch angewendet werden. Vielmehr sollen die jeweiligen Besonderheiten des Marktgeschehens berücksichtigt und flexibel gehandhabt werden.[267] Dies ist mit Blick auf die Marktabgrenzung auf mehrseitigen Plattformmärkten von besonderer Bedeutung. Auf mehrseitigen Märkten kann nicht mehr nur zwischen einem Anbieter und einem Nachfrager unterschieden werden. Plattformen

263 *Fuchs/Möschel*, in: Immenga/Mestmäcker, WettbR, GWB, § 18 Rn. 46.

264 BGH, Beschl. v. 16.1.2007 – KVR 12/06 – BGHZ 170, 299; BGH, Beschl. v. 5.10.2004 – KVR 14/03 – BGHZ 160, 321.

265 Zur Ungeeignetheit des SSNIP-Tests *Körber*, WuW 2015, S. 120 (125); *Podszun/Schwalbe*, NZKart 2017, S. 98 (102); zur Ungeeignetheit der Angebotsumstellungsflexibilität *BKartA*, Arbeitspapier Marktmacht von Plattformen und Netzwerken – Juni 2016, S. 46 f; Zur Entwicklung des SSNIP-Tests *Bergmann/Fiedler*, in: LMRKM, Kartellrecht, AEUV, Art. 102 Rn. 49; Modifizierter SSNIP-Test könnte geeignet sein: Dewenter/Rösch/Terschüren, NZKart 2014, S. 387 (389).

266 Vgl. *Fuchs/Möschel*, in: Immenga/Mestmäcker, WettbR, GWB, § 18 Rn. 30, 31; *Dewenter/Rösch/Terschüren*, NZKart 2014, S. 387 (387).

267 *Kühnen*, in: LMRKM, Kartellrecht, GWB, § 18 Rn. 14.

fungieren vielmehr als Intermediäre zwischen mehreren sich unterscheidenden Marktseiten, zwischen denen direkte und/oder indirekte Netzwerkeffekte bestehen. Als relevante Marktseiten, aus deren Sicht die Substituierbarkeit bestimmt werden könnte, kommen mindestens die Nutzerseite/Verbraucherseite, die Seite der Werbetreibenden und die Seite der Inhalteanbieter in Betracht.[268]

Insoweit ist stets zu untersuchen, ob eine einheitliche Marktabgrenzung vorgenommen werden kann. Falls nicht, erfolgt eine Abgrenzung getrennter Märkte, da ansonsten fehlerhafte Ergebnisse bei der Feststellung einer marktbeherrschenden Stellung zu befürchten wären. Ergibt sich infolge einer vorgenommenen Marktabgrenzung, dass getrennte Märkte vorliegen, bedarf es bei der Beurteilung der Marktstellung nach § 18 Abs. 3 und 3a GWB einer Analyse der jeweilig getrennt zu betrachtenden Märkte.[269] Auf jedem der (Teil-)Märkte kann unter Umständen eine Marktbeherrschung sowie deren Missbrauch festgestellt werden.[270] Hinsichtlich der Frage nach einer einheitlichen oder getrennten Marktabgrenzung ist man bestrebt, Plattformen zu klassifizieren.[271] Grundsätzlich wird auf nationaler Ebene zwischen Matching- und Aufmerksamkeitsplattformen unterschieden.[272]

Eine Matching-Plattform ist eine Plattform, die eine auf individuelle Präferenzen abgestimmte und von allen Nutzergruppen angestrebte Vermittlung zwischen Mitgliedern zweier oder mehrerer Nutzergruppen ermöglicht.[273] Aus der Vermittlungsleistung resultiert zwischen den Nutzergruppen entweder eine einfache Interaktion oder aber eine Transaktion, im ökonomischen Sinne, wie bspw. eine Geldüberweisung.[274] In letzterem Fall kann die Matching-Plattform

---

268 Bzgl. Facebook siehe *BKartA*, Beschl. v. 6.02.2019 – B6-22/16 – Facebook-Verfahren, S. 72 Rn. 230 ff.

269 *Körber* verlangt die Feststellung der Dominanz auf beiden Marktseiten, für eine marktbeherrschende Stellung nach § 18 GWB, WuW 2015, S. 120 (127); *Hoffer/Lehr*, NZKart 2019, S. 10 (14).

270 *Hoffer/Lehr*, NZKart 2019, S. 10 (14).

271 *BKartA*, Arbeitspapier Marktmacht von Plattformen und Netzwerken – Juni 2016, S. 19 ff.

272 *BKartA*, Arbeitspapier Marktmacht von Plattformen und Netzwerken – Juni 2016, S. 23.

273 *BKartA*, Arbeitspapier Marktmacht von Plattformen und Netzwerken – Juni 2016, S. 23; Beispiele: Online-Dating-Dienste, Amazon-Marketplace, Ebay-Kleinanzeigen, bzgl. Facebook siehe *BKartA*, Beschl. v. 6.02.2019 – B6-22/16 – Facebook-Verfahren, S. 72 Rn. 235.

274 *BKartA*, Arbeitspapier Marktmacht von Plattformen und Netzwerken – Juni 2016, S. 24.

auch als Transaktions-Plattform klassifiziert werden, insoweit kann eine noch spezifischere Einordnung vorgenommen werden.[275]

In den Fällen einer „reinen" Matching-Plattform bietet sich die Möglichkeit einer einheitlichen Marktabgrenzung. Dem Bundeskartellamt nach ist eine einheitliche Betrachtung etwa dann möglich, wenn man die Plattform als Anbieter einer Vermittlungsdienstleistung und die beiden Nachfragergruppen als Nachfrager dieser Dienstleistung mit einem weitgehend einheitlichen Bedarf ansieht.[276] Bspw. haben die Anbieter und Nachfrager eines Online-Dating-Portals einen weitestgehend einheitlichen Bedarf, beide Nutzergruppen nehmen die Vermittlungsleistung zwecks Partnersuche in Anspruch. Das Bedarfsmarktkonzept kann sodann in klassischer Weise angewendet werden, die Substituierbarkeit der Leistung lässt sich aus Sicht einer einheitlichen – aus mehreren Nutzergruppen bestehenden – Marktseite beurteilen. Dazu erklärt das Bundeskartellamt, dass das Bedarfsmarktkonzept keine Aufteilung der beiden Marktseiten erfordere, die Marktgegenseite könne vielmehr auch aus zwei oder mehr Nutzergruppen bestehen, wie es auf vielen einseitigen Märkten der Fall sei.[277]

Eine Aufmerksamkeitsplattform ist hingegen eine Plattform, die einer Nutzergruppe die Aufmerksamkeit der anderen Nutzergruppe ermöglicht.[278] Der Nutzergruppe der Werbetreibenden wird etwa ermöglicht, die Aufmerksamkeit einer anderen Nutzergruppe auf sich zu ziehen, um so die Chance zu erhöhen, dass das beworbene Produkt erfolgreich vermarktet werden kann. Insoweit ermöglicht die Aufmerksamkeitsplattform eine Interaktion zwischen Werbetreibenden und der Gruppe der Endkonsumenten/Dienstnutzer. Soweit die Bewerbung des Produkts erfolgreich war, kann es im weiteren Verlauf auch zu einer Transaktion zwischen dem Anbieter des beworbenen Produkts und dem Endkonsumenten/Dienstnutzer kommen.

Die Marktseiten einer Aufmerksamkeitsplattform weisen oftmals keinen einheitlichen Bedarf auf, sodass eine einheitliche Marktabgrenzung in diesem Zusammenhang nicht möglich ist. Das Produkt einer Suchmaschine für einen

275 *BKartA*, Arbeitspapier Marktmacht von Plattformen und Netzwerken – Juni 2016, S. 24.

276 *BKartA*, Arbeitspapier Marktmacht von Plattformen und Netzwerken – Juni 2016, S. 22 ff.

277 *BKartA*, Arbeitspapier Marktmacht von Plattformen und Netzwerken – Juni 2016, S. 32.

278 *BKartA*, Arbeitspapier Marktmacht von Plattformen und Netzwerken – Juni 2016, S. 24; in diese Richtung geht auch die Definition einer Nicht-Transaktionsplattform; Beispiele: Google Suchmaschine, Spotify, Nachrichten-Dienste.

Nutzer ist gemeinhin die spezifische Suchleistung, die Werbetreibenden erhalten hingegen – quasi als Leistung – die Möglichkeit, die Aufmerksamkeit der Nutzer auf sich zu ziehen, um so einen finanziellen Erfolg zu generieren. In diesen Fällen ist die Abgrenzung getrennter Märkte vorzunehmen, da die Möglichkeit besteht, dass die Sicht der beiden Nutzergruppen bezüglich ihrer Austauschmöglichkeiten divergiert.[279] So könnte sich aus Sicht der Werbetreibenden ein allgemeiner Online-Werbemarkt und aus der Sicht der Nutzer einer Suchmaschine ein allgemeiner Suchmaschinenmarkt ergeben. Möglich wären insoweit völlig unterschiedliche Märkte, die jeweils für sich genommen auf eine marktbeherrschende Stellung des relevanten Unternehmens hin überprüft werden müssten.[280]

Die Mehrseitigkeit eines Marktes stellt das Kartellrecht mithin vor neue Herausforderungen. Für die Durchführung einer belastbaren Marktabgrenzung auf mehrseitigen Märkten bedarf es der Entwicklung neuer oder der Modifizierung alter Abgrenzungskonzepte. Geschäftsmodelle, die primär auf die Verarbeitung und Verwertung personenbezogener Daten von Nutzern ausgerichtet sind, sollten – zumindest näherungsweise – konkreten Märkten zugeordnet werden können. Insbesondere Rechtsprechung, Exekutive sowie die kartellrechtliche Literatur sind aufgefordert, Konzepte anzupassen oder neu zu entwickeln, denn der Gesetzgeber hält eine Marktabgrenzung in jedem Fall für notwendig.

c) Beurteilung der Marktstellung

Im Anschluss an die Marktabgrenzung ist zu prüfen, inwieweit ein Unternehmen auf dem relevanten Markt eine beherrschende Stellung einnimmt.

Die Begründung oder Verstärkung einer marktbeherrschenden Stellung ist nicht kartellrechtswidrig. Im Gegenteil: Sie ist vielmehr Ausdruck des wirtschaftlichen Erfolges und das Ziel eines jeden Wettbewerbers auf dem Markt.[281] Im Rahmen der Missbrauchskontrolle nach § 19 GWB bzw. Art. 102 AEUV wird auch nicht die marktbeherrschende Stellung als solche für rechtswidrig erklärt, sondern ein missbräuchliches Verhalten, das die entsprechenden Unternehmen aufgrund der bestehenden Marktstruktur durchsetzen können.[282]

---

279 So auch bzgl. Facebook: *BKartA*, Beschl. v. 6.02.2019 – B6-22/16 – Facebook-Verfahren, S. 72 Rn. 230 ff.

280 *Hoffer/Lehr*, NZKart 2019, S. 10 (14).

281 *Körber*, NZKart 2016, S. 303 (306); *Loewenheim*, in: LMRKM, Kartellrecht, GWB, § 19 Rn. 1.

282 *Körber*, WuW 2015, S. 120 (128).

Bei der Beurteilung der Marktstellung einer Plattform sind die nicht abschließenden Kriterienkataloge gemäß § 18 Abs. 3 und Abs. 3a GWB zu berücksichtigen. Gemäß § 18 Abs. 3 GWB sind bei der Bewertung der Marktstellung eines Unternehmens im Verhältnis zu seinen Wettbewerbern insbesondere folgende Punkte zu berücksichtigen: sein Marktanteil, seine Finanzkraft, sein Zugang zu den Beschaffungs- oder Absatzmärkten, Verflechtungen mit anderen Unternehmen, rechtliche oder tatsächliche Schranken für den Marktzutritt anderer Unternehmen, der tatsächliche oder potenzielle Wettbewerb durch Unternehmen, die innerhalb oder außerhalb des Geltungsbereichs dieses Gesetzes ansässig sind, die Fähigkeit, sein Angebot oder seine Nachfrage auf andere Waren oder gewerbliche Leistungen umzustellen, sowie die Möglichkeit der Marktgegenseite, auf andere Unternehmen auszuweichen.

Der Gesetzgeber reagierte im Zuge der 9. GWB-Novelle mit zusätzlichen Beurteilungskriterien auf die Digitalisierung und die soeben beschriebenen Besonderheiten von mehrseitigen Märkten bzw. Plattformen.[283] Nach § 18 Abs. 3a GWB sind bei mehrseitigen Märkten und Netzwerken bei der Bewertung der Marktstellung eines Unternehmens insbesondere direkte und indirekte Netzwerkeffekte, die parallele Nutzung mehrerer Dienste und der Wechselaufwand für die Nutzer, seine Größenvorteile im Zusammenhang mit Netzwerkeffekten, sein Zugang zu wettbewerbsrelevanten Daten und innovationsgetriebener Wettbewerbsdruck zu berücksichtigten. Einige dieser Faktoren sind im Schnittstellenbereich des Kartell- und Datenschutzrechts besonders relevant und bedürfen einer tiefergehenden Analyse.

aa) … aufgrund direkter und indirekter Netzwerkeffekte

Gemäß § 18 Abs. 3a Nr. 1 GWB sind zunächst direkte und indirekte Netzwerkeffekte bei der Beurteilung der Marktstellung zu berücksichtigen. Der nationale Gesetzgeber wird die Netzwerkeffekte nicht ohne Grund an erster Stelle genannt haben. Sie tragen erheblich dazu bei, dass Unternehmen eine derart mächtige Stellung auf dem Markt mit der Folge aufbauen, dass sie als marktbeherrschend gelten und insoweit den Wettbewerb beeinträchtigen. Die Netzwerkeffekte sind bereits bei der Abgrenzung des sachlich relevanten Marktes zu berücksichtigen, da durch sie die Austauschbarkeit von Produkten beeinflusst werden kann.[284]

---

283 Mit der 10. GWB-Novelle sind sogar noch weitergehende Regelungen im Schnittstellenbereich der Plattformen/Netzwerke zu erwarten, siehe https://www.d-kart.de/wp-content/uploads/2019/10/GWB-Digitalisierungsgesetz-Fassung-Ressortabstimmung.pdf, Abrufdatum: 13.02.2020.

284 *BKartA*, Beschl. v. 6.02.2019 – B6-22/16 – Facebook-Verfahren, S. 85 Rn. 272 ff.

Direkte Netzwerkeffekte beziehen sich im Allgemeinen auf die Größe des Netzwerks und liegen vor, wenn der Nutzen eines Kunden aus der Bereitstellung eines Dienstes direkt mit der Anzahl der Kunden des Dienstes steigt.[285] Laut Bundeskartellamt sind als Untergruppe der direkten Netzwerkeffekte die „identitätsbasierten" direkten Netzwerkeffekte bei der Marktabgrenzung zu berücksichtigen: Aus Sicht der Nachfrager sei die Größe eines sozialen Netzwerks sowie die Möglichkeit, dort genau die Personen zu finden, die sie persönlich jeweils suchen, ausschlaggebend.[286] Währenddessen treten indirekte Netzwerkeffekte auf, wenn eine steigende Anzahl der Nutzer einer Plattformseite die Nutzung der Plattform für eine andere Plattformseite attraktiver macht.[287] Bspw. wird eine Plattform für Werbetreibende desto attraktiver, je mehr Nutzer die Plattform nutzen und potentiell in Berührung mit der Werbung kommen. Da einige datenbasierte Geschäftsmodelle die Merkmale von Netzwerken und Plattformen vereinen, kommt es oftmals vor, dass direkte und indirekte Netzwerkeffekte gleichzeitig wirken und insoweit die Marktstellung festigen.

Die direkten oder auch „identitätsbasierten" Netzwerkeffekte sind besonders relevant im Hinblick auf die Möglichkeit, das Recht auf informationelle Selbstbestimmung im Internet wirksam auszuüben. Sie tragen gewissermaßen den größten Teil dazu bei, dass Nutzer umfangreichen und intransparenten Datenverarbeitungsklauseln zustimmen, obwohl sie wissen bzw. erahnen können, dass damit ein Kontrollverlust über die eigenen Daten einhergeht. Nutzer des Social-Media Dienstes Instagram wollen über den Online-Dienst etwa konkrete andere Nutzer oder aber besonders viele andere (auch unbekannte) Nutzer erreichen. Auch wenn die DS-GVO gemäß Art. 20 DS-GVO nunmehr Nutzern das Recht gewährt, mit den sie betreffenden Daten „umzuziehen", um eine bessere Kontrolle über die Daten zu erlangen, sind massenhafte Wechsel nicht zu erwarten. Zumeist wird es keinen anderen Online-Dienst mit einer ähnlichen personellen Reichweite geben. Insoweit schränken die auch kartellrechtlich relevanten Netzwerkeffekte datenschutzrechtliche Betroffenenrechte erheblich ein. Besonders problematisch ist das Phänomen der Netzwerkeffekte deshalb, weil sie sich in ihrer Wirkung regelmäßig selbst verstärken: Je mehr Nutzer, desto stärker die „identitätsbasierten" Netzwerkeffekte, jeder weitere Nutzer, der sich anmeldet, generiert potentiell andere Nutzer, die sich anmelden.[288] Dieser Prozess ist ein „Teufelskreis", der kaum zu durchbrechen ist.

---

285 *Monopolkommission,* 68. Sondergutachten, S. 33 Rn. 37.

286 *BKartA*, Beschl. v. 6.02.2019 – B6-22/16 – Facebook-Verfahren, S. 67 Rn. 218.

287 *Monopolkommission,* 68. Sondergutachten, S. 33 Rn. 38.

288 *BKartA*, Beschl. v. 6.02.2019 – B6-22/16 – Facebook-Verfahren, S. 134 Rn. 424 ff.

bb) … aufgrund des Zugangs zu wettbewerbsrelevanten Daten

Bei der Bewertung der Marktstellung ist nach § 18 Abs. 3a Nr. 4 GWB ferner der Zugang zu wettbewerbsrelevanten Daten zu berücksichtigen.[289] Damit wird vor allem der Aspekt der Quantität einer Datensammlung in den Fokus gerückt.[290] Je mehr Daten für ein Unternehmen zugänglich sind, desto mehr spricht für eine marktbeherrschende Stellung des Unternehmens.[291]

Vereinzelt wird angenommen, dass personenbezogene Daten keine wettbewerbsrelevante Daten im Sinne von § 18 Abs. 3a Nr. 4 GWB darstellen und damit nicht in eine Beurteilung der Marktstellung einfließen dürfen.[292] Die Regierungsbegründung zur 9. GWB-Novelle fordert als Voraussetzung für die Annahme einer marktbeherrschenden Stellung einen exklusiven Zugang zu den wettbewerbsrelevanten Daten, nur so könne eine den Wettbewerb behindernde Marktzutrittsschranke entstehen.[293] Insoweit wird teilweise argumentiert, dass der Zugang zu personenbezogenen Daten gerade nicht exklusiv im Sinne der Vorschrift sei, da personenbezogene Daten unbeschränkt replizierbar seien und diese Daten von einer Vielzahl von Wettbewerbern verwendet werden könnten, ohne dass sich dies auf die Verwendbarkeit negativ auswirke.[294] Als Beispiel für eine unbeschränkte Replizierbarkeit wird z.B. das Nutzer-Multi-Homing gemäß § 18 Abs. 3a Nr. 2 GWB aufgeführt.[295] Personenbezogene Daten seien weder ausschließlich noch eine knappe Ressource.[296] In der Konsequenz wäre bei der Beurteilung der Marktstellung von Facebook unerheblich, dass das Unternehmen massenhaft personenbezogene Daten seiner Nutzer verarbeitet.

Personenbezogene Daten in bzw. aus geschäftlichen Beziehungen werden zwar nicht ausdrücklich als Beispiel für wettbewerbsrelevante Daten aufgeführt, gleichwohl sind sie in der digitalen Wirtschaft die Daten, die eine exponierte

---

289 Der Begriff der „Datenmacht" wurde vom nationalen Gesetzgeber nicht in die Erneuerungen der 9. GWB-Novelle aufgenommen, gleichwohl könnte § 18 Abs. 3a Nr. 4 GWB Ausdruck einer „Datenmacht" sein und damit dessen sachlichen Gegenstand konkretisieren: In diese Richtung *Louven*, NZKart 2018, S. 217 (219 ff.); *Paal/ Hennemann*, NJW 2017, S. 1697 (1699).

290 BT-Drs. 18/10207, S. 51.

291 S.a. *Holzweber*, NZKart 2016, S. 104 (109).

292 *Esser/Höft*, NZKart 2017, S. 259 (264); *Louven*, NZKart 2018, S. 217 (220).

293 BT-Drs. 18/10207, S. 51.

294 *Esser/Höft*, NZKart 2017, S. 259 (264); *Louven*, NZKart 2018, S. 217 (220).

295 *Esser/Höft*, NZKart 2017, S. 259 (264).

296 *Kaben*, in: Körber/Immenga, Daten und Wettbewerb in der digitalen Ökonomie, S. 125 f.; Telle, InTeR 2017, S. 3 (6).

Marktstellung begründen können. Die wettbewerbliche Relevanz von personenbezogenen Daten ist unbestritten.[297]

Richtig ist zunächst, dass personenbezogene Daten grundsätzlich leicht replizierbar und nicht ausschließlich sind. Werden die personenbezogenen Daten eines Nutzers bei Unternehmen A verarbeitet, heißt dies nicht, dass Unternehmen B nicht auch dieselben personenbezogenen Daten verarbeiten kann. Dieselben personenbezogenen Daten können von unendlich vielen Unternehmen parallel verarbeitet werden. Die Unternehmen selbst könnten sogar die personenbezogenen Daten unendlich oft replizieren, indem sie bspw. Kopien anfertigen. Der technische und finanzielle Aufwand ist diesbezüglich verschwindend gering.

Zu beachten ist allerdings, dass personenbezogene Daten immer nur dann verarbeitet werden können, wenn die betroffene Person in die Verarbeitung eingewilligt hat oder eine gesetzliche Erlaubnis für die Datenverarbeitung besteht. Bezogen auf obiges Beispiel könnte Unternehmen B dieselben personenbezogenen Daten, die bei Unternehmen A verarbeitet werden, immer nur dann verarbeiten, wenn das Datenschutzrecht dies erlaubt. Unternehmen B könnte die Daten nicht ohne weiteres selbst erstellen oder sich die Daten von Unternehmen A kopieren. Zudem funktioniert das für eine fehlende Exklusivität von personenbezogenen Daten aktivierte Argument des Nutzer-Multi-Homings auch nur unter der Prämisse der datenschutzrechtlichen Konformität. Nur der Nutzer entscheidet in Ausprägung seines Rechts auf informationelle Selbstbestimmung darüber, ob er nur Unternehmen A oder auch den Unternehmen B und C einen Zugang zu den Daten verschafft. Einer unbeschränkten Replizierbarkeit sowie einer unendlichen Verwendung von personenbezogenen Daten steht also immer das Datenschutzrecht entgegen.[298] Pauschal zu behaupten, alle personenbezogenen Daten seien unbeschränkt replizierbar und damit nicht exklusiv im Sinne von § 18 Abs. 3a Nr. 4 GWB, widerspräche dem Sinn und Zweck des Datenschutzrechts. Eine solche Aussage würde auch den Eindruck vermitteln, dass eine Kontrolle über die eigenen Daten überhaupt nicht mehr möglich ist. Die Frage nach der Replizierbarkeit sollte neben der datenschutzrechtlichen Zulässigkeit immer einzelfallbezogen unter Berücksichtigung der tatsächlichen

---

297 *BKartA*, Beschl. v. 6.02.2019 – B6-22/16 – Facebook-Verfahren, S. 156 Rn. 488; S.a. Das Bundeskartellamt erkennt in der Entscheidung zu CTS Eventim, B6-132/14-2, Rn. 200., dass personenbezogene Daten durchaus bei der Beurteilung von „Datenmacht“ zu berücksichtigen sind. Es kommt somit immer auf den Einzelfall an

298 Ähnlich *Holzweber*, NZKart 2016, S. 104 (107); a.A. *Telle*, InTeR 2017, S. 3 (6).

Marktgegebenheiten, der tatsächlichen Möglichkeiten eines Unternehmens personenbezogene Nutzerdaten zu erlangen, sowie des Verhaltens einer Durchschnittsnutzers beurteilt werden.[299]

cc) Zwischenergebnis

Netzwerkeffekte und der exklusive Zugang zu wettbewerbsrelevanten (personenbezogenen) Daten sind für die Bildung einer kartellrechtlich relevanten, aber noch nicht kartellrechtswidrigen, marktbeherrschenden Stellung eines datenbasierten Geschäftsmodells hauptverantwortlich. Beide durch die 9. GWB-Novelle eingeführten Merkmale sind zugleich datenschutzrechtlich relevant, sie wirken sich erheblich auf die informationelle Selbstbestimmung der Nutzer/Verbraucher eines datenbasierten Geschäftsmodells aus. Einem kumulierten Auftreten von (insbesondere identitätsbasierten direkten) Netzwerkeffekten und einem exklusiven Datenzugang steht das Datenschutzrecht für sich gesehen gewissermaßen machtlos gegenüber.

3. Missbrauch der marktbeherrschenden Stellung

Das kartellrechtliche Missbrauchsverbot gemäß § 19 Abs. 1 GWB bildet das Herzstück der wechselseitigen Beziehungen zwischen dem Datenschutz- und dem Kartellrecht.[300] Verboten ist demnach die missbräuchliche Ausnutzung einer marktbeherrschenden Stellung durch ein oder mehrere Unternehmen. Die Norm bietet zwei wichtige Anknüpfungspunkte für eine Berücksichtigung datenschutzrechtlicher Vorgaben: Der Verstoß gegen datenschutzrechtliche Vorgaben kann etwa den Missbrauch einer marktbeherrschenden Stellung begründen.[301] Darüber hinaus sollte das Datenschutzrecht generell bei kartellbehördlichen Anordnungen hinsichtlich einer potentiellen Zugangsgewährung zu personenbezogenen Daten berücksichtigt werden. Eine diesbezügliche behördliche Anordnung darf nicht gegen das Datenschutzrecht verstoßen. [302] Im Ergebnis verhilft § 19 GWB dem Datenschutz zu mehr Schlagkraft in der digitalen Wirtschaft.

---

299 *BKartA*, Arbeitspapier Marktmacht von Plattformen und Netzwerken – Juni 2016, S. 95.

300 Die Norm als „Schnittstelle zum Datenschutzrecht" bezeichnend *Paal*, GRUR Int. 2015, S. 997 (1002).

301 Dazu siehe S. 68 ff.

302 Dazu siehe S. 84 ff.

Die Anknüpfungspunkte sind zugleich Ausdruck der (auch) verbraucherschützenden Zielrichtung des Kartellrechts in Bezug auf die Verarbeitung personenbezogener Daten durch ein privates am Wettbewerb teilnehmendes (und zugleich marktbeherrschendes) Unternehmen. Die Wechselbeziehungen zwischen kartellrechtlicher Missbräuchlichkeit eines unternehmerischen Verhaltens sowie einem Datenschutzverstoß wurden nun erstmalig im Missbrauchskontrollverfahren des Bundeskartellamtes gegen Facebook dargestellt, analysiert und bewertet. Das Verfahren kann damit Ausgangspunkt für eine noch bessere Abstimmung des Datenschutz- und Wettbewerbsrechts werden. Im Rahmen der nachfolgenden Untersuchung wird zum jeweiligen Untersuchungsgegenstand exemplarisch auf dieses Verfahren Bezug genommen.

a) Missbrauch durch Datenschutzverstoß auf Basis der Generalklausel

Die folgende Zusammenstellung von Äußerungen zeigt, dass eine kartellbehördliche Befassung mit datenschutzrechtlichen Aspekten Ängste schürte bzw. nach wie vor schürt, insbesondere unter Kartellrechtlern: Das Datenschutzrecht dürfe nicht durch die Anwendung kartellrechtlicher Vorgaben durchgesetzt werden.[303] Das Kartellrecht sei kein Universalinstrument für die Lösung aller gesellschaftlichen Probleme.[304] Es müsse vor einer Instrumentalisierung geschützt werden, die Durchsetzung des Kartellrechts dürfe seine Konturen nicht verlieren.[305] Die Kartellaufsicht dürfe nicht zu einer „Über-Behörde" aufsteigen, die für die Ahndung jeglicher (außerkartellrechtlicher) Rechtsverstöße zuständig sei.[306] Ließe man die Durchsetzung datenschutzrechtlicher Vorgaben zu, drohe eine Bagatellisierung des Missbrauchstatbestandes nach § 19 GWB.[307]

Dennoch befasste sich das Bundeskartellamt im Missbrauchskontrollverfahren gegen Facebook mit der Einbeziehung von datenschutzrechtlichen Vorgaben in die kartellrechtliche Missbrauchskontrolle und führte im Ergebnis aus:

> *„Das missbräuchliche Verhalten besteht im Kern in der Verwendung und Durchführung von durch Richtlinien konkretisierten Nutzungsbedingungen gegenüber einer bestimmten Gruppe von Nutzern („private Nutzer"), deren Bestimmungen bestimmte*

303 *Körber*, WuW 2015, S. 120 (132) und NZKart 2016, S. 348 (353); i.E. *Frenz*, EWS 2014, S. 193 (200).

304 Ebd.

305 *Körber*, NZKart 2016, S. 348 (353); *Ackermann*, NZKart 2016, S. 397; *Nuys*, WuW 2016, S. 512 (520), i.E. *Satzky*, NZKart 2018, S. 554 (560); *Franck*, ZWeR 2016, S. 136 (159).

306 *Körber*, NZKart 2016, S. 348 (353); *Ackermann*, NZKart 2016, S. 397.

307 *Telle*, WRP 2016, S. 814 (818).

Datenverarbeitungskategorien („Erfassen", „Verknüpfen", „Verwenden") bezüglich bestimmter Datentypen („nutzer- und gerätebezogene Daten") aus bestimmten Quellen außerhalb des Dienstes Facebook.com (konzerneigene Dienste und Facebook Business Tools) erlauben und so im Ergebnis eine Zusammenführung von weitgehend nicht eingegrenzten personenbezogenen Daten aus den genannten Quellen und deren Nutzung, insbesondere auch die kombinierte Nutzung durch die Betreibergesellschaft von Facebook.com ausbedingen."[308]

Dieses – nach hier vertretenem Verständnis begrüßenswerte – Verfahrensergebnis polarisiert. Für die einen ist die Vorgehensweise des Bundeskartellamtes nur schwer nachvollziehbar[309], für die anderen der langerwartete Abschluss des Entwicklungsprozesses[310] hin zu einer (auch) verbraucherschützenden Zielrichtung des Kartellrechts.

Nachdem sich das OLG Düsseldorf mit seiner Entscheidung[311] auf die Seite derer stellte, die keinen Zusammenhang zwischen den Wertungen des Kartell- und Datenschutzrechts sehen, hat der BGH nunmehr – auf die Rechtsbeschwerde des Bundeskartellamtes hin – den Beschluss des OLG Düsseldorf aufgehoben und erklärt, dass keine ernsthaften Zweifel bestünden, „dass Facebook mit den vom Bundeskartellamt untersagten Nutzungsbedingungen seine marktbeherrschende Stellung dadurch missbräuchlich ausnutzt, dass die private Nutzung des Netzwerks von der Befugnis Facebooks abhängig gemacht wird, ohne weitere Einwilligung der Nutzer außerhalb von facebook.com generierte nutzer- und nutzergerätebezogene Daten [...] mit den personenbezogenen Daten zu verknüpfen, die aus der Facebook-Nutzung selbst entstehen, und solche verknüpften Daten zu verarbeiten."[312] Dieser Beschluss des BGH ist in seiner Deutlichkeit sehr zu begrüßen.

---

308 *BKartA*, Beschl. v. 6.02.2019 – B6-22/16 – Facebook-Verfahren, S. 217 Rn. 918.

309 *Louven*, CR 2019, S. 352 (358) hält die Entscheidung des Bundeskartellamtes für „dogmatisch fragwürdig". Dabei wird argumentiert, dass die Entscheidung nicht mehr auf den Wettbewerbsschutz abziele bzw. nicht mehr vom Zweck des Wettbewerbsrechts getragen werde. Dem ist nicht so. Das Bundeskartellamt überprüft die Datenverarbeitungsbedingungen gerade zum Zwecke des Wettbewerbsschutzes, eine klare Trennung zwischen Datenschutz- und Wettbewerbsrecht ist insoweit gar nicht möglich bzw. nötig. Keineswegs verfolgt die Behörde nur das Ziel die Verbraucher in ihrem Recht auf informationelle Selbstbestimmung zu schützen. Wie bereits ausgeführt, sind das Datenschutz- und Kartellrecht zwei Seiten derselben Medaille.

310 *Paal*, NZKart 2018, S. 157 (157) spricht von einer grundlegenden Weichenstellung für das Verhältnis von Kartellrecht und Datenschutzrecht.

311 OLG Düsseldorf, Beschl. v. 26.08.2019 – VI-Kart 1/19 (V) – K&R 2019, 661.

312 BGH, Beschl. v. 23.06.2020 – KVR 69/19 – WRP 2020, 1316.

aa) Zur Berücksichtigung des Datenschutzrechts im Rahmen der Missbrauchskontrolle

Bevor die Vereinbarkeit der von Facebook gestellten Konditionen mit dem Datenschutzrecht geprüft werden konnte, bedurfte es der Feststellung eines Einfallstores für außerkartellrechtliche Wertungen. Dieses Einfallstor ist die Generalklausel des Missbrauchstatbestandes gemäß § 19 Abs. 1 GWB. Grundlage dafür ist eine gefestigte BGH-Rechtsprechung zu § 19 Abs. 1 GWB, auf die im Folgenden Bezug genommen wird.

(1) Grundlagen der Missbrauchskontrolle

Grundsätzlich ist im Rahmen von § 19 GWB zwischen den beiden Formen des Ausbeutungs- und des Behinderungsmissbrauchs zu unterscheiden. Die Kontrolle eines Ausbeutungsmissbrauchs zielt auf den Schutz vor- und nachgelagerter Wirtschaftsstufen, und damit auch der Verbraucher, vor der Machtausübung der marktbeherrschenden Unternehmen ab.[313] Insoweit besteht primär eine vertikale Schutzrichtung. Der Behinderungsmissbrauch zielt hingegen in horizontaler Richtung auf den Schutz vor Beschränkungen des noch vorhandenen Restwettbewerbs ab, also auf den Schutz der noch vorhandenen Mitbewerber.[314]

Den verschiedenen Schutzrichtungen folgend wird im Rahmen der Regelbeispiele von § 19 Abs. 2 GWB allgemein zwischen Ausbeutungsmissbrauch gemäß § 19 Abs. 2 Nr. 2 und 3 GWB und Behinderungsmissbrauch gemäß § 19 Abs. 2 Nr. 1 und 4 GWB differenziert.[315] Darüber hinaus ist gemäß § 19 Abs. 1 GWB die missbräuchliche Ausnutzung einer marktbeherrschenden Stellung durch ein oder mehrere Unternehmen verboten. Abs. 1 gilt als Generalklausel des Missbrauchstatbestands, also auch für Sonderfälle bzw. besondere Anwendungssituationen des Ausbeutungs- und Behinderungsmissbrauchs.[316] Eine Vermischung der Aspekte eines Ausbeutungs- und eines Behinderungsmissbrauchs ist somit möglich.[317]

---

313 *Bechtold/Bosch*, GWB, § 19 Rn. 53.

314 *Bechtold/Bosch*, GWB, § 19 Rn. 53.

315 *Fuchs*, in: Immenga/Mestmäcker, WettbR, GWB § 19 Rn. 18; zum Verhältnis von Datenschutz- und Kartellrecht im Rahmen des Behinderungsmissbrauchs gemäß § 19 Abs. 2 Nr. 4 GWB siehe dazu unten S. 109.

316 BGH, Urt. v. 24.01.2017 – KZR 47/14 – VersR 2017, 775; BGH, Urt. v. 7.6.2016 – KZR 6/15 – NJW 2016, 2266, BGH, Urt. v. 6.11.2013 – KZR 58/11 – BGHZ 199, 1; *Fuchs*, in: Immenga/Mestmäcker, WettbR, GWB, § 19 Rn. 82.

317 *Monopolkommission*, 22. Hauptgutachten, S. 254 Rn. 657.

Bezüglich der datenschutzrechtswidrigen Konditionen wäre zunächst an die ausdrücklich normierte Konditionenkontrolle in § 19 Abs. 2 Nr. 2 GWB zu denken. Die Norm umfasst die beiden Formen der behördlichen Preishöhen- und Konditionenkontrolle.[318] Nach § 19 Abs. 2 Nr. 2 GWB liegt ein Preishöhen- oder Konditionenmissbrauch insbesondere vor, wenn das Unternehmen Entgelte oder sonstige Geschäftsbedingungen fordert, die von denjenigen abweichen, die sich bei wirksamem Wettbewerb mit hoher Wahrscheinlichkeit ergeben würden; hierbei sind insbesondere die Verhaltensweisen von Unternehmen auf vergleichbaren Märkten mit wirksamem Wettbewerb zu berücksichtigen.

Der Maßstab für die Annahme einer Missbräuchlichkeit im Sinne von § 19 Abs. 2 Nr. 2 1. Hs. GWB ist dem Wortlaut nach das Konzept des Als-Ob-Wettbewerbs.[319] Demnach ist entscheidend, welche Preise oder Konditionen sich bei hypothetischem Wettbewerb auf einem hypothetischen Markt herausbilden würden.[320] In § 19 Abs. 2 Nr. 2 2. Hs. und Nr. 3 GWB hat der Gesetzgeber als Hilfskriterium zudem das sogenannte Vergleichsmarktkonzept in das GWB implementiert. Demnach ist „insbesondere" auf das Vergleichsmarktkonzept zurückzugreifen, welches auf das Verhalten anderer Unternehmen oder des eigenen Unternehmens (im Strukturmissbrauch) auf vergleichbaren Märkten abstellt, um die Missbräuchlichkeit zu ermitteln.[321]

Die Anwendung des Vergleichsmarktkonzepts bzw. des Regelbeispiels gemäß § 19 Abs. 2 Nr. 2 GWB ist hinsichtlich der Einbeziehung datenschutzrechtlicher Aspekte allerdings – wie zu zeigen sein wird – nicht zielführend.

(2) Analoge Anwendung der Grundsätze der Preishöhenkontrolle

Diskutiert wird vor diesem Hintergrund, ob im Hinblick auf die Datenverarbeitung durch ein Unternehmen wie im Fall eines Preishöhenmissbrauchs vorzugehen sei.[322] So kann ein (Entgelt-) Ausbeutungsmissbrauch nach § 19 Abs. 2 Nr. 2 GWB angenommen werden, wenn das Unternehmen höhere Preise verlangt als dies bei wirksamem Wettbewerb auf einem hypothetischen oder

318 *Loewenheim*, in: LMRKM, Kartellrecht, GWB, § 19 Rn. 67.

319 *Loewenheim*, in: LMRKM, Kartellrecht, GWB, § 19 Rn. 69; *Lorenz*, in: Berg/Mäsch, Deutsches und Europäisches Kartellrecht, GWB, § 19 Rn. 63.

320 *Fuchs/Möschel*, in: Immenga/Mestmäcker, WettbR, GWB, § 19 Rn. 259.

321 BGH, Urt. v. 06.11.1984 – KVR 13/83 – NJW 1986, 846.

322 *Monopolkommission*, 22. Hauptgutachten, S. 255 Rn. 661; grds. zum Konditionenmissbrauch und der Anwendung herkömmlicher Konzepte: *Lorenz*, in: Berg/Mäsch, Deutsches und Europäisches Kartellrecht, GWB, § 19 Rn. 91.

tatsächlich vergleichbaren Markt möglich wäre. Im Zusammenhang mit überhöhten Preisen für bestimmte Produkte mag das Konzept des Als-Ob-Wettbewerbs, auch unter Heranziehung des Vergleichsmarktkonzeptes, durchaus als belastbare Grundlage dienen. Die Preishöhe ließe sich in diesem Kontext verhältnismäßig leicht bestimmen und analysieren.

Fraglich ist, ob man diese Grundsätze analog auf die Verarbeitung personenbezogener Daten übertragen kann. In Anlehnung an den Fall der Forderung überhöhter Preise wäre allenfalls darüber nachzudenken, dass ein Missbrauch im Falle von Datenverarbeitungen dann vorliegt, wenn das Unternehmen „mehr" oder „weitreichender" personenbezogene Daten verarbeitet und den Nutzern abverlangt als dies bei wirksamem Wettbewerb der Fall wäre.[323] Das Abstellen lediglich auf die Quantität der Datenverarbeitung würde jedoch zu einigen rechtlichen Ungenauigkeiten führen, insbesondere vor dem Hintergrund der Beachtung datenschutzrechtlicher Grundsätze. Zwar mag die Anzahl der verarbeiteten Daten ein Indiz für aus datenschutzrechtlicher (und gemäß § 18 Abs. 3a Nr. 4 GWB auch aus kartellrechtlicher) Sicht problematische Sachverhalte sein.

Allerdings ist die Qualität der Verarbeitung, also die Beachtung datenschutzrechtliche Parameter, wie z.B. der Rechtmäßigkeit, Zweckbindung und Transparenz einer Datenverarbeitung, ein besonders gewichtiger Aspekt, der gemeinhin in den Geschäftsbedingungen des jeweiligen Unternehmens geregelt wird. Vor allem wäre zu fragen, wann es sich um eine „besonders weitreichende" Datenverarbeitung handelt bzw. wann „besonders viele" und wann angemessen viele Daten verarbeitet werden.[324] Ein derart unbestimmter Ansatz vermag vor allem nicht die wechselseitigen Zusammenhänge zwischen Kartell- und Datenschutzrecht abzubilden. Neben dem im Datenschutzrecht anzutreffenden Phänomen „Privacy Paradox"[325] zeigen auch die Schwierigkeiten bei der Nachweisbarkeit einer „weitreichenderen" Datenverarbeitung als unter den Bedingungen eines funktionierenden Wettbewerbs dem hier vorgestellten Ansatz Grenzen auf. Auch eine Konkretisierung durch das Vergleichsmarktkonzept kann nicht über

323 *Monopolkommission*, 22. Hauptgutachten, S. 256 Rn. 665.

324 Auch die Monopolkommission gesteht ein, dass die Umsetzung in der Praxis sowie zunächst einmal der Nachweis einer Ausbeutung durch umfangreichere Datenverarbeitungen nicht gangbar wäre: *Monopolkommission*, 22. Hauptgutachten, S. 256 Rn. 666 ff.

325 Siehe dazu S. 55.

die Unzulänglichkeiten des Ansatzes bei der Anwendung auf die Datenverarbeitungen hinweghelfen. [326]

(3) Modifizierte Anwendung der Grundsätze der Preishöhenkontrolle

Ein weiterer Ansatz kann darin zu erblicken sein, die Grundsätze der Preishöhenkontrolle auf die Konditionenkontrolle unter Berücksichtigung der in diesem Zusammenhang entwickelten Besonderheiten anzuwenden.[327] Geboten ist demnach eine „Gesamtbetrachtung des Leistungsbündels" unter „Bepreisung" bzw. Quantifizierung der einzelnen Konditionen.[328] Das normative Unwerturteil leitet sich dann aus einem Vergleich des Wertverhältnisses von geforderter und gebotener Gegenleistung ab.[329] Die ungünstige Wirkung einer Klausel kann durch die günstige Wirkung anderer Konditionen oder durch die Preisgestaltung ausgeglichen werden.[330] Sind auf dem hypothetischen oder tatsächlichen Markt die fraglichen Geschäftsbedingungen nicht durchsetzbar, dann ist davon auszugehen, dass das Unternehmen seine marktbeherrschende Stellung missbräuchlich ausgenutzt hat.[331]

Dieses Konzept stößt jedoch bereits im Bereich der klassischen (analogen) einseitigen Märkte auf erhebliche Probleme, etwa wenn bspw. Gewährleistungsregelungen oder ähnliche Vereinbarungen quantifiziert und gegenseitig ausgeglichen werden sollen.[332] Wenn das Vergleichsmarktkonzept bereits in diesem Bereich einigen Ungenauigkeiten[333] ausgesetzt ist und diesbezüglich an seine Grenzen stößt, entziehen sich die umfangreichen und zunehmend komplexeren Nutzungsbedingungen hinsichtlich der Datenverarbeitungen auf mehrseitigen Märkten erst recht einer solchen Quantifizierung.[334] Man stelle sich die Frage,

---

326 Alternativ auf das Vergleichsmarktkonzept abstellend: *Monopolkommission*, 22. Hauptgutachten, S. 256 Rn. 668.

327 *Nothdurft*, in: Langen/Bunte, Kartellrecht, GWB, § 19 Rn. 183 ff.

328 BGH, Urt. v. 06.11.1984 – KVR 13/83 – NJW 1986, 846.

329 *Nothdurft*, in: Langen/Bunte, Kartellrecht, GWB, § 19 Rn. 183.

330 BGH, Urt. v. 06.11.1984 – KVR 13/83 – NJW 1986, 846.

331 *Wissenschaftliche Dienste des Bundestages*, Sachstand zum Verbot des Missbrauchs einer marktbeherrschenden Stellung – Das Facebook-Verfahren des Bundeskartellamtes, WD 7-3000-078/18, S. 8, https://www.bundestag.de/resource/blob/556716/0f118aa5c4e46e7dc0ea287460bd6170/WD-7-078-18-pdf-data.pdf, Abrufdatum: 9.07.2019.

332 *Nothdurft*, in: Langen/Bunte, Kartellrecht, GWB, § 19 Rn. 184; BGH, Urt. v. 06.11.1984 – KVR 13/83 – NJW 1986, 846.

333 *Loewenheim*, in: LMRKM, Kartellrecht, GWB, § 19 Rn. 70.

334 Nach *Nothdurft*, in: Langen/Bunte Kartellrecht, GWB, § 19 Rn. 184 kann eine Gesamtbetrachtung nicht gelingen.

wie eine womöglich datenschutzrechtswidrige Datenverarbeitungsklausel durch eine andere „günstigere“ Klausel ausgeglichen werden kann. Die Anwendung der Konditionenkontrolle unter Übertragung der Grundsätze der Preishöhenkontrolle in quantitativer Hinsicht vermag nicht zu überzeugenden Ergebnissen zu gelangen.[335]

Zudem wird die Frage nach der Durchsetzbarkeit von Konditionen im Unternehmen-Verbraucher-Verhältnis immer auch in einem engen Zusammenhang mit dem tatsächlichen Verhalten eines Durchschnittsnutzers stehen. Für Durchschnittsnutzer ist der Datenschutz nach wie vor kein im Vordergrund stehendes Thema, die personenbezogenen Daten werden oft ohne Zurückhaltung bzw. Beschränkungen preisgegeben. Aufgrund dieses unberechenbaren Verhaltens kann auch nicht sicher gesagt werden, dass sich die problematischen Konditionen bei wirksamem Wettbewerb nicht durchsetzen lassen. Möglich ist, dass Nutzern die unzulässigen Konditionen bereits bekannt sind und diese sich bewusst für eine Datenpreisgabe entschieden haben. Auch bei wirksamem Wettbewerb wäre es somit potentiell möglich, dass das fragliche Unternehmen die unzulässigen Konditionen von Nutzern abverlangen kann. Solche hypothetischen Überlegungen sind sonach nicht geeignet, einen Missbrauch durch die Verwendung datenschutzrechtswidriger Konditionen festzustellen.

(4) Allgemeine gesetzliche Wertungen als Maßstab der Missbräuchlichkeit

In der Konsequenz wendet das Bundeskartellamt die Generalklausel des Missbrauchstatbestandes gemäß § 19 Abs. 1 GWB an. Beurteilungsmaßstab ist insoweit eine Abweichung von den allgemeinen gesetzlich geregelten Gerechtigkeitsvorstellungen.[336]

Grundlage der diesbezüglichen Ausführungen im Facebook-Verfahren sind die Grundsatzentscheidungen des BGH zu § 19 Abs. 1 GWB.[337] Das Gericht hat seinerzeit festgestellt, dass die Verwendung unzulässiger Geschäftsbedingungen grundsätzlich einen Missbrauch im Sinne von § 19 Abs. 1 GWB darstellen könne.[338] Dies gelte insbesondere dann, wenn die Vereinbarung der unwirksamen

---

335 S.a. *Nothdurft*, in: Langen/Bunte, Kartellrecht, GWB, § 19 Rn. 184, 186.

336 *Fuchs/Möschel*, in: Immenga/Mestmäcker, WettbR, GWB, § 19 Rn. 256; BGH, Urt. v. 6.11.1984 – KVR 13/83 – NJW 1986, 846.

337 BGH, Urt. v. 24.01.2017 – KZR 47/14 – VersR 2017, 775; BGH, Urt. v. 7.6.2016 – KZR 6/15 – NJW 2016, 2266, BGH, Urt. v. 6.11.2013 – KZR 58/11 – BGHZ 199, 1.

338 BGH, Urt. v. 24.01.2017 – KZR 47/14 – VersR 2017, 775; BGH, Urt. v. 7.6.2016 – KZR 6/15 – NJW 2016, 2266, BGH, Urt. v. 6.11.2013 – KZR 58/11 – BGHZ 199, 1.

Klausel Ausfluss der Marktmacht oder einer großen Machtüberlegenheit des Verwenders sei.[339] Ein Ausbeutungsmissbrauch in Form eines Konditionenmissbrauchs fiele demnach unter die Generalklausel nach § 19 Abs. 1 GWB, die diesbezüglich als Beurteilungsmaßstab gelte.[340] Zudem erklärte der BGH, dass bei der Prüfung eines Konditionenmissbrauchs nach § 19 Abs. 1 GWB – außerhalb des Kartellrechts liegende – gesetzgeberische Wertentscheidungen, wie sie bspw. in den §§ 307 ff. BGB zum Ausdruck kommen, berücksichtigt werden können.[341] Schließlich wies der BGH auf die im Rahmen von § 19 Abs. 1 GWB vorzunehmende Interessenabwägung hin, in die grundrechtlich geschützte Positionen der Parteien – die aufgrund der mittelbaren Drittwirkung der Grundrechte auch zwischen Privaten zu beachten sind – eingestellt werden können.[342]

Eine Einbeziehung außerkartellrechtlicher gesetzgeberischer Wertentscheidungen in eine Beurteilung nach § 19 Abs. 1 GWB ist – nach hier vertretener Ansicht – auch gerechtfertigt bzw. sogar notwendig.[343] Verstößt ein marktbeherrschendes Unternehmen gegen außerkartellrechtliche Vorgaben, sind die Reaktionsmöglichkeiten der jeweiligen Vertragspartner auf anderen (vor- oder nachgeschalteten) Marktstufen erheblich eingeschränkt.[344] Im Falle eines funktionierenden Wettbewerbs könnten die schutzwürdigen Parteien potentiell dadurch reagieren, indem sie das „rechtswidrig verhaltende" Unternehmen meiden und zu „rechtmäßig verhaltenden" Mitbewerbern wechseln.[345] Insofern würde ein funktionierender Wettbewerb dazu beitragen, dass die Marktgegenseite regelmäßig selbstbestimmt handeln und insofern das rechtswidrige

339 BGH, Urt. v. 24.01.2017 – KZR 47/14 – VersR 2017, 775; BGH, Urt. v. 7.6.2016 – KZR 6/15 – NJW 2016, 2266, BGH, Urt. v. 6.11.2013 – KZR 58/11 – BGHZ 199, 1.

340 BGH, Urt. v. 24.01.2017 – KZR 47/14 – VersR 2017, 775; BGH, Urt. v. 7.6.2016 – KZR 6/15 – NJW 2016, 2266, BGH, Urt. v. 6.11.2013 – KZR 58/11 – BGHZ 199, 1.

341 BGH, Urt. v. 24.01.2017 – KZR 47/14 – VersR 2017, 775; BGH, Urt. v. 7.6.2016 – KZR 6/15 – NJW 2016, 2266, BGH, Urt. v. 6.11.2013 – KZR 58/11 – BGHZ 199, 1.

342 BGH, Urt. v. 7.6.2016 – KZR 6/15 – NJW 2016, 2266.

343 *Nothdurft*, in: Langen/Bunte, Kartellrecht, GWB, § 19 Rn. 203; *BKartA*, Beschl. v. 6.02.2019 – B6-22/16 – Facebook-Verfahren, S. 169 ff.; s.a. *Pomana/Schneider*, BB 2018, S. 965 (971); BGH, Beschl. v. 23.06.2020 – KVR 69/19 – WRP 2020, 1316, m. Anm. *Buchner*, WRP 2020, S. 1401 ff.; a.A. OLG Düsseldorf, Beschl. v. 26.08.2019 – VI-Kart 1/19 (V) – K&R 2019, 661.

344 *Nothdurft*, in: Langen/Bunte, Kartellrecht, GWB, § 19 Rn. 205: „…Einschränkung der Ausweich- und Rechtsdurchsetzungsmöglichkeiten…".

345 Als-Ob-Wettbewerb-Maßstab: Würde wirksamer Wettbewerb bestehen, könnten die schutzwürdigen Parteien das unternehmerische Verhalten verhältnismäßig einfach sanktionieren, siehe *Nothdurft*, in: Langen/Bunte, Kartellrecht, GWB, § 19 Rn. 196.

Verhalten eines Unternehmens über den Wettbewerb sanktionieren kann.[346] Der Rückgriff auf außerkartellrechtliche Normen wäre insofern nicht erforderlich, da außerkartellrechtliche Belange bereits (mittelbar) durch die Umsetzung des primären Schutzzwecks des Kartellrechts, die Gewährleistung eines funktionsfähigen und wirksamen Wettbewerbs, durchgesetzt werden können.[347] Dieser Schutz durch den Wettbewerb versagt jedoch gerade dann, wenn der Wettbewerb durch marktbeherrschende Stellungen von Marktteilnehmern in seiner Funktionsfähigkeit eingeschränkt wird und die Situation eingetreten ist, die § 19 GWB letztlich regeln soll.[348] Dann wirkt sich das bestehende Machtgefälle im Anbieter-Nachfrager- oder Unternehmer-Verbraucher-Verhältnis regelmäßig zu Lasten der schwächeren und damit schutzwürdigen Partei aus, weder ein Ausweichen auf Mitbewerber noch die Durchsetzung der eigenen Rechte lassen sich dann in verhältnismäßiger Weise realisieren.[349] Bevor sich derartige Marktverhältnisse auf die Rechte der betroffenen Personen auswirken und Zustände geschaffen werden, die nicht mehr rückgängig zu machen sind[350], ist eine Berücksichtigung außerkartellrechtlicher Belange – im Sinne einer ultima ratio – geboten.[351] Dies entspricht letztlich dem Sinn und Zweck von § 19 GWB, der darin liegt, Grundrechtspositionen vor der Ausübung privater Macht über den Marktprozess zu schützen, vertragstechnische Ungleichgewichte[352] zu

---

346 *Lettl*, WuW 2016, S. 214 (220); *Nothdurft*, in: Langen/Bunte, Kartellrecht, GWB, § 19 Rn. 195.

347 *Pomana/Schneider*, BB 2018, S. 965 (971); *Nothdurft*, in: Langen/Bunte, Kartellrecht, GWB, § 19 Rn. 195.

348 *Nothdurft*, in: Langen/Bunte, Kartellrecht, GWB, § 19 Rn. 195 u. 203.

349 *Nothdurft*, in: Langen/Bunte, Kartellrecht, GWB, § 19 Rn. 203.

350 Bspw. können vorgenommene Datenverarbeitungen und der damit einhergehende Eingriff in das Recht auf informationelle Selbstbestimmung oft nicht rückwirkend beseitigt werden. Die Verarbeitung personenbezogener WhatsApp-Daten durch Facebook wird trotz entgegenstehender Rechtsprechung fortgesetzt. In der Folge werden die Rechte der betroffenen Personen erheblich verletzt, insbesondere eine umfassende Trennung von Facebook - und WhatsApp-Daten ließe sich im Nachhinein nur schwierig bewerkstelligen.

351 Vgl. *Nothdurft*, in: Langen/Bunte, Kartellrecht, GWB, § 19 Rn. 203.

352 *BKartA*, Beschl. v. 6.02.2019 – B6-22/16 – Facebook-Verfahren, S. 169 ff.; *Monopolkommission*, 22. Hauptgutachten, S. 257 Rn. 673: „Störung des Machtverhältnisses zwischen Anbieter und Abnehmer".

beheben und die Fremdbestimmung bei Vertragsverhandlungen auf dem relevanten Markt zu verhindern.[353]

Das Bundeskartellamt stellt im Facebook-Verfahren deshalb folgerichtig fest, dass auch datenschutzrechtliche Vorgaben – als außerkartellrechtliche Vorgaben im Sinne der BGH-Rechtsprechung – Beurteilungsmaßstab im Rahmen der Generalklausel gemäß § 19 Abs. 1 GWB sein können. Das Datenschutzrecht sei im nicht-öffentlichen Bereich „spezielles Wirtschaftsrecht".[354] Mittels datenschutzrechtlicher Vorgaben solle ein Interessenausgleich zwischen dem Unternehmer und Verbrauchern als betroffene Personen herbeigeführt werden. Diese Sichtweise verdient Zustimmung, da durch diese Vorgaben rechtliche Rahmenbedingungen für eine Datenverarbeitung in einer Anbieter-Nachfrager- oder aber einer Unternehmer-Verbraucher-Beziehung geschaffen werden, die gewährleisten sollen, dass die Personen, die sich in einer schwächeren Verhandlungsposition befinden, selbstbestimmt und freiwillig über den Umgang mit den sie betreffenden personenbezogenen Daten entscheiden können.[355]

bb) Darstellung der konkreten Wechselwirkungen zwischen Datenschutz- und Kartellrecht im Facebook-Verfahren

Das Bundeskartellamt setzt sich unter dem Gesichtspunkt des „Konditionenmissbrauchs gemäß § 19 Abs. 1 GWB" mit insgesamt vier voneinander abgrenzbaren Prüfungskomplexen auseinander. Zuvörderst analysiert die Behörde das – soeben dargestellte – Verhältnis von Datenschutz- und Kartellrecht. Im Anschluss ordnet die Kartellbehörde – im wohl kürzesten Prüfungsabschnitt – sämtliche Datenverarbeitungsbestimmungen, die Facebook den Nutzern stellt, als (sonstige) Geschäftsbedingungen bzw. Konditionen im Sinne von § 19 GWB ein. Diese beiden Prüfungspunkte umfassen gewissermaßen die Eröffnung des kartellrechtlichen Anwendungsbereichs im Falle eines Datenschutzverstoßes auf Basis von Datenverarbeitungskonditionen.

Im dritten und zugleich umfangreichsten Prüfungskomplex untersucht die Behörde die datenschutzrechtliche Zulässigkeit der Datenverarbeitungen durch Facebook. Hierbei wird zunächst die Eröffnung des datenschutzrechtlichen

---

353 *BKartA*, Beschl. v. 6.02.2019 – B6-22/16 – Facebook-Verfahren, S. 169 Rn. 530; *Nothdurft*, in: Langen/Bunte, Kartellrecht, GWB, § 19 Rn. 195.

354 *BKartA*, Beschl. v. 6.02.2019 – B6-22/16 – Facebook-Verfahren, S. 169 Rn. 530.

355 *Monopolkommission*, 68. Sondergutachten, S. 173 Rn. 523: Zuweisung der Entscheidungsgewalt über die Daten; *Nothdurft*, in: Langen/Bunte, Kartellrecht, GWB, § 19 Rn. 205; *Pomana/Schneider*, BB 2018, S. 965, 971.

Anwendungsbereichs geprüft, dabei spielen die Prüfungspunkte der Personenbezogenheit der verarbeiteten Daten sowie die Verantwortlichkeiten im Zusammenhang mit der Datenverarbeitung eine wichtige Rolle. Hinsichtlich der datenschutzrechtlichen Zulässigkeit prüfte die Kartellbehörde sodann sämtliche Erlaubnistatbestände gemäß Art. 6 Abs. 1 lit. a-f DS-GVO, wobei der Schwerpunkt auf der Einwilligung gemäß Art. 6 Abs. 1 lit. a DS-GVO sowie der gesetzlichen Erlaubnistatbestände Art. 6 Abs. 1 lit. b und f DS-GVO lag. Schließlich untersuchte die Behörde – im Sinne einer sich schließenden Klammer –, inwieweit der Datenschutzverstoß Ausfluss der Marktmacht von Facebook ist. Insoweit tritt der Charakter einer inzidenten datenschutzrechtlichen Prüfung im Rahmen des kartellrechtlichen Verfahrens deutlich hervor.

Im Folgenden beschränkt sich die Darstellung der behördlichen Entscheidungsgründe auf die konkreten Wechselbeziehungen zwischen dem Datenschutzrecht und der – in erster Linie kartellrechtlich relevanten – Marktbeherrschung.

(1) Einwilligung und Marktbeherrschung

Bei der Prüfung, ob eine wirksame Einwilligung vorliegt, erkennt das Bundeskartellamt wechselseitige Beziehungen zwischen dem Datenschutz- und Kartellrecht. Insoweit werden nicht nur datenschutzrechtliche Aspekte in die kartellrechtliche Prüfung eines Marktmachtmissbrauchs einbezogen, genauso gut können kartellrechtliche Aspekte, insbesondere die Marktstellung eines Unternehmens, in die datenschutzrechtliche Zulässigkeitsprüfung einer Datenverarbeitung einbezogen werden. Im Ergebnis stellt die Kartellbehörde fest, dass Facebook keine wirksame Einwilligung für die Datenverarbeitung aus unternehmenseigenen Drittquellen eingeholt hat.[356] Dabei befasst sich das Bundeskartellamt vor allem mit der Frage der Freiwilligkeit der Einwilligung, die Facebook seinen Nutzern abverlangt.[357]

Hierbei wird zunächst auf die zahlreichen Vorgaben zur Einwilligung in der DS-GVO Bezug genommen. Gemäß Art. 4 Nr. 11 DS-GVO ist die Einwilligung der betroffenen Person jede freiwillig für den bestimmten Fall, in informierter Weise und unmissverständlich abgegebene Willensbekundung in Form einer Erklärung oder einer sonstigen eindeutigen bestätigenden Handlung, mit

356 *BKartA*, Beschl. v. 6.02.2019 – B6-22/16 – Facebook-Verfahren, S. 206 Rn. 639 ff.

357 Zur *Freiwilligkeit* der Einwilligung: *BKartA*, Beschl. v. 6.02.2019 – B6-22/16 – Facebook-Verfahren, S. 207 Rn. 641 ff. u. S. 210 651 ff.; Zur *Ausdrücklichkeit* der Einwilligung: *BKartA*, Beschl. v. 6.02.2019– B6-22/16 – Facebook-Verfahren, S. 209 Rn. 647 ff.

der die betroffene Person zu verstehen gibt, dass sie mit der Verarbeitung der sie betreffenden personenbezogenen Daten einverstanden ist. Konkretisierend wird in ErwG 42 S. 5 der DS-GVO ausgeführt, dass nur dann von der Freiwilligkeit ausgegangen werden soll, wenn die betroffene Person eine echte oder freie Wahl hat und somit in der Lage ist, die Einwilligung zu verweigern oder zurückzuziehen, ohne Nachteile zu erleiden. Die Behörde erklärt das Freiwilligkeitsprinzip in diesem Zusammenhang zum „Kernelement des Datenschutzrechts".[358]

Das Bundeskartellamt geht sodann auf das sog. Koppelungsverbot nach Art. 7 Abs. 4 DS-GVO ein. Demnach ist bei der Beurteilung, ob die Einwilligung freiwillig erteilt wurde, dem Umstand in größtmöglichem Umfang Rechnung zu tragen, ob unter anderem die Erfüllung eines Vertrags (einschließlich der Erbringung einer Dienstleistung) von der Einwilligung zu einer Verarbeitung von personenbezogenen Daten abhängig ist, die für die Erfüllung des Vertrags nicht erforderlich sind. Art. 7 Abs. 4 DS-GVO sei dabei stets in einer Zusammenschau mit ErwG 43 S. 1 der DS-GVO zu betrachten.[359] Konkretisierend heißt es dort, dass die Einwilligung keine gültige Rechtsgrundlage liefern sollte, wenn zwischen der betroffenen Person und dem Verantwortlichen ein klares Ungleichgewicht besteht. Dementsprechend erklärt das Bundeskartellamt, dass bei einer Koppelung der Erbringung der Dienstleistung an die Einwilligung in die Datenverarbeitung die Freiwilligkeit entfiele, wenn zwischen den Parteien ein klares Ungleichgewicht bestehe.[360] Ein derartiges klares Ungleichgewicht sei im Falle der marktbeherrschenden Stellung von Facebook anzunehmen.[361] Insofern führt das Bundeskartellamt auch die alte Rechtslage fort. Gemäß § 28 Abs. 3b BDSG a.F. war eine Einwilligung unwirksam, wenn dem Betroffenen ein anderer Zugang zu gleichwertigen vertraglichen Leistungen ohne die Einwilligung nicht oder nicht in zumutbarer Weise möglich ist. Der Zugang zu einer gleichwertigen Alternative war dann unzumutbar, wenn die Einwilligung im Rahmen eines Monopolvertrages abgegeben wurde.[362]

358 *BKartA*, Beschl. v. 6.02.2019 – B6-22/16 – Facebook-Verfahren, S. 207 Rn. 644.

359 *BKartA*, Beschl. v. 6.02.2019 – B6-22/16 – Facebook-Verfahren, S. 207 Rn. 645.

360 *BKartA*, Beschl. v. 6.02.2019 – B6-22/16 – Facebook-Verfahren, S. 208 Rn. 646; BGH, Beschl. v. 23.06.2020 – KVR 69/19 – WRP 2020, 1316, m. Anm. *Buchner*, WRP 2020, S. 1401 ff.; a.A. OLG Düsseldorf, Beschl. v. 26.08.2019 – VI-Kart 1/19 (V) – K&R 2019, 661.

361 *BKartA*, Beschl. v. 6.02.2019 – B6-22/16 – Facebook-Verfahren, S. 208 Rn. 646.

362 *Gola*, in: Gola/Schomerus, BDSG a.F., § 28 Rn. 46.

(2) Gesetzliche Rechtfertigung und Marktbeherrschung

Dem Bundeskartellamt nach soll die marktbeherrschende Stellung eines Unternehmens auch in die Beurteilung der Erforderlichkeit für die Vertragserfüllung im Rahmen von Art. 6 Abs. 1 lit. b DS-GVO einfließen.[363] Demnach ist die Verarbeitung rechtmäßig, wenn die Verarbeitung für die Erfüllung eines Vertrags, dessen Vertragspartei die betroffene Person ist, erforderlich ist. Facebook stützt sich in seinen Datenverarbeitungskonditionen hauptsächlich auf ebendiesen Rechtfertigungstatbestand:

> *„Wir verwenden die uns zur Verfügung stehenden Informationen (vorbehaltlich der von dir getroffenen Auswahl) so, wie es weiter unten beschrieben ist, und um die in den Facebook-Nutzungsbedingungen und Instagram-Nutzungsbedingungen beschriebenen Facebook-Produkte und zugehörigen Dienste bereitzustellen und zu unterstützen. Dies geschieht folgendermaßen:*
>
> - *Bereitstellung, Personalisierung und Verbesserung unserer Produkte […],*
> - *Bereitstellung von Messungen, Analysen und sonstigen Unternehmens-Services […],*
> - *Förderung von Schutz, Integrität und Sicherheit […],*
> - *Kommunikation mit dir […],*
> - *Forschung und Innovation für soziale Zwecke […].“*[364]

Darüber hinaus führt Facebook die restlichen durch die DS-GVO vorgegebenen Rechtsgrundlagen (lit. a und lit. c-f) an, auf die sich das Unternehmen in bestimmten Fällen bei der Verarbeitung der personenbezogenen Daten noch stützt. Die Einwilligung vermag – wie soeben gezeigt – die Datenverarbeitungen auf Grundlage der Datenverarbeitungsbestimmungen nicht zu rechtfertigen.

Zunächst verweist das Bundeskartellamt hinsichtlich Art. 6 Abs. 1 lit. b DS-GVO auf eine enge Auslegung.[365] Demnach sei die Datenverarbeitung nur dann für die Vertragserfüllung erforderlich, wenn bei vernünftiger Betrachtung das Angewiesensein des Unternehmens auf das konkret in Frage stehende Mittel zu bejahen und ein Verzicht auf die Daten nicht sinnvoll oder unzumutbar sind.[366] Weiterhin solle die Bestimmung nicht für Situationen gelten, in denen die Verarbeitung für die Vertragserfüllung nicht wirklich notwendig ist, sondern der Vertragsinhalt und die Datenverarbeitung der betroffenen Person von dem für

---

363 *BKartA*, Beschl. v. 6.02.2019 – B6-22/16 – Facebook-Verfahren, S. 215 Rn. 666 ff.

364 Unter *„Wie verwenden wir diese Informationen?“*, https://www.facebook.com/policy.php, Abrufdatum: 11.02.2020.

365 *BKartA*, Beschl. v. 6.02.2019 – B6-22/16 – Facebook-Verfahren, S. 216 Rn. 671.

366 *BKartA*, Beschl. v. 6.02.2019 – B6-22/16 – Facebook-Verfahren, S. 216 Rn. 672.

die Verarbeitung Verantwortlichen einseitig auferlegt wird.[367] Diese Feststellungen würden auch weiterhin unter der DS-GVO gelten.[368] Da Facebook die vorgenannten Voraussetzungen erfülle, erklärt das Bundeskartellamt, dass sich das Unternehmen ohnehin nicht auf Art. 6 Abs. 1 lit. b DS-GVO stützen könne. Die oben dargestellten Datenverarbeitungsvorgänge seien insoweit nicht von Art. 6 Abs. 1 lit. b DS-GVO gedeckt. Daran ändere auch Art. 7 Abs. 4 DS-GVO nichts, vor allem werde durch das Koppelungsverbot keine Erweiterung der gesetzlichen Rechtfertigungsbestände bewirkt, mittels derer die hohen Anforderungen an eine Einwilligung umgangen werden könne.[369]

Weiterhin verweist die Kartellbehörde auf die Berücksichtigung der marktbeherrschenden Stellung von Facebook sowie auf die Berücksichtigung des durch Art. 7 Abs. 4 DS-GVO eingeführten Koppelungsverbotes bei der Bestimmung der Vertragserforderlichkeit. Nach den Ausführungen der Behörde müsse auch im Rahmen von Art. 6 Abs. 1 lit. b DS-GVO die Marktstellung des Verantwortlichen berücksichtigt werden, denn der Nutzer könne weder auf die in den Nutzungsbedingungen einseitig vorgegebenen Vertragsinhalte Einfluss nehmen, noch habe er wegen der bestehenden Marktbeherrschung die Möglichkeit, sich den Nutzungsbedingungen mit der Folge einer derartig weitgehenden Datenverarbeitung durch Wechsel des Anbieters zu entziehen.[370] Damit seien die oben dargestellten Datenverarbeitungen auf Grundlage von Art. 6 Abs. 1 lit. b DS-GVO rechtswidrig, es bedürfe stets einer freiwilligen Einwilligung gemäß Art. 6 Abs. 1 lit. a DS-GVO (, die es aber in der hier dargestellten Verarbeitungssituation nicht geben könne).[371]

Nach Auffassung des Bundeskartellamtes sei auch in der Interessenabwägung gemäß Art. 6 Abs. 1 lit. f DS-GVO ferner die Marktstellung eines Unternehmens

367 *BKartA*, Beschl. v. 6.02.2019 – B6-22/16 – Facebook-Verfahren, S. 216 Rn. 672.

368 *BKartA*, Beschl. v. 6.02.2019 – B6-22/16 – Facebook-Verfahren, S. 217 Rn. 674.

369 *BKartA*, Beschl. v. 6.02.2019 – B6-22/16 – Facebook-Verfahren, S. 217 Rn. 675.

370 *BKartA*, Beschl. v. 6.02.2019 – B6-22/16 – Facebook-Verfahren, S. 218 Rn. 677.

371 Insoweit greift die Kartellbehörde auch eine – noch heftig – umstrittene Frage aus dem Verhältnis Datenschutzrecht und AGB-Recht auf. Bspw. fordern *Wendehorst/Graf von Westphalen*, NJW 2016, S. 3745 (3747), dass lit. b immer dann nicht ausreichen kann, wenn die Verarbeitung der Daten zugleich Entgeltcharakter aufweist. Dann bedarf es stets einer Einwilligung, damit die in diesem Zusammenhang bestehenden Schutzmechanismen greifen bzw. nicht unterlaufen werden. Dies gilt unabhängig von der Marktstellung, aber wohl auch im Falle einer marktbeherrschenden Stellung. Diese Ansicht träte bspw. zusätzlich zur Argumentation des Bundeskartellamtes hinzu, die Verarbeitung der Daten besitzt hier einen Entgeltcharakter.

zu berücksichtigen. Neben der Ermittlung der jeweils betroffenen Interessen und Rechte und ihrer Berechtigung sei die Stellung des für die Datenverarbeitung Verantwortlichen und der betroffenen Person einschließlich einer marktbeherrschenden Stellung zu berücksichtigen. Dabei handele es sich um einen Schlüsselfaktor, der bei der Anwendung der Prüfung der Ausgewogenheit der Interessen zu berücksichtigen sei.[372]

(3) Datenschutzverstoß als Ausfluss von Marktmacht

Das Bundeskartellamt geht zuletzt unter dem Punkt „Ausfluss von Marktmacht" auf das Zusammenspiel von Datenschutz- und Kartellrecht ein. Dabei stützt sich die Behörde wiederum auf die bereits zitierte BGH-Rechtsprechung. Demnach müsse der Verstoß gegen die außerkartellrechtlichen Vorgaben „als Ausfluss der Marktmacht oder einer großen Machtüberlegenheit" erfolgen.[373] Ausreichend sei ein „normativ-kausaler" Zusammenhang zwischen der Normadressatenstellung und dem Verstoß gegen eine außerkartellrechtliche Vorschrift.[374] Demnach sei es ausreichend, wenn sich das Verhalten auf Grund der Marktbeherrschung im Ergebnis als wettbewerbsschädlich erweist. Unter diesem Prüfungspunkt zeigt das Bundeskartellamt nochmals auf, dass § 19 Abs. 1 GWB auch einer Vermischung der Aspekte des Ausbeutungs- und Behinderungsmissbrauchs offensteht: Zunächst erklärt die Behörde zusammenfassend, dass der Verstoß gegen datenschutzrechtliche Wertungen durch die Einschränkung der Selbstbestimmung im vorliegenden Fall entscheidend mit der marktbeherrschenden Stellung von Facebook verbunden sei. Hier werden dann nochmal alle bereits dargestellten Wechselbeziehungen durch die Behörde benannt und der (hier ausreichende) „normativ-kausale" Zusammenhang im Vertikalverhältnis zwischen Unternehmen und Verbraucher überzeugend bejaht. Im Anschluss erläutert und bestätigt das Bundeskartellamt den (ergebnis-)kausalen Zusammenhang zwischen den rechtswidrigen Datenverarbeitungskonditionen und der Marktbeherrschung im Hinblick auf mögliche Behinderungswirkungen gegenüber Mitbewerbern.[375]

---

372 *BKartA*, Beschl. v. 6.02.2019 – B6-22/16 – Facebook-Verfahren, S. 232 Rn. 730.

373 *BKartA*, Beschl. v. 6.02.2019 – B6-22/16 – Facebook-Verfahren, S. 274 Rn. 872.

374 *BKartA*, Beschl. v. 6.02.2019 – B6-22/16 – Facebook-Verfahren, S. 274 Rn. 873; s.a. BGH, Beschl. v. 23.06.2020 – KVR 69/19 – WRP 2020, 1316.

375 *BKartA*, Beschl. v. 6.02.2019 – B6-22/16 – Facebook-Verfahren, S. 278 Rn. 885.

cc) Bewertung des Facebook-Verfahrens und Zwischenergebnis

Das Bundeskartellamt befasst sich auf über 300 Seiten mit dem kartellrechtlichen Missbrauch einer marktbeherrschenden Stellung durch Datenschutzverstoß. Dabei überprüft die Behörde auf knapp 100 Seiten die datenschutzrechtliche Zulässigkeit der Datenverarbeitungen von Facebook hinsichtlich der personenbezogenen Daten aus (unternehmenseigenen) Drittquellen, wie bspw. WhatsApp. Damit ist das Bundeskartellamt die erste Behörde, die seit Geltung der DS-GVO derart ausführlich datenschutzrechtliche Vorgaben auslegt und anwendet. Unabhängig davon ist fraglich, ob in der Vergangenheit überhaupt schon mal eine solch detaillierte und gut strukturierte Prüfung der datenschutzrechtlichen Zulässigkeit einer Datenverarbeitung auf behördlicher oder gerichtlicher Ebene vorgenommen wurde.

Das Verfahren zeigt auf, in welch engem Zusammenhang das Kartell- und Datenschutzrecht stehen und welche Vorteile sich aus einer Abstimmung der Rechtsgebiete ergeben können. Durch die kartellbehördliche Befassung mit außerkartellrechtlichen Aspekten wird die Diskussion um die (auch) verbraucherschützende Dimension des Kartellrechts erneut angefacht, wobei die Angst vor der Schaffung einer neuen „Über-Behörde", die für die Lösung sämtlicher gesellschaftlicher Probleme zuständig ist, unbegründet erscheint.

Mit einer grundsätzlich markt- bzw. wettbewerbsbezogen Anwendung von § 19 Abs. 1 GWB wird verhindert, dass die Durchsetzung des Kartellrechts seine Konturen verliert und die gesamte Kartellaufsicht zu einer „Über-Behörde" aufsteigt, die für die Ahndung jeglicher (außerkartellrechtlicher) Rechtsverstöße zuständig ist.[376] Die außerkartellrechtliche Vorschrift muss in einem engen Zusammenhang mit einem Marktvorgang bzw. einem Marktverhalten stehen.[377] Von einem für die Anwendung von § 19 GWB erforderlichen Marktbezug einer (außerkartellrechtlichen)Vorschrift ist nach alledem immer dann auszugehen, wenn sie darauf abzielt, bestehende Machtungleichgewichte und daraus resultierende Benachteiligungen innerhalb einer vertraglichen Beziehung auszugleichen oder zu verhindern.[378] Dies ist stets dann der Fall, wenn die außerkartellrechtlichen Normen den Inhalt einer Anbieter-Nachfrager-Beziehung ausgestalten, also dem konkreten Marktverhalten des marktbeherrschenden

---

376 *Buchner*, WRP 2019, S. 1243 (1244).

377 *Nothdurft*, in: Langen/Bunte, Kartellrecht, GWB, § 19 Rn. 203; *Fuchs/Möschel*, in: Immenga/Mestmäcker, WettbR, GWB, § 19 Rn. 246.

378 Vgl. *Lettl*, WuW 2016, S. 214 (220).

Unternehmens Grenzen setzen und der Marktgegenseite Rechte verleihen.[379] Diese Restriktion bewirkt einen unmittelbaren Marktbezug sowie einen Bezug zu einer wirtschaftlich unternehmerischen Tätigkeit der außerkartellrechtlichen Normen[380], sodass insbesondere Umweltschutz-, Gesundheits- und vertriebsrechtliche Bestimmungen[381] dem Anwendungsbereich der Missbrauchskontrolle entzogen werden.[382]

Folge dieser marktbezogenen Anwendung von § 19 Abs. 1 GWB sind Entscheidungen und/oder Maßnahmen, die gleichzeitig den Verbraucher bei der Verarbeitung personenbezogener Daten durch ein marktbeherrschendes Unternehmen sowie den Wettbewerb bzw. die Mitbewerber schützen. Im Rahmen der Missbrauchskontrolle wird im Grundsatz zwischen dem Ausbeutungs- und dem Behinderungsmissbrauch unterschieden. Wie bereits oben beschrieben zielt die Kontrolle eines Ausbeutungsmissbrauchs auf den Schutz vor- und nachgelagerter Wirtschaftsstufen vor der Machtausübung der marktbeherrschenden Unternehmen ab.[383] Insoweit besteht primär eine vertikale, bereits auf den Verbraucher ausgerichtete Schutzrichtung. Der Behinderungsmissbrauch zielt hingegen primär – in horizontaler Richtung – auf den Schutz vor Beschränkungen des noch vorhandenen Restwettbewerbs ab, also auf den Schutz der noch vorhandenen Mitbewerber vor Behinderungen durch das marktbeherrschende Unternehmen. Diesen verschiedenen Schutzrichtungen folgend wird im Rahmen von § 19 Abs. 2 GWB allgemein zwischen Ausbeutungsmissbrauch gemäß § 19 Abs. 2 Nr. 2 und 3 GWB und Behinderungsmissbrauch gemäß § 19 Abs. 2 Nr. 1 und 4 GWB differenziert.[384] § 19 Abs. 1 GWB bildet die Generalklausel des Missbrauchstatbestands, sodass eine Vermischung der (Schutz-)Aspekte eines

---

379 *Nothdurft*, in: Langen/Bunte, Kartellrecht, GWB, § 19 Rn. 203; *Rempe*, K&R 2017, S. 149 (152); BGH spricht von einer Machtüberlegenheit, die in der Beziehung Anbieter-Nachfrager bzw. Unternehmer-Verbraucher im Regelfall anzutreffen ist, Urt. v. 6.11.2013 – KZR 58/11 – NZKart 2014, 31 (34).

380 *Nothdurft*, in: Langen/Bunte, Kartellrecht, GWB, § 19 Rn. 203; a.A. *Körber*, der darin nur einen mittelbaren Markbezug erkennt und diesen nicht für ausreichend hält, NZKart 2017, S. 349 (354).

381 Beispiele nach *Körber*, NZKart 2017, S. 349 (354).

382 *Nothdurft*, in: Langen/Bunte, Kartellrecht, GWB, § 19 Rn. 204; s.a. *Buchner*, WRP 2019, S. 1243 (1244).

383 *Bechtold/Bosch*, GWB, § 19 Rn. 53.

384 *Fuchs*, in: Immenga/Mestmäcker, WettbR, GWB § 19 Rn. 18; zum Verhältnis von Datenschutz- und Kartellrecht im Rahmen des Behinderungsmissbrauchs gemäß § 19 Abs. 2 Nr. 4 GWB siehe unten ausführlich.

Ausbeutungs- und eines Behinderungsmissbrauchs in diesem Rahmen ohne weiteres möglich und in dem hier vorliegenden Fall sogar gewollt ist.[385]

Diese Möglichkeit, gleichzeitig den Wettbewerb sowie die personenbezogenen Daten der Verbraucher zu schützen, macht die Generalklausel § 19 Abs. 1 GWB so wertvoll für eine bessere Abstimmung des Kartellrechts und des Datenschutzrechts. Durch die Entscheidung sowie die darauf basierende Abstellungsverfügung des Bundeskartellamtes im Facebook-Verfahren wird exemplarisch in vertikaler Weise der Schutz der Endverbraucher (Schutzzweck des Ausbedeutungsmissbrauchs) und in horizontaler Weise der Schutz der Mitbewerber (Schutzzweck des Behinderungsmissbrauchs) erreicht.[386] Derartige behördliche Entscheidungen sind im Prinzip der Idealfall einer Abstimmung des Kartell- und Datenschutzrechts.

Für die Rechtsdurchsetzung unter der DS-GVO ist das kartellbehördliche Verfahren sonach elementar. Es wird Ausgangspunkt für jede weitere datenschutzrechtliche Behandlung marktbeherrschender Unternehmen oder aber generell am Wettbewerb teilnehmender Unternehmen und zugleich Vorbild für eine bessere Abstimmung der Rechtsgebiete sein. Daher ist es besonders wichtig, dass die datenschutzrechtlichen Beurteilungen der Kartellbehörde vertretbar bzw. tragfähig sind. Inwieweit anderslautende Auslegungen und Beurteilungen durch die Datenschutzaufsicht in Bezug auf die spezifischen datenschutzrechtlichen Fragen zum Problem werden könnten, insbesondere mit Blick auf eine einheitliche behördliche Rechtsanwendung, wird im abschließenden Teil dieser Ausführungen diskutiert.

b) Verweigerung des Zugangs zu personenbezogenen Daten als Marktmachtmissbrauch

Neben einem Marktmachtmissbrauch durch Datenschutzverstoß wird die Begründung eines Marktmachtmissbrauchs durch die Verweigerung des Zugangs zu einem personenbezogenen Datenbestand diskutiert.[387] Soweit die

385 *Monopolkommission*, 22. Hauptgutachten, S. 254 Rn. 657.

386 Dem kritisch gegenüberstehend: OLG Düsseldorf, Beschl. v. 26.08.2019 – VI-Kart 1/19 (V) – K&R 2019, 661.

387 Das Thema ausführlich diskutierend: *Geradin/Kuschewsky*, Competition Law and Personal Data: Preliminary Thoughts on a Complex Issue, https://ssrn.com/abstract=2216088; *Beisenherz*, DuD 2015, S. 600 (604); hinsichtlich einer Zugangsgewährung als Abhilfemaßnahme im Rahmen einer Fusionskontrolle *Holzweber* NZKart 2016, S. 104 (110); *Körber*, NZKart 2016, S. 303 (309); *Grave/Nyberg*, WuW 2017, S. 363 (365); *Nuys*, WuW 2016, S. 512 (513 ff.); *Haucap/Heimeshoff*, Ordnungspolitik in der digitalen Welt, S. 12 u. 13.

Verweigerung des Zugangs zu personenbezogenen Daten einen kartellrechtlich relevanten Behinderungsmissbrauch gemäß § 19 Abs. 2 Nr. 4 GWB darstellen sollte, bedarf es zwingend einer Berücksichtigung datenschutzrechtlicher Vorgaben. Kartellrechtliche Abhilfemaßnahmen, wie in diesem Fall bspw. die behördliche Verpflichtung zur Zugangsgewährung, dürfen nicht im Widerspruch zu datenschutzrechtlichen Regelungen stehen. In diesem Kontext sollen die datenschutzrechtlichen Vorgaben bei der Durchsetzung des Kartellrechts berücksichtigt werden.

Ein Missbrauch gemäß § 19 Abs. 2 Nr. 4 GWB liegt vor, wenn ein marktbeherrschendes Unternehmen als Anbieter oder Nachfrager einer bestimmten Art von Waren oder gewerblichen Leistungen sich weigert, einem anderen Unternehmen gegen angemessenes Entgelt Zugang zu den eigenen Netzen oder anderen Infrastruktureinrichtungen zu gewähren, wenn es dem anderen Unternehmen aus rechtlichen oder tatsächlichen Gründen ohne die Mitbenutzung nicht möglich ist, auf dem vor- oder nachgelagerten Markt als Wettbewerber des marktbeherrschenden Unternehmens tätig zu werden; dies gilt nicht, wenn das marktbeherrschende Unternehmen nachweist, dass die Mitbenutzung aus betriebsbedingten oder sonstigen Gründen nicht möglich oder nicht zumutbar ist.

§ 19 Abs. 2 Nr. 4 GWB ist eine Sonderform des Behinderungsmissbrauchs.[388] Die Norm gewinnt dann an Bedeutung, wenn der Umgang mit etwaigen Zugangsverweigerungen noch nicht sondergesetzlich geregelt ist.[389] Dies wäre bei der Verweigerung des Zugangs zu personenbezogenen Daten der Fall. Eine entsprechende Norm, die den unternehmerischen Zugang zu personenbezogenen Daten regelt, existiert (noch) nicht.[390] § 19 Abs. 2 Nr. 4 GWB wurde mit der 6. GWB-Novelle eingeführt und orientiert sich an der im US-amerikanischen antitrust law entstandenen und in das europäische Kartellrecht übernommenen „essential facility doctrin".[391] Demnach ist die Weigerung des Inhabers einer wesentlichen Einrichtung rechtswidrig, diese für Tätigkeiten eines Dritten auf einem vor- oder nachgelagerten Markt zugänglich zu machen.[392]

---

388 *Loewenheim*, in: LMRKM, Kartellrecht, GWB, § 19 Rn. 82.

389 *Loewenheim*, in: LMRKM, Kartellrecht, GWB, § 19 Rn. 84.

390 Art. 20 DS-GVO regelt nicht den Datenzugang für Unternehmen, sie können lediglich Zugriff auf die personenbezogenen Daten erhalten, infolge einer durch die betroffene Person initiierten Datenübertragung. Da die DS-GVO aber auch den freien Datenverkehr schützt, könnte künftig über entsprechende Normen durchaus diskutiert werden.

391 *Fuchs/Möschel*, in: Immenga/Mestmäcker, WettbR, GWB, § 19 Rn. 296.

392 *Fuchs/Möschel*, in: Immenga/Mestmäcker, WettbR, GWB, § 19 Rn. 296.

Rechtlicher Anknüpfungspunkt des Marktmachtmissbrauchs sind in diesem Fall nicht die – möglicherweise rechtswidrigen – Nutzungsbedingungen im Zusammenhang mit der Verarbeitung personenbezogener Daten, sondern vielmehr ist es der Zugang eines marktbeherrschenden Unternehmens zu personenbezogenen Daten. Während es unter dem Gesichtspunkt des Missbrauchs durch Datenschutzverstoß um qualitative Merkmale der Datenverarbeitungen ging, also bspw. die Rechtmäßigkeit einer Einwilligung in einer Verarbeitung, ist nunmehr die Quantität der Datenverarbeitungen von Interesse, also die Frage nach der Anzahl der verarbeiteten Daten. Insofern wird das durch die 9. GWB-Novelle eingeführte Marktmachtkriterium des Zugangs zu wettbewerbsrelevanten Daten gemäß § 18 Abs. 3a Nr. 4 GWB aufgegriffen. Aus wettbewerbsrechtlicher Sicht ist die massenhafte Kumulation von personenbezogenen Daten bei nur einem (marktbeherrschenden) Unternehmen besonders problematisch, Marktzutrittsschranken sowie weiterreichende Marktbehinderungen und -einschränkungen können die Folge sein.[393] Daher würde es sich aus kartellrechtlicher Sicht durchaus anbieten, marktbeherrschende Unternehmen aufzufordern, personenbezogene Daten mit Mitbewerbern zu teilen. Voraussichtlich könnte der Wettbewerb durch derartige Verpflichtungen effektiv geschützt bzw. gefördert werden.

Im Unterschied zum soeben untersuchten Marktmachtmissbrauch durch Datenschutzverstoß geht es an dieser Stelle nur am Rande um die Einbeziehung von datenschutzrechtlichen Aspekten auf tatbestandlicher Ebene. Im Vordergrund steht die Berücksichtigung des Datenschutzrechts bei der behördlichen Ausführung der Rechtsfolge. Sollten die tatbestandlichen Voraussetzungen nach § 19 Abs. 2 Nr. 4 GWB vorliegen, kann die zuständige Kartellbehörde gemäß § 32 Abs. 1 GWB Unternehmen oder Vereinigungen von Unternehmen verpflichten, eine Zuwiderhandlung gegen die Vorschriften des 1. Teils des GWB oder gegen Art. 101 oder 102 AEUV abzustellen. Gemäß § 32 Abs. 2 GWB kann die Behörde den verweigernden Unternehmen alle erforderlichen Abhilfemaßnahmen verhaltensorientierter oder struktureller Art vorschreiben, die gegenüber der festgestellten Zuwiderhandlung verhältnismäßig und für eine wirksame Abstellung der Zuwiderhandlung erforderlich sind.

Damit wäre bei (isolierter) kartellrechtlicher Betrachtung die Anordnung einer Zugangsgewährung zum bestehenden personenbezogenen Datenbestand

---

393 *Buchner*, DuD 2008, S. 724 (728) spricht bezüglich der Datenkumulation von der Gefahr einer kartellrechtlichen relevanten „Datenmacht"; s.a. *Holzweber*, NZKart 2016, S. 104 (108).

des marktbeherrschenden Unternehmens ohne weiteres denkbar.[394] Das Datenschutzrecht schränkt jedoch die Anordnung einer solchen Zugangsgewährung zu personenbezogenen Daten ein. Insoweit kommt es zu einer Schutzzielkollision des Kartellrechts auf der einen und des Datenschutzrechts auf der anderen Seite.[395] Diesen Zielkonflikt gilt es aufzulösen, Kartellbehörden dürfen nur solche Maßnahmen anordnen, die dem Datenschutzrecht entsprechen bzw. nicht gegen dieses verstoßen.[396] Die Verpflichtung zur Beachtung dieser Schutzzielkollisionen bei Anwendung des Kartellrechts ergibt sich bereits aus der Grundrechtsbindung der Behörden gemäß Art. 1 Abs. 3 GG bzw. deren Pflicht zur Beachtung des Rechts auf informationelle Selbstbestimmung.[397]

aa) Zugangsverweigerung gemäß § 19 Abs. 2 Nr. 4 GWB

Zunächst müsste die Nichtherausgabe personenbezogener Daten die tatbestandlichen Voraussetzungen des Missbrauchstatbestandes nach § 19 Abs. 2 Nr. 4 GWB bzw. Art. 102 AEUV erfüllen.

Gemäß § 19 Abs. 2 Nr. 4 GWB trifft eine mögliche Pflicht zur Zugangsgewährung nur das marktbeherrschende Unternehmen. Diesbezüglich ist in der kartellrechtlichen Literatur und Rechtsprechung umstritten, ob die marktbeherrschende Stellung auf dem Markt für die Mitbenutzung der Infrastruktureinrichtung und dem (von diesem) abgeleiteten vor- oder nachgelagerten Markt bestehen muss.[398] Diese Frage ist entscheidend für die Bestimmung des richtigen Normadressaten, wird jedoch in diesem Rahmen ausgeblendet.

Vorausgesetzt der Normadressat kann zweifelsfrei bestimmt werden, bedarf es eines Zugangsobjektes im Sinne von § 19 Abs. 2 Nr. 4 GWB. Gegenstand ist der Zugang zu unternehmenseigenen Netzen oder anderen Infrastruktureinrichtungen. Unter den Begriff der anderen Infrastruktureinrichtungen können auch Daten fallen.[399] Damit werden im Regelfall nicht-personenbezogene/technische Daten gemeint sein, der Einordnung von personenbezogenen Daten als Infrastruktureinrichtung wurde bisher wenig Beachtung geschenkt. Grundsätzlich

---

394 Siehe *Fuchs/Möschel*, in: Immenga/Mestmäcker, WettbR, GWB, § 19 Rn. 347: „Einräumung eines positiven Mitbenutzungsrechts".

395 S.a. *Beisenherz*, DuD 2015, S. 600 (602); *Haucap/Heimeshoff*, Ordnungspolitik in der digitalen Welt, S. 12 u. 13 sprechen von einem Spannungsverhältnis.

396 Vgl. *Körber*, NZKart 2016, S. 303 (309).

397 Siehe dazu S. 31.

398 *Fuchs/Möschel*, in: Immenga/Mestmäcker, WettbR, GWB, § 19 Rn. 312.

399 *Fuchs/Möschel*, in: Immenga/Mestmäcker, WettbR, GWB, § 19 Rn. 322.

lässt sich daraus aber ableiten, dass generell Daten ein taugliches Zugangsobjekt darstellen können. Zum Teil wird allerdings darauf hingewiesen, dass personenbezogene Datenbestände gerade nicht eine „eigene“ Infrastruktureinrichtung im Sinne der Vorschrift darstellen können, da das jeweilige Unternehmen keine „eigentumsähnliche“ Verfügungsgewalt über die Daten hat.[400] Das Unternehmen könne über die personenbezogenen Daten nicht unbeschränkt verfügen. Dem ist teilweise zuzustimmen: Unternehmen dürfen die personenbezogenen Daten nicht unbeschränkt bzw. frei an Dritte übermitteln oder zu anderen Zwecken weiterverarbeiten. Sie haben insofern keine unbeschränkte Verfügungsbefugnis, die einem „Eigentumsrecht“ an Daten gleichkommen würde. Dieser Grundsatz ist quasi die Wiederholung des im Datenschutzrecht geltenden Verbotsprinzips mit Erlaubnisvorbehalt. Diesem Grundsatz nach können aber auch Datenübermittlungen oder generell -verarbeitungen erlaubt sein, jedenfalls soweit eine gesetzliche Rechtsgrundlage besteht oder die betroffenen Personen eingewilligt haben. Innerhalb des durch Gesetz oder die betroffene Person erlaubten Rahmens können Unternehmen über die personenbezogenen Daten frei verfügen. Damit können personenbezogene Datenbestände durchaus eine „eigene“ Infrastruktureinrichtung und insoweit ein zulässiges Zugangsobjekt darstellen.[401]

In einem weiteren Schritt muss festgestellt werden, dass es dem anderen Unternehmen aus rechtlichen oder tatsächlichen Gründen ohne die Mitbenutzung nicht möglich ist, auf dem vor- oder nachgelagerten Markt als Wettbewerber des marktbeherrschenden Unternehmens tätig zu werden. Voraussetzung ist die fehlende Replizierbarkeit der jeweiligen Einrichtung.[402] Grundsätzlich sind personenbezogene Daten replizierbar, sie können unendlich oft vervielfältigt werden. Allerdings ist die Möglichkeit personenbezogene Daten zu duplizieren stets abhängig vom Verbraucherverhalten, von bestehenden Netzwerkeffekten und von der allgemeinen Marktsituation.[403] Eine mögliche Replizierbarkeit von personenbezogenen Daten steht der Erfüllung des Tatbestbestandmerkmals nicht entgegen, es bedarf in diesem Zusammenhang stets einer Gesamtbetrachtung aller Umstände.[404]

---

400 *Grave/Nyberg*, WuW 2016, S. 512 (366).

401 Im Ergebnis auch: *Beisenherz*, DuD 2015, S. 600 (604).

402 *Fuchs/Möschel*, in: Immenga/Mestmäcker, WettbR, GWB, § 19 Rn. 326.

403 S.o., Wenn schon das BKartA davon ausgeht, dass personenbezogene Daten im Sinne von § 18 Abs. 3a Nr. 4 DS-GVO exklusiv sein können, also nicht immer replizierbar, muss dies auch in diesem Zusammenhang gelten.

404 Siehe dazu bereits S. 89.

Angenommen, personenbezogene Daten erfüllen die vorstehenden Voraussetzungen gemäß § 19 Abs. 2 Nr. 4 GWB, verbleibt dem marktbeherrschenden Unternehmen auf tatbestandlicher Ebene zuletzt die Möglichkeit, die Verweigerung des Zugangs zur Datensammlung sachlich zu rechtfertigen. Die Verweigerung ist demnach nicht missbräuchlich, wenn das Unternehmen nachweist, dass die Mitbenutzung aus betriebsbedingten oder sonstigen Gründen nicht möglich oder nicht zumutbar ist. Inwieweit sich das Unternehmen tatsächlich rechtfertigen und damit etwaige Sanktionen oder Anordnungen abwehren kann, wird im Rahmen einer Interessenabwägung geprüft.[405] Eine die Zugangsverweigerung rechtfertigende Unmöglichkeit könnte auch in rechtlichen Gründen liegen.[406]

An dieser Stelle könnten datenschutzrechtliche Vorgaben auf tatbestandlicher Ebene eine Rolle spielen. Unternehmen können insoweit anführen, dass die Verweigerung sachlich gerechtfertigt ist, wenn zu befürchten wäre oder sogar feststeht, dass eine Zugangsgewährung Verstöße gegen geltendes Datenschutzrecht zur Folge haben wird.[407] Anders gesprochen: Die wettbewerbsbeeinträchtigende Zugangsverweigerung würde aufgrund datenschutzrechtlicher Vorgaben seine Berechtigung finden. Der Datenschutz würde insoweit auf Kosten des Wettbewerbsschutzes durchgesetzt. Kurioserweise kann das Datenschutzrecht dann als Argument für das marktbeherrschende Unternehmen in Stellung gebracht werden. Die Unternehmen, die den Wettbewerb behindern und das Datenschutzrecht – möglicherweise durch die Verwendung unzulässiger AGBs hinsichtlich der Datenverarbeitung – verletzen, könnten selbst datenschutzrechtliche Vorgaben aktivieren, um eine Sanktionierung bzw. eine Anordnung infolge von § 19 Abs. 2 Nr. 4 GWB abzuwenden. Trotzdem wäre das Argument zulässig und auch stichhaltig, wie zu zeigen ist.

bb) Anordnung der Zugangsgewährung zu personenbezogenen Daten

Sollte die Behörde tatsächlich feststellen, dass die Verweigerung des Zugangs zu personenbezogenen Daten tatbestandlich einen Behinderungsmissbrauch gemäß § 19 Abs. 2 Nr. 4 GWB darstellt, entscheidet sie über die Anordnung einer Zugangsgewährung. Eine kartellbehördliche Anordnung der Zugangsgewährung zu einer personenbezogenen Datensammlung des marktbeherrschenden Unternehmens muss in jedem Fall datenschutzrechtlichen Anforderungen

---

405 *Nothdurft*, in: Langen/Bunte, Kartellrecht, GWB, § 19 Rn. 456.

406 *Loewenheim*, in: LMRKM, Kartellrecht, GWB, § 19 Rn. 95.

407 *Louven*, NZKart 2018, S. 217 (221); s.a. *Schweitzer/Haucap/Kerber/Welker*, Modernisierung der Missbrauchsaufsicht für marktmächtige Unternehmen, S. 133.

genügen. [408] Ansonsten würden marktbeherrschende Unternehmen durch eine behördliche Anordnung verpflichtet, gegen geltendes Datenschutzrecht zu verstoßen.[409] In der Folge würde das Kartellrecht auf Kosten des Datenschutzes durchgesetzt werden.[410] Fraglich ist jedoch, ob eine solche behördliche Teilungsverpflichtung überhaupt datenschutzrechtlich gerechtfertigt werden kann.

Bereits die Verarbeitungssituation ist unklar. Grundlage der Übermittlungsverfügung ist § 32 Abs. 2 GWB. Gemäß § 32 Abs. 2 GWB kann die Behörde den verweigernden Unternehmen alle erforderlichen Abhilfemaßnahmen verhaltensorientierter oder struktureller Art vorschreiben, die gegenüber der festgestellten Zuwiderhandlung verhältnismäßig und für eine wirksame Abstellung der Zuwiderhandlung erforderlich sind. Dies würde in diesem Rahmen bedeuten, dass das marktbeherrschende Unternehmen den Mitbewerbern den Zugang zu den personenbezogenen Daten gewähren muss. Insofern entstünde eine Verarbeitungssituation im Dreiecksverhältnis: Die Behörde verpflichtet das marktbeherrschende Unternehmen zum Zweck des Wettbewerbsschutzes personenbezogene Daten an den Zugangsbeanspruchenden zu übermitteln bzw. zur Verfügung zu stellen. In diesem Fall wäre schon fraglich, wer als Verantwortlicher verpflichtet ist, die Vorschriften der DS-GVO einzuhalten.

Nach Art. 4 Nr. 7 DS-GVO ist Verantwortlicher die natürliche oder juristische Person, Behörde, Einrichtung oder andere Stelle, die allein oder gemeinsam mit anderen über die Zwecke und Mittel der Verarbeitung von personenbezogenen Daten entscheidet. Im hier vorliegenden Fall entscheidet allerdings die Behörde auf Grundlage der Verfügung gemäß § 32 Abs. 2 GWB über die Zwecke und Mittel der Datenverarbeitung. In der Folge wäre die Behörde Normadressat und müsste dafür sorgen, dass sämtliche Datenübermittlungsvorgänge zum Schutz des Wettbewerbs datenschutzkonform ablaufen. Die Verantwortlichkeit einer Behörde für die Einhaltung datenschutzrechtlicher Vorgaben wurde bspw. im Falle der Anordnung einer Auskunftserteilung angenommen.[411] Demnach liege die datenschutzrechtliche Verantwortung für die Zulässigkeit der Datenübermittlung nach allgemeinen datenschutz-rechtlichen Grundsätzen bei

---

408 *Holzweber*, NZKart 2016, S. 104 (110); *Körber*, NZKart 2016, S. 348 (350); i.E. *Schweitzer*, GRUR 2019, S. 569 (573).

409 Die Kollision der Interessen des Kartell- und Datenschutzrechts erkennend *Beisenherz*, DuD 2015, S. 600 (604).

410 Vgl. *BKartA/Arbeitskreis Kartellrecht*, Digitale Ökonomie – Internetplattformen zwischen Wettbewerbsrecht, Privatsphäre und Verbraucherschutz – Oktober 2015, S. 26.

411 VG München, Urt. v. 12.12.2018 – M 9 K 18.4553 – DuD 2019, 306.

der öffentlichen Stelle, die die Übermittlung angeordnet hat.[412] Fraglich wäre jedoch, ob die Sachverhalte vergleichbar sind. Denn eine Anordnung, die einerseits die Verpflichtung zur Datenteilung mit sämtlichen Mitbewerbern enthält sowie andererseits die Anordnung zur Auskunftserteilung an eine Behörde, unterscheiden sich in der Sache durchaus. Davon abgesehen wäre jede nationale Behörde schon mit Blick auf die ihr zur Verfügung stehenden personellen und sächlichen Ressourcen überfordert, um derart komplexe Datenverarbeitungsvorgänge zu überwachen.

Unabhängig davon, ob nun das marktbeherrschende Unternehmen in der dargestellten Verarbeitungssituation oder die anordnende Behörde als Verantwortlicher im Sinne der DS-GVO eingeordnet wird, wäre das marktbeherrschende Unternehmen aus datenschutzrechtlicher Sicht durch die behördliche Anordnung oftmals verpflichtet, bereits zu einem bestimmten Zweck erhobene bzw. verarbeitete personenbezogene Daten zu einem anderen Zweck als dem ursprünglichen weiterzuverarbeiten. Ursprünglich wurden die Daten bspw. zu Zwecken der Nutzung der angebotenen Dienste bzw. zur Durchführung des Vertrages verarbeitet. Der Zweck der Weiterverarbeitung wird dem marktbeherrschen Unternehmen durch die Anordnung der Behörde diktiert, die Daten sollen Zwecks Wettbewerbsschutzes an die Mitbewerber übermittelt werden.

Im Falle einer zweckändernden Weiterverarbeitung von personenbezogenen Daten ist stets Art. 6 Abs. 4 DS-GVO sowie zusätzlich das Erfordernis eines einschlägigen Erlaubnistatbestandes (Art. 6 Abs. 1 lit. a-f DS-GVO) zu beachten. Gemäß Art. 6 Abs. 4 DS-GVO berücksichtigt der Verantwortliche im Falle einer Zweckänderung – um festzustellen, ob die Verarbeitung zu einem anderen Zweck mit demjenigen, zu dem die personenbezogenen Daten ursprünglich erhoben wurden, vereinbar ist – die in Abs. 4 lit. a-e DS-GVO aufgeführten Beurteilungskriterien, es sei denn die zweckändernde Weiterverarbeitung beruht auf der Einwilligung der betroffenen Person oder auf einer Rechtsvorschrift der Union oder der Mitgliedstaaten, die in einer demokratischen Gesellschaft eine notwendige und verhältnismäßige Maßnahme zum Schutz der in Art. 23 Abs. 1 genannten Ziele darstellt.

Zunächst könnte die Weiterverarbeitung zwecks Wettbewerbsschutzes auf Grundlage einer Einwilligung gemäß Art. 6 Abs. 1 lit. a DS-GVO gerechtfertigt werden.[413] Die Legitimation durch Einwilligung wäre unabhängig von einem

412 BT-Drs. 16/3078, S. 16.

413 Die Verarbeitung muss in beiden Fällen rechtmäßig sein, die Bestimmung der Verantwortlichkeit ist lediglich erforderlich, um festzustellen, wer für die Einhaltung der datenschutzrechtlichen Vorgaben einzustehen bzw. zu sorgen hat. Im Falle der

nach Art. 6 Abs. 4 DS-GVO durchzuführenden Zweckkompatibilitätstest möglich.[414] Dann müsste der Verantwortliche für jeden einzelnen Übermittlungsvorgang an die Mitbewerber im Rahmen der Zugangsgewährung eine wirksame Einwilligung der jeweils betroffenen Person einholen. Diese Einwilligung müsste sich auf die neuen Zwecke der Weiterverarbeitung in Form der Datenübermittlung an die Mitbewerber beziehen und diese transparent/eindeutig benennen. Hier stellt sich jedoch schon die Frage, ob eine solch aufwendige Sammlung von Einwilligungen realistisch ist. Vermutlich wäre die Grenze der Zumutbarkeit bzw. der Machbarkeit für das marktbeherrschende Unternehmen sowie für die anordnende Behörde überschritten. Aus kartellrechtlicher Sicht zumutbar wäre möglicherweise die Information der Nutzer, dass die personenbezogenen Daten mit den Mitbewerbern geteilt werden, solange kein Widerspruch durch den Nutzer erfolgt. Eine solche „Opt-Out"-Einwilligungslösung ist allerdings unter der DS-GVO nicht (mehr) gestattet und damit rechtswidrig.

Aber auch, falls die Übermittlung der personenbezogenen Daten an die Mitbewerber durch eine Einwilligung gerechtfertigt werden sollte, bestehen weiterhin einige datenschutzrechtliche Bedenken. Durch die Erstellung, Übermittlung und Verbreitung von umfangreichen personenbezogenen Datenkopien wird der Grundsatz der Datenminimierung ad absurdum geführt. Eine für den Verbraucher transparent nachzuvollziehende Datenverarbeitung wäre nicht mehr möglich. Der Verbraucher wüsste zu keinem Zeitpunkt wer, wann und zu welchem Zweck die Daten verarbeitet. Ein absoluter Kontrollverlust wäre die Folge. Das Recht auf informationelle Selbstbestimmung könnte zu keinem Zeitpunkt mehr wirksam ausgeübt werden. Zudem willigen die Nutzer zunächst nur in die Übertragung der Daten zwecks Wettbewerbsschutzes vom marktbeherrschenden Unternehmen an die Mitbewerber ein. Damit sind aber noch keineswegs die weiteren Datenverarbeitungen durch die Mitbewerber legitimiert. Auch hier bedarf es dann weiterer Einwilligungen bzw. der Legitimation der weiteren Datenverarbeitungen. Eine massenhafte Verbreitung von personenbezogenen Daten zwecks Wettbewerbsschutzes kann insoweit keine ernsthafte Alternative darstellen. Nicht zuletzt wäre fraglich, ob überhaupt ein Nutzer eine derart weitgehende Datenverarbeitung durch verschiedenste Unternehmen erlauben

---

Verantwortlichkeit der Behörde würde dies zur Folge haben, dass ebendiese eine wirksame Einwilligung der Verbraucher einholen muss bzw. eine entsprechende Erklärung vorformulieren sollte, vgl. *Hartung*, in: Kühling/Buchner, DS-GVO/BDSG, Art. 4 Nr. 7 Rn. 6.

414 Siehe ErwG 50 der DS-GVO.

würde. Denkbar wäre lediglich, dass der Nutzer das Unternehmen – möglicherweise auch aus datenschutzrechtlichen Gründen – sowieso wechseln wollte. Diesbezüglich bietet sich aber eher die Geltendmachung des Rechts auf Datenübertragbarkeit gemäß Art. 20 DS-GVO an, welches gerade zu diesem Zweck entworfen wurde.

Die Rechtfertigung einer Weiterverarbeitung auf gesetzlicher Basis würde bereits am durchzuführenden Kompatibilitätstest scheitern. Zu berücksichtigen ist gemäß Art. 6 Abs. 4 lit. b DS-GVO insbesondere der Zusammenhang, in dem die personenbezogenen Daten erhoben wurden, insbesondere hinsichtlich des Verhältnisses zwischen den betroffenen Personen und dem Verantwortlichen. Nach ErwG 50 S. 6 der DS-GVO sind die vernünftigen Erwartungen der betroffenen Personen, die auf ihrer Beziehung zu dem Verantwortlichen beruhen, in Bezug auf die weitere Verwendung dieser Daten maßgeblich. Die Übermittlung von personenbezogenen Daten an Wettbewerber zwecks Wettbewerbsschutzes kann keinen kompatiblen Zweck für eine Verarbeitung darstellen. Die Nutzer eines Online-Dienstes konnten nicht erwarten, dass die sie betreffenden personenbezogenen Daten zum Schutz des Wettbewerbs massenhaft vervielfältigt und übermittelt werden. Auch wenn der Kompatibilitätstest positiv ausfallen sollte, wäre immer noch eine gesetzliche Grundlage erforderlich. Art. 6 Abs. 4 DS-GVO ist auch bei Erfüllung des Kompatibilitätstestes kein Erlaubnistatbestand, der die Weiterverarbeitung legitimiert. Es bedarf über den Kompatibilitätstest nach Abs. 4 a-e DS-GVO hinaus einer gesetzlichen Grundlage für die Weiterverarbeitung.[415] Eine solche gesetzliche Verarbeitungsgrundlage wäre nicht ersichtlich.

Alles in allem kann eine Anordnung der Zugangsgewährung zu personenbezogenen Daten in keinem Fall Bestand haben.[416] Damit könnten Unternehmen die Verweigerung einer solchen Anordnung regelmäßig sachlich rechtfertigen. Auch wenn stets die Möglichkeit besteht für jede einzelne Datenübermittlung im Rahmen der Zugangsgewährung die Einwilligungen der betroffenen Personen einzuholen, verbleiben zu viele datenschutzrechtliche Bedenken, um eine derartige Anordnung für (datenschutzrechtlich) gangbar zu halten. Sie würde das Recht auf informationelle Selbstbestimmung der betroffenen Personen unverhältnismäßig stark beeinträchtigen, ein derart großer Kontrollverlust für die betroffenen Personen wäre – trotz potentiell positiver Auswirkungen auf den Wettbewerb – nicht hinnehmbar. Die betreffenden Unternehmen könnten dann

---

415 *Buchner/Petri*, in Kühling/Buchner, DS-GVO/BDSG, Art. 6 Rn. 179.
416 S.a. *Körber* NZKart 2016, S. 303 (309).

bereits auf tatbestandlicher Ebene den potentiellen Datenschutzverstoß einer Verpflichtung zur Zugangsgewährung entgegenhalten.

Fraglich ist, ob es andere Möglichkeiten gibt, einen Wettbewerbsschutz bei gleichzeitigem Datenschutz durch eine Zugangsgewährung zu erreichen. Diesbezüglich können zwei Möglichkeiten in den Blick genommen werden. Beide Möglichkeiten haben allerdings ihre Schwächen, insbesondere mit Blick auf eine potentielle Wettbewerbsförderung. Eine Möglichkeit bezieht sich auf eine behördliche Zugangsgewährung zu (lediglich) anonymisierten Daten; die andere Möglichkeit legt die tatsächliche Zugangsgewährung in die Hände der Nutzer, sie ist zwar nicht (behördlich) verpflichtend, bezieht sich aber zumindest auf den Zugang zu personenbezogenen Daten.

cc) Anordnung der Zugangsgewährung zu anonymisierten Daten

Um trotzdem eine gewisse Wettbewerbsförderung zu erreichen, vermag der Ansatz einer Zugangsgewährung (zumindest) zu anonymisierten Daten zu überzeugen.

Außerhalb des Anwendungsbereichs des Datenschutzrechts bliebe die Behörde mit einer Anordnung, dass das marktbeherrschende Unternehmen alle relevanten Daten in anonymisierter Form an die Mitbewerber übermittelt.[417] Anonymisierte Daten sind frei verfüg- bzw. nutzbar. Zudem wird eine Anonymisierung von personenbezogenen Daten und die Übermittlung des anonymisierten Datensatzes verhältnismäßig einfach zu bewerkstelligen sein, diese Art der Zugangsgewährung wäre wohl zumutbar. Die (datenschutzrechtliche) Stärke des Ansatzes ist zugleich sein (wettbewerbsrechtlicher) Schwachpunkt: Mitbewerber werden im Zweifelsfall eher ein Interesse am Zugang zu den personenbezogenen Daten des marktbeherrschenden Unternehmens haben. Die den personenbezogenen Daten zu entnehmenden Informationen sind als deutlich wertvoller zu bewerten als die Informationen aus einem anonymisierten Datensatz. In der Regel kommt es den Unternehmen auf die persönlichen Informationen an, die sich infolge einer Datenanalyse ergeben. Nur so lassen sich Produkte

---

417 In diese Stoßrichtung geht auch das von der SPD bevorzugte Daten-für-alle-Gesetz. Besonders positiv hervorzuheben ist, dass die Verfasser des Gesetzesvorschlags darauf hinweisen, dass Datenschutz und Wettbewerb nicht miteinander in Konflikt geraten, sondern vielmehr Synergien geschaffen werden sollen. Das Erfordernis einer Abstimmung der Rechtsgebiete ist damit auch in der nationalen Politik bzw. in der Gesetzgebung angekommen, https://www.spd.de/fileadmin/Dokumente/Sonstiges/Daten_fuer_Alle.pdf, Abrufdatum: 4.07.2019.

und Werbung passgenau auf die Nutzer zuschneiden. Damit steht zu befürchten, dass die positiven Auswirkungen auf den Wettbewerb deutlich geringer ausfielen, als im Falle einer (in jedem Fall datenschutzrechtswidrigen) Zugangsgewährung zu personenbezogenen Daten. Dennoch ließe sich ein angemessener Ausgleich zwischen Daten- und Wettbewerbsschutz erreichen. Auch anonymisierte Daten können Aufschluss über das Nutzerverhalten geben. Etwaige Big-Data-Analysen sind in der Lage, aus anonymisierten Datensätzen aufschlussreiche (nicht auf eine Person beziehbare) Statistiken zu generieren.

dd) Anordnung der Umsetzung des Rechts auf Datenübertragbarkeit

Damit Mitbewerber dennoch die Möglichkeit haben, den Zugang zu den personenbezogenen Daten zu erlangen, könnte es sich anbieten, die Anordnung der Zugangsgewährung zu anonymisierten Daten um eine Anordnung der wirksamen Umsetzung des Rechts auf Datenübertragbarkeit gemäß Art. 20 DS-GVO zu ergänzen.[418]

(1) Ausgleichsfunktion von Art. 20 DS-GVO

Wie sich aus den vorstehenden Ausführungen ergibt, stehen sich der Daten- und Wettbewerbsschutz in einem gegensätzlichen Verhältnis gegenüber, wenn es um eine behördliche Anordnung der Zugangsgewährung geht.[419] Um trotzdem beiden Schutzzielen zu genügen, sollte ein gerechter Ausgleich zwischen Datenschutz und Wettbewerbsschutz herbeigeführt werden. Dieser könnte durch eine Anwendung bzw. Umsetzung von Art. 20 DS-GVO erreicht werden.

Gemäß Art. 20 Abs. 1 DS-GVO hat die betroffene Person das Recht, die sie betreffenden personenbezogenen Daten, die sie einem Verantwortlichen bereitgestellt hat, in einem strukturierten, gängigen und maschinenlesbaren Format zu erhalten. Sie hat weiter das Recht, diese Daten einem anderen Verantwortlichen ohne Behinderung durch den Verantwortlichen, dem die personenbezogenen Daten bereitgestellt wurden, zu übermitteln, sofern die Verarbeitung auf einer Einwilligung gemäß Art. 6 Abs. 1 lit. a oder Art. 9 Abs. 2 lit. a oder auf einem Vertrag gemäß Art. 6 Abs. 1 lit. b beruht und die Verarbeitung mithilfe automatisierter Verfahren erfolgt. Nach Art. 20 Abs. 2 DS-GVO hat die betroffene Person darüber hinaus das Recht, zu erwirken, dass die personenbezogenen Daten direkt von einem Verantwortlichen einem anderen Verantwortlichen übermittelt werden, soweit dies technisch machbar ist.

---

418 *Beisenherz*, DuD 2015, S. 600 (604).
419 *Beisenherz*, DuD 2015, S. 600 (604).

Das mit der DS-GVO eingeführte Betroffenenrecht dient zunächst dem Schutz natürlicher Personen bei der Verarbeitung der sie betreffenden Daten.[420] Der europäische Gesetzgeber gewährt dem Einzelnen mit Art. 20 DS-GVO eine bessere Kontrolle über die ihn betreffenden personenbezogenen Daten.[421] Diese Kontrollmöglichkeit ist ein wichtiges Instrument des Selbstdatenschutzes.[422] Das Recht auf Datenübertragbarkeit führt zu mehr Datenschutz, soweit die Norm dem Nutzer ermöglicht, unter Mitnahme seiner Daten in ein datenschutzfreundlicheres Netzwerk zu wechseln.[423] Der Datenschutz wird insbesondere dadurch gefördert, dass Unternehmen mit Blick auf den erleichterten Anbieterwechsel darauf achten werden müssen, dass eine datenschutzfreundliche Behandlung der Daten stattfindet, da andernfalls eine Abwanderungswelle[424] der Nutzer zu befürchten wäre. Soweit der Datenschutz als Werbe- bzw. als Entscheidungsfaktor für die Nutzer etabliert wird, kann das Recht auf Datenübertragbarkeit ein gut handhabbares Instrument darstellen, einen Wechsel ohne größeren Aufwand durchzuführen.

Neben den datenschutzrechtlichen Aspekten und Zielen verfolgt der europäische Gesetzgeber mit Art. 20 DS-GVO einen wettbewerbsrechtlichen Ansatz. Ziel der Regelung ist die Stärkung des Wettbewerbs auf digitalen Märkten durch einen vereinfachten Anbieterwechsel, um im Kartellrecht zu untersuchende Lock-In Effekte zu verhindern bzw. zu beseitigen.[425] Marktbeherrschende Stellungen im Sinne des Kartellrechts können somit verhindert werden, ohne dass der Wettbewerbsschutz auf Kosten des Datenschutzes durchgesetzt wird.[426]

Diejenigen, die in Art. 20 DS-GVO ein Wettbewerbshindernis – also genau das Gegenteil eines umfassenden Wettbewerbsschutzes – sehen, verkennen die Situation auf den digitalen Märkten. Wenn angeführt wird, dass Art. 20 DS-GVO

---

420 Gemäß Art. 1 Abs. 1 DS-GVO enthält die Verordnung Vorschriften zum Schutz natürlicher Personen bei der Verarbeitung personenbezogener Daten. Dieser Schutz ist grundrechtlich verbürgt. Gemäß Art. 8 Abs. 1 GRCh sowie Art. 16 Abs. 1 AEUV hat jede Person des Recht auf Schutz der sie betreffenden personenbezogenen Daten.

421 ErwG 68 der DS-GVO.

422 Das klassische Auskunftsrecht nach Art. 15 DS-GVO oder § 19 BDSG ist ein wesentliches Element des Selbstdatenschutzes. Dies muss dann erst recht für Art. 20 DS-GVO gelten, der die Kontrollmöglichkeit erweitert.

423 *Roßnagel/Richter/Nebel*, ZD 2013, S. 103 (107).

424 *Monopolkommission*, 68. Sondergutachten, S. 57 Rn. 105.

425 *Jülicher/Röttgen/v. Schönfeld*, ZD 2016, S. 358 (360).

426 Im Gegenteil zu den Zugangserleichterungen zu Daten, die nur einseitigen Schutz bieten.

eine unzumutbare Marktzutrittsschranke für neue Unternehmen bzw. Start-Ups verankert, da diese mit Kosten belastet werden würden[427], welche diese Unternehmen zumeist nicht aufbringen könnten, wird denklogisch ein Fehler gemacht. Start-Ups im digitalen Bereich müssen, wollen sie sich auf dem digitalen Markt etablieren, zunächst einmal eine gewisse Datenbasis schaffen. Insbesondere Start-Ups auf dem Social-Media-Plattform-Markt sind zu Beginn auf Nutzeranmeldungen und die in diesem Zusammenhang anfallenden personenbezogenen Nutzerdaten angewiesen, damit sich die typischen Netzwerkeffekte tatsächlich auswirken und neue Nutzer möglichst schnell gewonnen werden können. Solche Unternehmen werden ihr Geschäftsmodell teilweise auf die Möglichkeiten des Art. 20 DS-GVO stützen müssen, um den Zutritt zum Markt überhaupt verwirklichen zu können. Einerseits können diese Unternehmen eine digitale Infrastruktur schaffen, die die Datenübertragung in den eigenen Datenpool vereinfacht, indem sie bspw. einen entsprechenden Wechselservice anbieten. Andererseits können sie die Entwicklung einer technisch ausgereiften Datenportabilität als Werbeargument nutzen. Letztlich müssen Start-Ups erstmal zunächst einmal den Zutritt zum Markt finden, bevor über den Auftritt auf dem Markt nachgedacht werden kann. Die diesbezüglich bestehenden wettbewerbsrechtlich bedenklichen Zutrittsschranken können durch das Recht auf Datenübertragbarkeit abgeschwächt werden.

Dass eine Portierungsnorm wie Art. 20 DS-GVO insbesondere aus wettbewerbsrechtlicher Sicht erfolgsversprechend ist, kann unter Bezugnahme auf die Rechtsprechung sowie die Regelung zur Rufnummernportierung gemäß § 46 TKG verdeutlicht werden.[428] In diesem Zusammenhang erkannte man, dass es für den Wettbewerb essentiell ist, dass Teilnehmer ohne besondere Hürden ihren Anbieter und ihr Netz wechseln können. Das Zusammenspiel von Telekommunikations- und Wettbewerbsrecht wird mithin durch § 46 TKG abgebildet. Gemäß § 1 TKG ist Zweck des Gesetzes, durch technologieneutrale Regulierung den Wettbewerb im Bereich der Telekommunikation und leistungsfähige Telekommunikationsinfrastrukturen zu fördern und flächendeckend angemessene und ausreichende Dienstleistungen zu gewährleisten. Gemäß § 2 Abs. 2 Nr. 1 TKG sollen durch die Regulierung vor allem Nutzer- und Verbraucherinteressen gewahrt werden. Offensichtlich ist die Regelung wettbewerbsrechtlicher

427 So *Swire/Lagos*, Why the Right to Data Portability Likely Reduces Consumer Welfare: Antitrust and Privacy Critique, Maryland Law Review 2013, S. 335 (352).

428 Nach *Kiparski/Thoenes*, MMR 2013, S. 565 (565) ist der Vertragspartnerwechsel „eines der Kern-Wettbewerbselemente nicht-monopolistischer Märkte".

Aspekte zugunsten des Verbraucherschutzes in bereichsspezifischen Gesetzen, die nicht Teil des klassischen Wettbewerbsrechts (bspw. UWG und GWB) sind, kein Novum. Die Verknüpfung des Telekommunikations- und Wettbewerbsrecht durch § 46 TKG dient gleichzeitig dem Verbraucher- sowie dem Wettbewerbsschutz.

Das Recht auf Datenübertragbarkeit ist nach alledem also nicht systemfremd[429], sondern vielmehr „systemschaffend"[430]: Der europäische Gesetzgeber will offensichtlich ein Normsystem etablieren, in dem das Wettbewerbs- und das Datenschutzrecht gleichberechtigt nebeneinander stehen und insoweit gleichzeitig Berücksichtigung finden, ohne dass sich die unterschiedlichen Schutzziele gegenseitig behindern.[431]

(2) Nutzerabhängige Zugangserleichterung statt nutzerschädigender Zugangsanordnung

Das marktbeherrschende Unternehmen wird nicht verpflichtet, personenbezogene Daten an die Mitbewerber zu übermitteln. Das Recht auf Datenübertragbarkeit gewährt auch keinen Anspruch der Mitbewerber auf Datenübermittlung zum Zwecke des Wettbewerbsschutzes.[432] Die Anordnung enthielte gewissermaßen eine Art nutzerabhängige Zugangserleichterung.[433] Durch sie würde die Wettbewerbsförderung in die Hände der Nutzer gelegt. Ob die Mitbewerber tatsächlich Zugang zu den personenbezogenen Daten erhalten, entscheidet dann nur der Nutzer selbst.[434] Mitbewerber könnten ihre Chancen, Zugang zu den begehrten personenbezogenen Daten zu erlangen, erhöhen, indem sie einen besseren Datenschutz als Werbemittel verwenden.

Die zuständige Behörde könnte bspw. anordnen, dass das marktbeherrschende Unternehmen nachzuweisen hat, dass eine technische und nutzerfreundliche Schnittstelle für eine einfache und effektive Durchsetzung des Rechts auf Datenportabilität gemäß Art. 20 DS-GVO besteht. Eine Anwendung

---

429 So jedenfalls *Dehmel/Hullen*, ZD 2013, S. 147 (147), s.a. *Richter*, DuD 2012, S. 576 (578); Vgl. auch *Kamann/Braun*, in: Ehmann/Selmayr, DS-GVO, Art. 20 Rn. 4.

430 In dem Sinne *Sydow/Wilhelm*, in: Sydow, DS-GVO, Art. 20 Rn. 4.

431 *Beisenherz*, DuD 2015, S. 600 (602).

432 *Louven*, NZKart 2018, S. 217 (218).

433 „Recht auf Datenzugang": *Schürmann*, in Auernhammer, DS-GVO/BDSG, Art. 20 Rn. 4.

434 *Drexl*, NZKart 2017, S. 339 (344) spricht von einem „eigenständigen Datenzugangsrechts jener Person, die die Daten bereitstellt, mit dem Ziel, einem anderen Unternehmen der Datenwirtschaft Dienste an den Berechtigten zu ermöglichen.".

von Art. 20 DS-GVO führt insbesondere dann zu effektiven Ergebnissen, wenn die Datenportabilität rechtlich und technisch konkretisiert wurde und sich im Wirtschaftskreislauf etabliert hat.[435] Bieten die relevanten Unternehmen die besagte Schnittstelle an und schaffen sie es, einen unkomplizierten Wechsel zu ermöglichen, kann von einer wettbewerbsfördernden Maßnahme ausgegangen werden. Da mit der Umsetzung von Art. 20 DS-GVO eine nutzerabhängige Zugangserleichterung geschaffen wird, richtet sich die Effektivität auch nach dem grundsätzlichen Nutzerverhalten. Neben dem bereits beschriebenen „Privacy Paradox" gefährden die identitätsbasierten direkten Netzwerkeffekte eine wettbewerbsfördernde Wirkung durch die Umsetzung einer Datenportabilität. Diese beiden Aspekte im Zusammenspiel könnten dazu führen, dass Art. 20 DS-GVO auf kurze Sicht wirkungslos bleibt, aus wettbewerblicher aber auch aus datenschutzrechtlicher Sicht. Solange keine ernsthaften Konkurrenten für marktbeherrschende Unternehmen, wie bspw. Facebook (und allen daran verbundenen Unternehmen), auf dem Markt auftreten und eine gewisse Nutzerzahl aufweisen, könnte es für das Recht auf Datenübertragbarkeit schwierig werden, etwaige Netzwerkeffekte zu überwinden.

ee) Zwischenergebnis

Zusammenfassend lässt sich sagen, dass die Übermittlung anonymisierter Datensätze eine (datenschutz-) rechtlich nicht zu beanstandende und damit hier bevorzugte Möglichkeit einer Zugangsgewährung darstellt. Falls die Mitbewerber eher Interesse an personenbezogenen Datensätzen haben sollten, könnte ergänzend die Anordnung einer Umsetzung von Art. 20 DS-GVO diskutiert werden. Allerdings bleibt fraglich, inwieweit die technischen Möglichkeiten der Unternehmen und das derzeitige Nutzerverhalten einer effektiven Umsetzung entgegenstehen.

In keinem Fall darf eine Kartellbehörde die Zugangsgewährung zu personenbezogenen Daten anordnen. Eine derartige Anordnung verstößt gegen das Datenschutzrecht und würde zu einer erheblichen Beeinträchtigung der Rechte der betroffenen Personen führen.

II. Datenschutzrecht in der Fusionskontrolle

Datenbasiert arbeitende Unternehmen sind regelmäßig bestrebt, ihre Datenbestände zu erweitern. Sie sammeln sukzessive personenbezogene Daten. Mit

435 Vgl. *Schweitzer*, GRUR 2019, S. 569 (574).

jedem einzelnen Nutzer- bzw. Nutzungsdatum erweitert sich der Datenbestand, auf den zwecks Werbung oder Produktoptimierung zurückgegriffen werden kann. Klar ist aber auch, dass solche Unternehmen Möglichkeiten eruieren, ihren Datenbestand sprunghaft um ein Vielfaches zu erweitern. So können etwa Zeit und Ressourcen gespart und erhebliche wettbewerbliche Vorteile erlangt werden.

Eine solche gewinnbringende Möglichkeit liegt vor allem in der Übernahme anderer datenbasierter Geschäftsmodelle, die Zugang zu einem umfangreichen Datenbestand haben. Wenn schon die sukzessive und eher zeitaufwendige Sammlung von Nutzerdaten bedeutend zum wirtschaftlichen Erfolg beitragen kann, vermag eine schlagartige Zusammenführung von einzelnen umfangreichen Datenbeständen mehrerer Unternehmen das Maximum an wirtschaftlichem Erfolg zu generieren.[436] Die fusionierenden Unternehmen profitieren in diesen Fällen doppelt. Einerseits erhalten sie Zugriff auf die Datenbestände des jeweils anderen Unternehmens, andererseits erlangen sie neue Informationen bzw. personenbezogene Daten durch eine Verknüpfung aller zur Verfügung stehenden Daten bzw. Datenbestände. Aufgrund des großen Wettbewerbspotentials eines Datenzusammenschlusses infolge einer Unternehmensfusion ist zu erwarten, dass es künftig vermehrt zu derartigen Fusionen und dadurch bedingte Datenkonzentrationen kommen wird. Der europäische Datenschutzbeauftrage Buttarelli spricht in diesem Zusammenhang treffenderweise von „Big-Data-Fusionen".[437] „Big-Data-Fusionen" betreffen dabei stets das Kartell- und Datenschutzrecht. Sie haben Auswirkungen einerseits auf den Wettbewerb als solchen sowie andererseits auf die Möglichkeit der betroffenen Personen, ihr Recht auf informationelle Selbstbestimmung wirksam auszuüben.[438] Isolierte Betrachtungen der beiden Rechtsgebiete im Kontext einer „Big-Data-Fusion" sind zu vermeiden.[439]

---

436 Vgl. *BKartA*, Big Data und Wettbewerb – Schriftenreihe „Wettbewerb und Verbraucherschutz in der digitalen Wirtschaft" – Oktober 2017, S. 9.

437 Vgl. *Butarelli*, Stellungnahme – August 2016, S. 18.

438 *Beisenherz*, DuD 2015, S. 600 (603); siehe in Bezug auf die Fusion Google/Double Click *Buchner*, DuD 2008, S. 724 (728); *Lundqvist*, EuCML 2018, S. 146 (147).

439 Erste Überlegungen, die Fusionskontrollregeln anzupassen, um „der Nutzung von Daten als Wettbewerbsfaktor Rechnung zu tragen" stellte bereits die Monopolkommission in ihrem 20. Hauptgutachten an, siehe *Monopolkommission*, 20. Hauptgutachten, S. 70 Rn. 54,55. Dabei wurde jedoch festgestellt, dass das Verhältnis von Wettbewerbs- und Datenschutzrecht noch zu wenig erforscht sei, um dahingehende Veränderungen vorzunehmen.

1. Anwendbare Normen in der Fusionskontrolle

Da die etablierten und zugleich wirtschaftsstarken datenbasiert arbeitenden Unternehmen ihre Dienste gemeinschaftsweit anbieten und der Fokus im Folgenden auf genau diesen Unternehmen liegen soll, verbleibt hinsichtlich der Fusionskontrolle lediglich ein Rückgriff auf die Vorschriften der FKVO, genauer Art. 2 FKVO, für die Beurteilung eines Zusammenschlusses. Nach § 35 Abs. 3 GWB finden die Vorschriften des GWB keine Anwendung, soweit die Europäische Kommission nach der Verordnung (EG) Nr. 139/2004 des Rates vom 20. Januar 2004 über die Kontrolle von Unternehmenszusammenschlüssen in ihrer jeweils geltenden Fassung ausschließlich zuständig ist. Insbesondere § 36 GWB, der die Fusionskontrolle national regelt, ist dann durch die Regelungen der FKVO gesperrt.[440] Hintergrund dieser Regelung ist das One-Stop-Shop-Prinzip[441]. § 35 Abs. 3 GWB entsprechend regelt Art. 21 Abs. 3 UAbs. 1 FKVO, dass die Mitgliedstaaten ihr innerstaatliches Wettbewerbsrecht nicht auf Zusammenschlüsse von gemeinschaftsweiter Bedeutung anwenden. Damit sind die nationalen Vorschriften nur anwendbar, wenn die Kommission nicht zuständig ist.[442]

Nach Art. 2 Abs. 3 FKVO sind Zusammenschlüsse, durch die wirksamer Wettbewerb im Gemeinsamen Markt oder in einem wesentlichen Teil desselben erheblich behindert würde – insbesondere durch Begründung oder Verstärkung einer beherrschenden Stellung – für mit dem Gemeinsamen Markt unvereinbar zu erklären. Weiterhin gibt Art. 2 Abs. 2 FKVO vor, dass Zusammenschlüsse, durch die wirksamer Wettbewerb im Gemeinsamen Markt oder in einem wesentlichen Teil desselben nicht erheblich behindert würde, insbesondere durch Begründung oder Verstärkung einer beherrschenden Stellung, für mit dem Gemeinsamen Markt vereinbar zu erklären sind.

Während auch für die Fusionskontrolle bezüglich der Marktabgrenzung die Maßstäbe gemäß Art. 102 AEUV heranzuziehen sind[443], wird für die Prüfung der Marktstellung auf den SIEC-Test zurückgegriffen. Demnach kommt es auf das Merkmal der Wettbewerbsbehinderung an.[444] Der Marktbeherrschungstest bleibt damit ein regelmäßig zu beachtendes Regelbeispiel.[445] Im Unterschied zu

---

440 *Thomas*, in: Immenga/Mestmäcker, WettbR, GWB, § 35 Rn. 110.
441 „Prinzip der einzigen Anlaufstelle" siehe ErwG 8 der FKVO.
442 *Bechtold/Bosch*, GWB, § 35 Rn. 54.
443 Vgl. *Mestmäcker/Schweitzer*, EU-WettbR, § 26 Rn. 36 ff.
444 *Mestmäcker/Schweitzer*, EU-WettbR, § 26 Rn. 17.
445 Vgl. Wortlaut Art. 2 Abs. 2. Hs. und Abs. 3 2. Hs.

den Voraussetzungen der Missbrauchskontrolle, wäre bei einer Fusionskontrolle allerdings zu prüfen, ob durch den Zusammenschluss potentiell eine marktbeherrschende Stellung begründet oder verstärkt wird. Die Fusionskontrolle hat insoweit prognostischen Charakter.[446] Die Fusionskontrolle kann daher ein besonders effizientes wettbewerbsrechtliches Instrument darstellen, um Wettbewerbsschutz bei gleichzeitigem Datenschutz zu gewährleisten. Im Rahmen des Fusionskontrollverfahrens lässt sich damit von vornherein verhindern, dass der Wettbewerb behindert wird bzw. sich marktbeherrschende Stellungen bilden oder verfestigen und dass sich der Zusammenschluss auf die informationelle Selbstbestimmung der Nutzer negativ auswirkt.[447]

2. *Zusammenschluss von Facebook und WhatsApp als Ausgangspunkt*

Zunächst ist es einem Zufall zu verdanken, dass die Fusion von Facebook und WhatsApp überhaupt von der Europäischen Kommission beachtet und geprüft wurde.[448] Der Unternehmenszusammenschluss war in drei Mitgliedsstaaten anmeldepflichtig und Facebook beantragte die Verweisung an die Kommission.[449] Trotzdem befasste man sich im Rahmen der Prüfung nicht mit datenschutzrechtlichen Aspekten.

> *„Any privacy-related concerns flowing from the increased concentration of data within the control of Facebook as a result of the transaction do not fall within the scope of the EU competition law rules but within the scope of the EU data protection rules."*[450]

Mit dieser – im Fusionskontrollverfahren der Unternehmen Facebook und WhatsApp getätigten – Aussage, trennte die Europäische Kommission das Kartellrecht bis heute strikt von datenschutzrechtlichen Vorgaben und Wertungen. Die Chronologie der Ereignisse nach der 2014 genehmigten Fusion zwischen

---

446 *Mestmäcker/Schweitzer*, EU-WettbR, § 26 Rn. 16.

447 A.A. *Haucap/Heimeshoff*, Ordnungspolitische Perspektiven 2017, S. 13 u. 14: Datenschutz solle demnach nicht im Rahmen einer Fusionskontrolle berücksichtigt werden können. Gerade eine ex ante Überprüfung sei demnach nicht erforderlich, da eine Verletzung datenschutzrechtlicher Vorschriften auch ex post entdeckt und abgestellt werden könne, ohne dass dazu eine Entflechtung des fusionierten Unternehmens notwendig wäre.

448 *Kallfaß*, in: Langen/Bunte, Kartellrecht, GWB, § 35 Rn. 32.

449 *Kallfaß*, in: Langen/Bunte, Kartellrecht, GWB, § 35 Rn. 32.

450 Europ. Kom., Entsch. v. 3.10.2014 – COMP/M.7217 – Facebook/WhatsApp, Rn. 164.

Facebook und WhatsApp zeigt allerdings, dass eine derartige Isolation des Kartell- und Datenschutzrechts verfehlt war bzw. ist.

Dabei befasste sich die Kommission durchaus mit einer möglichen Zusammenführung von personenbezogenen Nutzerdaten, eine wechselseitige Berücksichtigung der Zusammenhänge zwischen Kartell- und Datenschutzrecht wäre möglich gewesen. Diesbezüglich analysiert die Kommission aber lediglich die Auswirkungen auf die Marktposition auf dem Werbemarkt.[451] Kurioserweise wurden die datenschutzrechtlichen Hürden im Falle einer Datenkonzentration in Folge eines Unternehmenszusammenschlusses von der Kommission sogar benannt: „In particular, such integration would likely require involvement of users of both WhatsApp and Facebook to match/create their profiles on both platforms.“[452] Im Rahmen des Genehmigungsbeschlusses werden sie jedoch dann als Argument dafür angeführt, dass die Unternehmen eine Datenkonzentration schon gar nicht anstreben, die technischen und rechtlichen Hürden seien insoweit zu hoch.[453] Weiterhin ging die Kommission davon aus, dass eine Zusammenführung der Daten und die datenschutzrechtlichen Probleme die Verbraucher verunsichern und schließlich zu einer Abwanderung zu Konkurrenten führen würden.[454] Sämtliche Annahmen der Kommission gingen fehl.

Im Jahr 2016 aktualisierten Facebook und WhatsApp ihre Nutzungsbedingungen und Datenschutzrichtlinien. Das Ziel der Unternehmen war faktisch eine umfangreiche Datenzusammenführung infolge der Fusion. Untereinander weitergegeben werden sollten die Telefonnummer des Nutzers, bestimmte Geräteinformationen, wie z.B. die Plattforminformation und die App- Version, „Zuletzt online"-Angaben, d.h. der Zeitstempel, der nachvollzieht, wann die App zuletzt durch den Nutzer geöffnet wurde, und das WhatsApp-Account-Anmeldedatum.[455] Zur Legitimation dieser Datenverarbeitungen holten die Unternehmen von ihren Nutzern datenschutzrechtswidrige[456] Einwilligungserklärungen ein.

Mit Bescheid vom 23. September 2016 untersagte der Hamburgische Beauftragte für Datenschutz und Informationsfreiheit WhatsApp und Facebook u.a.

---

451 Europ. Kom., Entsch. v. 3.10.2014 – COMP/M.7217 – Facebook/WhatsApp, Rn. 164.

452 Europ. Kom., Entsch. v. 3.10.2014 – COMP/M.7217 – Facebook/WhatsApp, Rn. 160.

453 Europ. Kom., Entsch. v. 3.10.2014 – COMP/M.7217 – Facebook/WhatsApp, Rn. 160.

454 Europ. Kom., Entsch. v. 3.10.2014 – COMP/M.7217 – Facebook/WhatsApp, Rn. 160.

455 OVG Hamburg, Beschl. v. 26.02.2018 – 5 Bs 93/17 13 – DuD 2018, 384; VG Hamburg, Beschl. v. 24.04.2017 – 13 E 5912/16 – DuD 2017, 688.

456 OVG Hamburg, Beschl. v. 26.02.2018 – 5 Bs 93/17 13 – DuD 2018, 384; VG Hamburg, Beschl. v. 24.04.2017 – 13 E 5912/16 – DuD 2017, 688.

die personenbezogenen Daten deutscher WhatsApp-Nutzer zu erheben und zu speichern, soweit und solange eine den Anforderungen des § 4a BDSG a.F. entsprechende Einwilligung nicht vorliegt.[457] Der datenschutzrechtlichen Anordnung, die Zusammenführung der Datenbestände zu unterlassen, folgte sodann eine kartellrechtliche Strafzahlung aufgrund falscher Angaben hinsichtlich der Datenzusammenführung im Fusionskontrollverfahren. Mit einer Zahlung in Höhe von 110 Mio. Euro wurden die irreführenden Angaben zur Übernahme von WhatsApp sanktioniert.[458] Die Kommission stellte fest, dass ein automatischer Abgleich der Facebook- und der WhatsApp-Nutzerprofile – entgegen den von Facebook im Rahmen des Fusionskontrollverfahrens von 2014 gemachten Angaben – bereits im Jahr 2014 technisch möglich und dass den Facebook-Mitarbeitern diese Möglichkeit bekannt gewesen wäre.[459] Leider erklärte die Europäische Kommission in diesem Zusammenhang abermals, dass die von Facebook gemachten irreführenden Angaben zwar relevant seien, aber keinen Einfluss auf das Ergebnis des (positiven) Genehmigungsbeschlusses hätten.[460] Zuletzt wurde wiederum ausgeführt, dass der Beschluss nicht mit Fragen des Schutzes der Privatsphäre, des Datenschutzes oder des Verbraucherschutzes, die die im August 2016 erfolgte Aktualisierung der Nutzungsbedingungen und Datenschutzbestimmungen von WhatsApp unter Umständen aufwerfen könnten, in einem Zusammenhang stehe.[461] Die europäische Behörde versäumte es somit erneut, die negativen Auswirkungen auf den Datenschutz, aber auch auf den Wettbewerb, einer genaueren Prüfung zu unterziehen. Gewissermaßen nahm die Europäische Kommission die Zusammenführung der Datenbestände unter datenschutzrechtswidrigen Bedingungen billigend in Kauf, dabei wäre eine erneute Prüfung oder sogar ein Widerruf durch die Kommission möglich gewesen.[462]

Gegen die unter Anordnung der sofortigen Vollziehung ergangene datenschutzrechtliche Anordnung der nationalen Datenschutzbehörde ging Facebook mit einem Eilantrag im vorläufigen Rechtsschutzverfahren vor. Der Eilantrag blieb hinsichtlich der Untersagung, die personenbezogenen Daten deutscher

---

457 Der Hamburgische Beauftragte für Datenschutz und Informationssicherheit, Anordnung v. 23.09.2016 – D61/32.02-62/14 – Ziffer 1. der Verfügung.

458 http://europa.eu/rapid/press-release_IP-17-1369_de.htm; Abrufdatum 18.07.2018.

459 http://europa.eu/rapid/press-release_IP-17-1369_de.htm; Abrufdatum 18.07.2018.

460 http://europa.eu/rapid/press-release_IP-17-1369_de.htm; Abrufdatum 18.07.2018.

461 http://europa.eu/rapid/press-release_IP-17-1369_de.htm; Abrufdatum 18.07.2018.

462 Vgl. Art. 6 Abs. 3, Art. 8 Abs. 6 FKVO; dazu grds. *Ylinen*, NZKart 2017, S. 421 (424); *Bauer*, in: LMRKM, Kartellrecht, FKVO, Art. 6 Rn. 91 ff.

WhatsApp-Nutzer zu erheben und zu speichern, soweit und solange eine den Anforderungen des § 4a BDSG a.F. entsprechende Einwilligung nicht vorliegt, ohne Erfolg. Das VG Hamburg und das OVG Hamburg haben den Antrag unter der Annahme offener Erfolgsaussichten des Widerspruchsverfahrens auf der Grundlage einer Interessenabwägung – richtigerweise – abgelehnt, so dass die Anordnung der Datenschutzbehörde insoweit sofort vollziehbar geblieben ist.[463] So führten die Gerichte hinsichtlich der Wirksamkeit der Einwilligung aus, dass das Einwilligungsverfahren wegen eines Verstoßes gegen § 4a Abs. 1 S. 1 BDSG a.F. unwirksam sei.[464] Es fehle an einer bewussten Einwilligung der betroffenen Nutzer.[465] Für einen durchschnittlichen Nutzer sei nicht erkennbar, dass die Betätigung des Buttons „Zustimmen" eine Einwilligung in Datenvorgänge nach § 4a Abs. 1 BDSG a.F. darstellen soll.[466] Es fehle jeglicher Hinweis darauf, dass es in der Sache um die Einholung einer Einwilligung in Datenverarbeitungen geht.[467] Eine Übermittlung der WhatsApp-Daten und eine Verknüpfung mit Facebook-Benutzerkonten verstoße demnach gegen (nationales) Datenschutzrecht.[468]

Nachdem sich schließlich der Hamburgische Beauftragte für Datenschutz und Informationsfreiheit, das VG Hamburg, das OVG Hamburg und die Europäische Kommission als Kartellaufsichtsbehörde mit dem Zusammenschluss von Facebook und WhatsApp befasst hatten, trat die DS-GVO in Kraft. Durch die DS-GVO änderte sich allerdings nichts. WhatsApp „teilt" nach wie vor personenbezogene Daten mit sämtlichen der Facebook-Gruppe angehörenden Unternehmen, wie die folgenden Auszüge aus den Nutzungsbedingungen der Unternehmen zeigen:

> *„WhatsApp ist eines der Facebook-Unternehmen. […] WhatsApp arbeitet mit den anderen Facebook-Unternehmen zusammen und Teilt Informationen mit ihnen, um von Leistungen in den Bereichen Infrastruktur, Technologie und Systeme profitieren zu können. Das*

463 OVG Hamburg, Beschl. v. 26.02.2018 – 5 Bs 93/17 13 – DuD 2018, 384; VG Hamburg, Beschl. v. 24.04.2017 – 13 E 5912/16 – DuD 2017, 688.

464 OVG Hamburg, Beschl. v. 26.02.2018 – 5 Bs 93/17 13 – DuD 2018, 384; VG Hamburg, Beschl. v. 24.04.2017 – 13 E 5912/16 – DuD 2017, 688.

465 OVG Hamburg, Beschl. v. 26.02.2018 – 5 Bs 93/17 13 – DuD 2018, 384; VG Hamburg, Beschl. v. 24.04.2017 – 13 E 5912/16 – DuD 2017, 688.

466 OVG Hamburg, Beschl. v. 26.02.2018 – 5 Bs 93/17 13 – DuD 2018, 384; VG Hamburg, Beschl. v. 24.04.2017 – 13 E 5912/16 – DuD 2017, 688.

467 OVG Hamburg, Beschl. v. 26.02.2018 – 5 Bs 93/17 13 – DuD 2018, 384; VG Hamburg, Beschl. v. 24.04.2017 – 13 E 5912/16 – DuD 2017, 688.

468 OVG Hamburg, Beschl. v. 26.02.2018 – 5 Bs 93/17 13 – DuD 2018, 384; VG Hamburg, Beschl. v. 24.04.2017 – 13 E 5912/16 – DuD 2017, 688.

hilft uns dabei, WhatsApp kontinuierlich zu verbessern und gemeinsam für Schutz und Sicherheit bei WhatsApp und den anderen Facebook-Unternehmen zu sorgen. Wenn wir Dienstleistungen von Facebook-Unternehmen beziehen, dann dienen die Informationen, die wir mit ihnen teilen, dazu, WhatsApp gemäß unseren Anweisungen Unterstützung zu bieten.“[469]

„Derzeit teilt WhatsApp bestimmte Informationskategorien mit den Facebook-Unternehmen. Zu den Informationen, die wir mit anderen Facebook-Unternehmen teilen, gehören zum Beispiel: Informationen zur Account-Registrierung (wie deine Telefonnummer), Transaktionsdaten, dienstleistungsbezogene Informationen und Informationen darüber, wie du mit anderen (einschließlich anderen Unternehmen) interagierst, wenn du unsere Dienste verwendest. Außerdem werden Informationen zu Mobilgeräten, deiner IP-Adresse und eventuell auch andere Informationen geteilt, die wir im Abschnitt „Informationen, die wir sammeln“ unserer Datenschutzrichtlinie aufführen. Es kann sich zusätzlich auch um Informationen handeln, die wir durch Mitteilung an dich oder aufgrund deiner Zustimmung erhalten haben.“[470]

Facebook meint augenscheinlich, man müsse sich dem geltenden Recht nicht unterordnen bzw. eine sofort vollziehbare behördliche Verfügung nicht beachten. Natürlich kann Facebook die Rechtsmeinung vertreten, die Untersagungsverfügung sei mit dem Inkrafttreten des DS-GVO rechtswidrig geworden. Die Verfügung ist aber aktuell nach wie vor sofort vollziehbar und damit zu beachten. Diese Rechtswirkungen können nur in den dafür vorgesehenen behördlichen und/oder gerichtlichen Verfahren beseitigt werden. So kann diese Rechtsmeinung im laufenden Widerspruchsverfahren eingebracht oder beim Verwaltungsgericht ein Antrag nach § 80 Abs. 7 VwGO gestellt werden. Sich insbesondere über das Ergebnis der verwaltungsgerichtlichen Interessenabwägung hinwegzusetzen ist jedoch unzulässig. Immer wieder gelingt es Facebook, die personenbezogenen Nutzerdaten weiterzuverarbeiten ohne ernsthaft daran gehindert zu werden. Oben genannte Sanktionszahlungen sind dabei nur ein „Tropfen auf den heißen Stein“, diesbezüglich hätte es weitergehender Maßnahmen bedurft. Hinzu kommt, dass Facebook mit WhatsApp und Instagram nunmehr die beiden nutzerstärksten Dienste (jeweils mit über 1 Milliarde monatlicher Nutzer[471]) im Online-Wettbewerb in einer Unternehmensgruppe vereint hat. Damit

469 https://faq.whatsapp.com/general/security-and-privacy/how-we-work-with-the-facebook-companies/ , Abrufdatum: 25.01.2021.

470 https://faq.whatsapp.com/general/security-and-privacy/what-information-does-whatsapp-share-with-the-facebook-companies/ , Abrufdatum: 25.01.2021.

471 https://www.faz.net/aktuell/wirtschaft/diginomics/instagram-hat-eine-milliarde-nutzer-und-startet-neue-app-15651534.html, Abrufdatum: 5.06.2019.

besteht die Gefahr, dass Facebook nicht nur die „hauseigenen" Nutzerdaten mit WhatsApp-Daten zusammenführen kann, sondern darüber hinaus auch noch mit Instagram-Nutzerdaten. Dieser – aus datenschutzrechtlicher Sicht so zu bezeichnende – „Super-GAU" wird wohl künftig Realität: Facebook kündigte bereits an, alle Dienste miteinander zu verknüpfen.[472]

Schließlich befasste sich – wie bereits oben ausgeführt – das Bundeskartellamt mit den Datenverarbeitungen von Facebook aus Drittquellen wie WhatsApp und anderen Facebook-Diensten. Geprüft wurde, ob Facebook durch die Datenverarbeitung aus Drittquellen, wie z.B. WhatsApp, gegen das Datenschutzrecht verstößt und insoweit ein kartellrechtlich zu beanstandender Missbrauch einer marktbeherrschenden Stellung vorliegt. Die vom Bundeskartellamt getroffene Entscheidung gelangte zu dem Ergebnis, das bereits im Rahmen der europäischen Fusionskontrolle hätte erzielt werden müssen. Facebook wird angewiesen, etwaige datenschutzrechtswidrige Datenverarbeitungen aufgrund unzulässiger Nutzungsbedingungen abzustellen bzw. wirksame Einwilligungserklärungen einzuholen. Facebook-, WhatsApp- und Instagram-Daten dürfen nur noch auf Grundlage einer datenschutzkonformen Einwilligung des Nutzers zusammengeführt werden.[473]

Die dargestellte Chronologie der Ereignisse ist ein mahnendes Beispiel. Eine bessere Abstimmung des Kartell- und Datenschutzrechts bereits im Rahmen eines Fusionskontrollverfahrens ist unabdingbar. Die Kommission verpasste die Chance, möglichst frühzeitig auf (datenschutz- und kartell-) rechtliche Implikationen hinzuweisen und diesen durch geeignete Maßnahmen effektiv entgegenzutreten.[474]

3. *Wettbewerbsbezug und Berücksichtigung datenschutzrechtlicher Vorgaben im Rahmen einer Fusionskontrolle*

Die oben angestellten Überlegungen des Bundeskartellamtes, datenschutzrechtliche Vorgaben in ein kartellrechtliches Verfahren einzubeziehen, sollten daher auf die Fusionskontrolle entsprechend übertragen werden. Mithin sollten

---

472 https://www.sueddeutsche.de/digital/zuckerberg-facebook-instagram-whatsapp-1.4304156, Abrufdatum: 5.06.2019.

473 Bestätigend: BGH, Beschl. v. 23.06.2020 – KVR 69/19 – WRP 2020, 1316.

474 Vgl. *Butarelli*, Stellungnahme – August 2016, S. 12; *Hustinx*, Vorl. Stellungnahme – März 2014, Rn. 64, 65.

in einem Fusionskontrollverfahren auch datenschutzrechtliche Vorgaben eine Rolle spielen.[475]

Als Anknüpfungspunkt dient vor allem Art. 2 Abs. 1 lit. b FKVO.[476] Demnach berücksichtigt die Kommission bei der Prüfung, ob ein Zusammenschluss zulässig ist, auch die Interessen der Zwischen- und Endverbraucher. Die Fusionskontrolle im Sinne der FKVO bezweckt damit auch den (unmittelbaren) Schutz der Verbraucher bei der Verarbeitung personenbezogener Daten durch ein am Wettbewerb teilnehmendes, privates Unternehmen. Ein Zusammenschluss sollte daher nicht genehmigt werden, wenn er zumindest eine Gefährdung der informationellen Selbstbestimmung der Verbraucher zur Folge haben könnte. Eine derartige Gefährdung liegt immer dann nahe, wenn sich datenbasierte Geschäftsmodelle zusammenschließen.[477] Um jedoch einer ausufernden Anwendung der Fusionskontrolle entgegenzusteuern, bietet sich – ähnlich wie im Rahmen der oben dargestellten Verfahrensweise bei der Missbrauchskontrolle – eine Eingrenzung bezüglich der einzubeziehenden außerkartellrechtlichen Aspekte und Wertungen an.

Insbesondere der präventive bzw. prognostische Aspekt der Fusionskontrolle kann Fluch und Segen zugleich für eine bessere Abstimmung des Kartell- und Datenschutzrechts und der daraus entstehenden Synergien sein. Einerseits könnten frühzeitig datenschutzrechtlich bedenkliche Verhaltensweisen antizipiert, überprüft und unterbunden werden.[478] Eine derartige Ex-Ante-Betrachtung entspricht zudem der Einführung des sog. risikobasierten Ansatzes in die DS-GVO.[479] Demnach ist im Vorfeld einer jeden Datenverarbeitung vom

---

475 S.a. *Butarelli*, Stellungnahme – August 2016, S. 18; nach *Bien*, NZKart 2016, S. 445 (446) müsse im Rahmen der Fusionskontrolle die Frage gestellt werden, wie die unvermeidlichen außerwettbewerblichen Erwägungen verfahrensrechtlich am besten zu kanalisieren seien, man dürfe sie nicht einfach ausblenden oder für irrelevant erklären; dies begrüßend *Birnstiel/Eckel*, WRP 2016, S. 1189 (1194).

476 Siehe dazu bereits ab S. 14.

477 Dass das Datenschutzrecht gefährdet sein kann, wenn sich Unternehmen wie Facebook/WhatsApp oder Google/Double Click zusammenschließen, erkennt die Kommission wohl auch, wenn sie im Verfahren Google/Double Click mit dem letzten Satz darauf hinweist, dass „unabhängig von der Genehmigung dieses Zusammenschlusses die zusammengeschlossene Einheit in ihrem alltäglichen Geschäft die Grundrechte beachten muss, die den Benutzern durch jegliche relevanten Instrumente zuerkannt wurden, darunter auch den Schutz der Privatsphäre und den Datenschutz".

478 Vgl. *Butarelli*, Stellungnahme – August 2016, S. 12.

479 Vgl. Art. 24 Abs. 1 DS-GVO und ErwG 76 der DS-GVO.

Verantwortlichen eine Risikoprüfung durchzuführen. Das Ergebnis dieser Prüfung beeinflusst die Anforderungen an die technischen und organisatorischen Maßnahmen, die zwecks Datenschutzes getroffen werden müssen. Die Einbindung datenschutzrechtlicher Belange in die Fusionskontrolle ermöglicht insoweit also eine vorgelagerte behördliche datenschutzrechtliche Risikoüberprüfung.

Andererseits könnte mit Blick auf die Prüfung jedes potentiellen Datenschutzverstoßes in Folge eines Unternehmenszusammenschlusses die Anwendung der Fusionskontrolle ausufern und dazu führen, dass sie ihrer Effektivität beraubt wird. Letztlich dürfen nicht alle möglichen Verbraucherinteressen im Rahmen einer Fusionskontrolle berücksichtigt werden und. Vor allem dürfen Verbraucherinteressen nicht alleiniges Schutzziel bei der Beurteilung eines Zusammenschlusses sein.[480]

Voraussetzung einer Einbeziehung außerkartellrechtlicher Aspekte in die Fusionskontrolle ist zunächst der (auch) kartellrechtliche Bezug des Sachverhalts.[481] Lediglich Zusammenschlüsse, die potentiell Auswirkungen (auch) auf die kartellrechtlich relevante Marktstruktur haben, sollten eine gemeinsame Betrachtung des Datenschutz- und Kartellrechts auslösen. Damit sind sämtliche Zusammenschlüsse, die von vornherein keinen Wettbewerbsbezug aufweisen, dem Anwendungsbereich zu entziehen, obwohl möglicherweise das Datenschutzrecht verletzt wird. Dies kann Fälle betreffen, in denen beide Unternehmen nicht die geforderten Schwellenwerte für eine Anwendung der FKVO erfüllen. Dies kann aber auch Konstellationen betreffen, in denen zwar die Schwellenwerte erreicht sind, wettbewerbseinschränkende Effekte aber nicht zu befürchten sind, bspw. wenn die Unternehmen nur über geringe Datenbestände verfügen und sonst auch keine exponierte Marktstellung aufweisen. In diesen Fällen bleibt es bei der originären und alleinigen Zuständigkeit der zuständigen Datenschutzbehörden. Dies ist ein Kompromiss, der aus datenschutzrechtlicher Sicht eingegangen werden sollte, damit die flankierende Anwendung des Wettbewerbsrechts nicht ausufert.

In Anbetracht des erforderlichen kartellrechtlichen Bezuges bedarf es somit zunächst der Feststellung der zuständigen Kartellbehörde, dass ein beabsichtigter Zusammenschluss potentiell den Wettbewerb behindern kann.[482] Ausgehend

---

480 Nur datenschutzrechtliche Bedenken rechtfertigen nicht die Untersagung einer Unternehmensfusion: soweit auch *Grave/Nyberg*, WuW 2017, S. 363 (366).

481 Datenschutzrelevante Fragen können dann bei der kartellrechtlichen Prüfung berücksichtigt werden: *Podszun/de Toma*, NJW 2016, S. 2987 (2992).

482 Dass eine „Datenkombination“ den Wettbewerb behindern kann, bezweifelnd *Körber*, NZKart 2017, S. 303 (309).

von der Bedeutung des Zugangs zu wettbewerbsrelevanten Daten, insbesondere unter Beachtung der Neuregelung des nationalen Gesetzgebers in § 18 Abs. 3a Nr. 4 GWB, ist von einer – nach hier vertretener Auffassung – hohen Wahrscheinlichkeit auszugehen, dass der Wettbewerb bereits durch einen umfangreichen Datenzusammenschluss behindert werden kann und dadurch die marktbeherrschende Stellung des Unternehmens verstärkt wird.[483] Die nationale Monopolkommission hält solche Auswirkungen auf den Wettbewerb gleichermaßen für möglich, auch wenn eine abschließende Bewertung hinsichtlich des tatsächlichen Eintretens solcher Risiken – mangels belastbarer Erfahrungswerte – noch nicht vorgenommen werden kann.[484] Dazu wird ausgeführt: „Durch die zusammenschlussbedingte Kombination von Daten könnte es Plattformbetreibern möglich werden, sich (auch) unabhängig von ihrer Marktmacht langfristig vom Wettbewerb abzuschotten bzw. neue Märkte schon zu besetzen, bevor ihre Wettbewerber eine effektive Reaktionsmöglichkeit haben.".[485] Für mögliche wettbewerbliche Auswirkungen durch einen „Datenzusammenschluss" spricht zudem, dass sich die Europäische Kommission in den beiden Fusionsfällen Google/Double Click und Facebook/WhatsApp mit einer Datenzusammenführung und deren Auswirkungen beschäftigt hat, auch wenn sie aufgrund sachverhaltsspezifischer Gegebenheiten nicht zu dem Schluss kam, dass der Wettbewerb potentiell behindert wird. Im Missbrauchskontrollverfahren gegen CTS Eventim gibt das Bundeskartellamt schließlich ganz allgemein zu verstehen, dass ein „Datenvorsprung" durchaus wettbewerbliche Wirkungen haben kann.[486]

Wie bereits dargestellt entscheidet allerdings nicht immer nur die Quantität der Datenverarbeitungen über die Tiefe des Eingriffs in die informationelle Selbstbestimmung der Verbraucher. Es kommt vor allem auch auf die Qualität der Datenverarbeitungen an. So können durch die Verarbeitung mittels Big-Data-Technologien viele unsensible personenbezogene Daten ein umfangreiches und zugleich sensibles Persönlichkeitsprofil ergeben. Noch gefährlicher ist aus persönlichkeitsrechtlicher Sicht die massenhafte Verarbeitung von originär sensiblen Daten. Man stelle sich vor, dass ein Suchmaschinen-Anbieter die

---

483 Vgl. *Hoffer/Lehr*, NZKart 2019, S. 10 (14); hält eine wettbewerbliche Wirkung für denkbar *Weck*, NZKart 2015, S. 290 (295); nach *Drexl*, NZKart 2017, S. 415 (419) kann die bloße Größe eines Datensatzes zu der Begründung einer marktbeherrschenden Stellung eines Unternehmens führen.

484 *Monopolkommission*, 68. Sondergutachten, S. 162 Rn. 478, 479; vgl. auch Vgl. *Beisenherz*, DuD 2015, S. 600 (602); *Holzweber*, NZKart 2016, S. 104 (108).

485 *Monopolkommission*, 68. Sondergutachten, S. 162 Rn. 478, 479.

486 *BKartA*, Beschl. v. 4.12.2017 – B6-132/14-2 – CTS-Eventim, S. 57 Rn. 195 ff.

Suchdaten der Nutzer mit personenbezogenen Daten in Form von Sprach- und Videoaufnahmen aus der Wohnung eines Nutzers zusammenführt. Das Bild, das sich in der Folge ergäbe, wäre an Detailreichtum nicht zu überbieten, es würde einen besonders intensiven Eingriff in das Recht auf informationelle Selbstbestimmung darstellen. Wenn man den personenbezogenen Daten im Allgemeinen einen gewissen Wert zuweisen möchte, würde den soeben geschilderten sensiblen Daten ein aus wettbewerblicher Sicht besonders hoher Wert zukommen. Die wettbewerblichen Chancen, die sich aus einer derart detaillierten Analyse des jeweiligen Nutzers ergeben würden, liegen – wie die Entwicklung der letzten Jahre zeigt – vermutlich heute noch außerhalb jeder Vorstellungskraft.

Dieser Sachverhalt ist nicht nur reine Dystopie, sondern (gelebte) Realität. Google übernahm im Jahr 2014 Nest Labs für eine Summe von 3,2 Milliarden US-Dollar. Nest Labs ist ein Unternehmen, das im Bereich Internet of Things aktiv ist und smarte Haushaltsgeräte produziert, insbesondere ausgelegt auf Energieeffizienz. Teilweise werden auch Überwachungskameras für den Außen- und Innenbereich vertrieben. Im Jahr 2019 stellt Google den „Google Nest Hub" vor, einen neuartigen digitalen Assistenten für das eigene Heim. Die wettbewerblichen Möglichkeiten, die sich aus der ehemals vollzogenen Fusion der beiden Unternehmen nunmehr ergeben, sind kaum zu beziffern. Da Nest Labs zum damaligen Zeitpunkt selbst noch keine nennenswerten Umsätze vorweisen konnte, war gemäß Art. 1 FKVO der Anwendungsbereich für eine Fusionskontrolle schon gar nicht eröffnet, die wettbewerbsrechtliche Relevanz war also gar nicht erst gegeben.

Ein solcher Ausschluss der wettbewerblichen Relevanz ist allerdings offensichtlich fragwürdig.[487] Begrüßenswert ist diesbezüglich die gesetzgeberische Arbeit des nationalen Gesetzgebers im Rahmen der 9. GWB-Novelle. So wurde nun festgestellt, dass auch derartige Zusammenschlüsse eine fusionsrechtliche Überprüfung auslösen können bzw. sollen. Zugrunde liegt dabei die Annahme, dass „in derartigen Konstellationen die Disproportionalität zwischen fehlendem oder geringem Umsatz, der zunächst eine fehlende oder geringe Marktbedeutung vermuten lässt, und dem gleichwohl auffällig hohen Kaufpreis dafür spricht, dass der Zusammenschluss aus Sicht des Erwerbers durchaus eine wirtschaftliche und wettbewerbliche Relevanz besitzt".[488] Um dieser wettbewerblichen Relevanz gerecht zu werden, sollen gemäß § 35 Abs. 1a Nr. 3 GWB die Vorschriften über die Zusammenschlusskontrolle auch Anwendung finden, wenn der Wert

487 Auf das Problem hinweisend: *Podszun/Kersting*, ZRP 2019, S. 34 (35).
488 BT-Drs. 18/10207, S. 71.

der Gegenleistung für den Zusammenschluss mehr als 400 Millionen Euro beträgt und das zu erwerbende Unternehmen nach § 35 Abs. 1a Nr. 2 GWB in erheblichem Umfang im Inland tätig ist. Auch solche Zusammenschlüsse haben wettbewerbliche Wirkungen: „Es können Marktverschließungseffekte auftreten, Markteintrittsbarrieren geschaffen und Innovationspotential wettbewerblich bedenklich behindert werden, indem etwa bereits marktführende Unternehmen aufstrebende Konkurrenten in einem frühen Entwicklungsstadium vollständig in das eigene Geschäft integrieren, die ursprüngliche Tätigkeit des erworbenen Unternehmens verändern oder sogar gänzlich einstellen.“[489] Damit könnte in Zukunft auch der oben besprochene Sachverhalt auf datenschutz- und kartellrechtliche Implikationen hin untersucht werden.[490]

Neben der wettbewerblichen Relevanz sind sodann potentielle Auswirkungen des Zusammenschlusses auf den Schutz des Verbrauchers bei der Verarbeitung personenbezogener Daten zu untersuchen. Ziel ist insoweit das Antizipieren und Verhindern von Verhaltensweisen, die den Einzelnen schädigen können, durch die zuständigen Behörden.[491] Inwieweit die Europäische Kommission hinsichtlich einer datenschutzrechtlichen Problematik mit europäischen bzw. mitgliedstaatlichen Datenschutzbehörden zusammenarbeiten muss, bestimmt sich nach der verfahrensmäßigen Abstimmung der Behörden, die im weiteren Verlauf untersucht werden soll. Bei einer Zusammenführung umfangreicher personenbezogener Datenbestände kann von einem hohen Risiko einer Verletzung von Verbraucherinteressen ausgegangen werden, also von potentiell schädlichen Auswirkungen auf die Verbraucher.[492] In analoger Anwendung europäischer Maßstäbe[493] besteht sicherlich die Fähigkeit der Unternehmen, die Verbraucherinteressen zu verletzen. Die technische Verknüpfung der personenbezogenen Daten ist unter Anwendung von Big Data-Technologien[494] unproblematisch. Auch der Anreiz hinsichtlich der Datenverknüpfung und damit hinsichtlich eines Eingriffs in das Recht auf informationelle Selbstbestimmung wird zumeist

489 BT-Drs. 18/10207, S. 72.

490 Nach *Böhme*, K&R 2018, Die Erste Seite – Heft 3, wird der Datenschutz der Kunden im Smart Home auch über das allgemeine Kartellrecht gewährleistet.

491 Vgl. *Butarelli*, Stellungnahme – August 2016, S. 12.

492 Vgl. *Buchner* hinsichtlich Google/Double Click, DuD 2008, S. 724 (728); *Beisenherz*, DuD 2015, S. 600 (603);

493 Zu den Maßstäben siehe Nichthorizontalzusammenschlussleitlinien, https://eur-lex.europa.eu/legal-content/DE/TXT/PDF/?uri=CELEX:52008XC1018(03)&from=DE, Abrufdatum: 4.07.2019.

494 Zum Begriff *Meyerdierks*, in: Moos/Schefzig/Arning, DS-GVO, S. 683 ff.

bestehen. Wie man im Fall Facebook/WhatsApp sieht, testen Plattformen die rechtlichen Grenzen ihrer Unternehmensstrategie – sogar vorsätzlich – aus.

Um den Kreis der einzubeziehenden außerwettbewerblichen Interessen zu bestimmen, kann auf die Ausführungen zur Missbrauchskontrolle zurückgegriffen werden. Letztlich soll nur die Verletzung außerkartellrechtlicher Normen und Wertungen durch den Datenzusammenschluss berücksichtigt werden, wenn die relevanten individualschützenden Normen den Inhalt einer Anbieter-Nachfrager-Beziehung ausgestalten, also dem konkreten Marktverhalten des marktbeherrschenden Unternehmens Grenzen setzen und der Marktgegenseite Rechte verleihen.[495] Diesen Anforderungen werden datenschutzrechtliche Normen im Einzelfall gerecht.

4. *Maßnahmen im Rahmen eines Fusionskontrollverfahrens*

Im Unterschied zur Missbrauchskontrolle können Maßnahmen der Behörden bzw. Verpflichtungen der Unternehmen bereits in präventiver Weise effektiven Wettbewerbs- und Datenschutz bewirken.

a) *Datenschutzrechtliche Risiken im Falle einer Unternehmensfusion*

Soweit Unternehmen im Rahmen eines Zusammenschlusses bereits gespeicherte personenbezogene Datenbestände zusammenzuführen wollen, gilt es, die datenschutzrechtlichen Vorgaben zu berücksichtigen.[496]

Die Zusammenführung bzw. Verknüpfung von personenbezogenen Daten stellt eine Verarbeitung im Sinne von Art. 4 Nr. 2 DS-GVO dar.[497] Unter der Annahme, dass die Unternehmen die relevanten personenbezogenen Daten ursprünglich auf Grundlage von Art. 6 DS-GVO rechtmäßig erhoben bzw. verarbeitet haben, bspw. bei oder nach Vertragsschluss, käme für eine weitere Verknüpfung mit personenbezogenen Daten eines anderen Unternehmens nur eine Legitimation gemäß Art. 6 Abs. 4 DS-GVO in Betracht. Bei der Verarbeitung im Zuge der Fusion würde es sich insoweit um eine Weiterverarbeitung zu geänderten Zwecken handeln. Die personenbezogenen Daten wurden ursprünglich

---

495 Siehe dazu S. 107.

496 In diesem Sinne auch *Hustinx*, Vorl. Stellungnahme – März 2014, Rn. 64; *Butarelli*, Stellungnahme – August 2016, S. 13; *Beisenherz*, DuD 2015, S. 600 (603); mit Einschränkung auch *Holzweber*, NZKart 2016, S. 104 (107); Buchner, DuD 2008, S. 724 (728); **a.A.** Europ. Kom., 3.10.2014, COMP/M.7217 – Facebook /WhatsApp – Rn. 164; Europ. Kom., 11.3.2008, COMP/M.4731 – Google/DoubleClick – Rn. 368.

497 *Herbst*, in: Kühling/Buchner, DS-GVO/BDSG, Art. 4 Nr. 2 Rn. 34.

etwa zu Vertragszwecken erhoben, wie bspw. zur Erfüllung und Durchführung des Vertrages. Weiterverarbeitet bzw. verknüpft werden die Daten nun aufgrund wirtschaftlicher Interessen, etwa um weitergehende Informationen über die betroffenen Personen zu erhalten, Produkte neu- oder weiterzuentwickeln[498], um in der Folge die Stellung auf dem Markt zu verbessern.

Den obigen Ausführungen zum Behinderungsmissbrauch entsprechend ist bezüglich einer möglichen Zweckänderung bei der Verarbeitung zu beachten, dass auch im Falle eines positiven Kompatibilitätstestes gemäß Art. 6 Abs. 4 DS-GVO zusätzlich eine Rechtsgrundlage für die Verarbeitung gegeben sein muss.[499] Die Weiterverarbeitung ist somit grundsätzlich verboten, kann aber gemäß Art. 6 Abs. 1 DS-GVO erlaubt sein. Entweder kann die Verarbeitung auf eine Einwilligung gemäß Art. 6 Abs. 1 lit. a DS-GVO oder auf die gesetzlichen Erlaubnistatbestände nach Art. 6 Abs. 1 lit. b-f DS-GVO gestützt werden. Ausweislich ErwG 50 S. 7 der DS-GVO ist eine Einwilligung unabhängig, vom Ergebnis des nach Art. 6 Abs. 4 DS-GVO durchzuführenden Kompatibilitätstestes. Hingegen ist die Verarbeitung auf gesetzlicher Basis abhängig von der Prüfung der Zweckvereinbarkeit.

Zunächst käme eine erneute Einwilligung gemäß Art. 6 Abs. 1 lit. a DS-GVO unter Bezugnahme auf die neuen Zwecke der Datenverarbeitung in Betracht. Ausweislich ErwG 32 S. 3 der DS-GVO sollten Stillschweigen, bereits angekreuzte Kästchen oder Untätigkeit der betroffenen Person keine Einwilligung darstellen. Es reicht demnach nicht aus, dass die Unternehmen eine Einwilligung der betroffenen Personen fingieren, indem sie darüber informieren, dass eine Verknüpfung der Datenbestände erfolgen soll, es sei denn, die betroffene Person widerspricht dem ausdrücklich (sog. „Widerspruchslösung").[500] Diese Lösung wäre quasi eine unter der DS-GVO – und auch bereits unter dem BDSG a.F. – nicht zulässige Opt-Out-

---

498 *Monopolkommission*, 68. Sondergutachten – Juni 2015, Rn. 110.

499 *Buchner/Petri*, in: Kühling/Buchner, DS-GVO/BDSG, Art. 6 Rn. 179.

500 Die „Widerspruchslösung" für zulässig erklärend: BayLDA, Pressemitteilung – Kundendaten beim Unternehmensverkauf - ein Datenschutzproblem, https://www.google.com/url?sa=t&rct=j&q=&esrc=s&source=web&cd=1&ved=2ahUKEwiBru7N75XjAhWJK1AKHUkFBLIQFjAAegQIARAC&url=https%3A%2F%2Fwww.lda.bayern.de%2Fmedia%2Fpm2015_10.pdf&usg=AOvVaw3C_5PMDYzD7O5j6vt9W40F, Abrufdatum: 2.07.2019; auch befürwortend: *DSK*, Beschluss der Konferenz der unabhängigen Datenschutzaufsichtsbehörden des Bundes und der Länder – Asset Deal – Katalog von Fallgruppen – Mai 2019, S. 2.

Lösung.[501] Die betroffenen Personen müssten aktiv und eindeutig zu verstehen geben, dass sie der Verknüpfung der Daten zustimmen (sog. „Opt-In-Lösung"). Eine derartige Lösung ist selbstverständlich für die Unternehmen mit einem erheblichen Aufwand verbunden.[502] Fusionen, in denen es vertraglich gerade darauf ankommt, dass die Daten „komplett" übertragen und zusammengelegt werden, wären einigen Unsicherheiten ausgesetzt. Da Unternehmensfusionen aber auch dazu führen können, dass aus einigen unsensiblen Daten höchst sensible Datenbestände entstehen können, muss die Wirtschaft wohl dieses „Opfer bringen".

Die Weiterverarbeitung auf gesetzlicher Grundlage scheitert bereits an dem nach Art. 6 Abs. 4 DS-GVO durchzuführenden Kompatibilitätstest. Dabei sind die gemäß Abs. 4 lit. a-e aufgeführten Kriterien zur Beurteilung heranzuziehen. Ausweislich ErwG 50 S. 6 der DS-GVO soll unter anderem auf die „vernünftigen Erwartungen" der betroffenen Personen abgestellt werden, die auf der Beziehung zum Verantwortlichen beruhen. Die betroffenen Personen können nicht damit rechnen, dass die sie betreffenden Daten zwecks wirtschaftlicher Optimierung und weitergehenden Analysen weiterverarbeitet bzw. mit den unternehmensfremden Daten verknüpft werden. Eine solche auf wirtschaftliche Interessen abzielende Datenverarbeitung kann unter keinen Umständen einen kompatiblen Zweck darstellen.[503] Damit würde jede gesetzliche Rechtfertigung der Weiterverarbeitung schon am Kompatibilitätstest scheitern. Unabhängig vom Ergebnis eines durchzuführenden Kompatibilitätstest nach Art. 6 Abs. 4 DS-GVO wäre für eine Weitverarbeitung aber auch kein (erforderlicher) legitimierender gesetzlicher Erlaubnistatbestand ersichtlich:

Eine Verknüpfung der personenbezogenen Daten im Rahmen einer Fusion ist nicht gemäß Art. 6 Abs. 1 lit. b DS-GVO erforderlich für die Erfüllung des Vertrages gegenüber dem jeweiligen Nutzer. Die Erbringung der Dienstleistung kann jederzeit ohne eine entsprechende Datenverknüpfung erfolgen. Den Unternehmen geht es zumeist um eine genauere Analyse und Auswertung des Nutzerverhaltens zwecks Vermarktung oder Produktentwicklung. Jede

---

501 Sämtliche Widerspruchslösungen (siehe bspw. auch § 15 Abs. 3 TMG) sollten unionsrechtlich verhindert werden, siehe *Specht*, in: Specht/Mantz, Handbuch DS-GVO, § 9 Rn. 66.

502 Hinsichtlich der fehlenden Praktikabilität im Rahmen eines sog. Asset Deals: *Beyer/Beyer*, NZI 2016, S. 241 (242); *Rothkegel*, in: Moos, Datenschutz- und Datennutzungsverträge, § 34 Rn. 5.

503 Hinsichtlich des Asset-Deals, *Ernst*, DuD 2016, S. 792 (795).

Leistungsbeschreibung in AGBs, die die Übertragung von personenbezogenen Daten im Rahmen einer Fusion zum Gegenstand hat, würde einer Transparenzkontrolle im Zweifel nicht standhalten.

Ein Rückgriff auf Art. 6 Abs. 1 lit. c DS-GVO kommt ebenso wenig in Frage. Der Vertrag über den Zusammenschluss kann nicht als eine „rechtliche Verpflichtung" im Sinne der Vorschrift verstanden werden. Zum einen besteht dieser Vertrag nur im internen Verhältnis der zusammenschließenden Unternehmen. Dieser Vertrag darf sich nicht zu Lasten der Betroffenen auswirken. Zum anderen kann die rechtliche Verpflichtung nach Art. 6 Abs. 1 lit. c DS-GVO ohnehin nur aus Rechtsvorschriften hervorgehen.

In Frage käme zuletzt die Interessenabwägungsklausel gemäß Art. 6 Abs. 1 lit. f DS-GVO. Zu berechtigten Interessen im Sinne der Vorschrift zählen rechtliche, tatsächliche, wirtschaftliche oder ideelle Interessen.[504] Das Interesse an der Datenverarbeitung im Zuge einer Fusion ist vor allem wirtschaftlicher Natur, da die Unternehmen zumeist ihre wirtschaftliche Stellung optimieren wollen. Dieses Interesse kann allerdings in keinem Fall als berechtigt im Sinne der Vorschrift angesehen werden.

Auch ErwG 48 der DS-GVO kann nicht als Argument für ein berechtigtes Interesse an einer hier in Rede stehenden Datenverknüpfung herangezogen werden. Gemäß ErwG 48 der DS-GVO können Verantwortliche, die Teil einer Unternehmensgruppe oder einer Gruppe von Einrichtungen sind, die einer zentralen Stelle zugeordnet sind, ein berechtigtes Interesse haben, personenbezogene Daten innerhalb der Unternehmensgruppe für interne Verwaltungszwecke, einschließlich der Verarbeitung personenbezogener Daten von Kunden und Beschäftigten, zu übermitteln. Zunächst befinden sich die Unternehmen im Zeitpunkt der Fusion noch nicht innerhalb einer Unternehmensgruppe. Zudem wäre fraglich, ob die beabsichtigte Verknüpfung von Daten internen Verwaltungszwecken dienen würde.

Schließlich würde die Interessenabwägung auch nicht zugunsten der fusionierenden Unternehmen ausfallen, wenn die Einholung einer „Opt-Out"-Einwilligung gewährleistet ist und zusätzlich nur „unsensible" personenbezogene Daten im Rahmen der Fusion verknüpft werden.[505] Dass eine Kombination aus einzelnen datenschutzrechtlichen Maßnahmen im Ergebnis zur Datenschutzkonformität unternehmerischer Verhaltensweisen führen kann, ist zunächst eine durchaus zu diskutierende Möglichkeit. Hinsichtlich eines Unternehmenskaufes

---

504 *Reimer*, in: Sydow, DS-GVO, Art. 6 Rn. 54.
505 Siehe LG Leipzig, Urt. v. 24.10.2018 – 05 O 2873/17.

infolge/aufgrund einer Insolvenz des gekauften Unternehmens führte das *LG Leipzig* unter der alten Rechtslage (BDSG a.F.) aus, dass der Aspekt der Betriebsfortführung sowie der Arbeitsplatzerhaltung die Interessen der Betroffenen an der Beschränkung der Datenverwendung vorgezogen werden könne, soweit die soeben genannten Maßnahmen ergriffen wurden.[506] Der im Urteil behandelte Fall des Unternehmenskaufes, eines sog. Asset-Deals, ist jedoch insoweit von einer Unternehmensfusion im hier besprochenen Sinne abzugrenzen. Während beim Asset Deal etwaige Vermögenswerte einzeln auf den Erwerber übertragen werden, zeichnet sich die Fusion durch eine vollständige Verschmelzung der Vermögenswerte aus.[507] Weiterhin geht es im Rahmen des hier besprochenen Falles nicht um den Erhalt von Arbeitsplätzen und um eine Betriebsfortführung. Im Falle einer „Big-Data-Fusion“ wird vielmehr auf wirtschaftliche Optimierung und Erarbeitung einer exponierten Markstellung abgezielt. Möglicherweise hätten die betroffenen Personen im Falle einer Insolvenz sogar ein Interesse daran, dass die Daten erhalten bleiben und von einem anderen Unternehmen weiterverarbeitet werden. Somit sind die Ausgangssituationen grundverschieden.

Weiterhin wäre fraglich, ob eine Kombination aus mehreren weniger wirksamen datenschutzrechtlichen Maßnahmen eine wirksame, die Datenschutzkonformität begründende Maßnahme generiert. Zunächst ist festzustellen, dass eine „Opt-Out“ Einwilligung nicht mehr zulässig ist und bereits unter dem BDSG a.F. nicht zulässig war. Sie kann somit unter keinen Umständen ein Argument für eine datenschutzrechtliche Zulässigkeit darstellen. Hinzu kommt die Unsicherheit hinsichtlich einer Übertragung von nur „unsensiblen“ personenbezogenen Daten. Eine trennscharfe Abgrenzung der unsensiblen übertragbaren Daten von besonders sensiblen nicht übertragbaren Daten wäre wohl nicht möglich. Nichtsdestotrotz ist die Kombination verschiedener datenschutzrechtlicher Maßnahmen zur Erreichung datenschutzrechtlicher Konformität ein interessanter Aspekt. Dabei müssen die einzelnen Maßnahmen jedoch für sich genommen ein gewisses Mindestmaß an Wirksamkeit erzielen. Hinsichtlich einer Unternehmensübertragung aufgrund einer Insolvenz könnten die Maßnahmen ausreichend sein. In der hier erörterten Fusionssituation kann dadurch jedoch keine datenschutzrechtliche Konformität erreicht werden.

506 Siehe LG Leipzig, Urt. v. 24.10.2018 – 05 O 2873/17.

507 Zur Fusion: Art. 3 Abs. 1 FKVO; *Rinne*, in: BeckOK InfoMedienR, FKVO, Art. 3 Rn. 2; Zum Asset-Deal: *Rothkegel*, in: Moos, Datenschutz- und Datennutzungsverträge, § 34 Rn. 3.

Insgesamt wäre eine Datenverknüpfung im Rahmen eines Unternehmenszusammenschlusses also nur mittels Einwilligung gemäß Art. 6 Abs. 4 iVm. Abs. 1 S. 1 lit. a DS-GVO zu rechtfertigen. Aber auch im Falle einer Einwilligung bestünde regelmäßig die Gefahr, dass durch eine massenhafte Weiterverarbeitung die Transparenz der Datenverarbeitung gemäß Art. 5 Abs. 1 lit. a DS-GVO erheblich beeinträchtigt und dass der Grundsatz der Datenminimierung gemäß Art. 5 Abs. 1 lit. c DS-GVO mit „Füßen getreten" wird. Die Einholung einer DS-GVO-konformen Einwilligung würde dennoch für ein Mindestmaß an datenschutzrechtlicher Konformität sorgen.

b) Maßnahmen in der Fusionskontrolle zwecks Wettbewerbs- und Datenschutz

Damit Zusammenschlüsse nicht regelmäßig abgelehnt werden, wenn Marktbehinderungen oder Rechtsverletzungen zu befürchten sind, bietet es sich an, dass ein Zusammenschluss auch unter Vorbehalt für zulässig erklärt werden kann.

Gemäß Art. 8 Abs. 1 FKVO kann die Kommission bei Vorliegen der Voraussetzungen eine Entscheidung erlassen, mit der der Zusammenschluss für vereinbar mit dem Gemeinsamen Markt erklärt wird. Bestehen Bedenken hinsichtlich der rechtlichen Zulässigkeit des Zusammenschlusses, können diese durch entsprechende Maßnahmen und Verpflichtungen beseitigt werden. Nach Art. 8 Abs. 2 UAbs. 2 FKVO kann die Kommission ihre Entscheidung mit Bedingungen und Auflagen verbinden, um sicherzustellen, dass die beteiligten Unternehmen den Verpflichtungen nachkommen, die sie gegenüber der Kommission hinsichtlich einer mit dem Gemeinsamen Markt zu vereinbarenden Gestaltung des Zusammenschlusses eingegangen sind.[508]

Zudem wird in ErwG 30 der FKVO ausgeführt, dass die Kommission einen Zusammenschluss in seiner geänderten Form für mit dem Gemeinsamen Markt vereinbar erklären können sollte, wenn die beteiligten Unternehmen einen angemeldeten Zusammenschluss ändern, indem sie insbesondere anbieten,

---

508 Unternehmen können insoweit selbst Verpflichtungen eingehen, um eine Genehmigung des Zusammenschlusses zu erreichen. Verpflichtet sich das Unternehmen bspw. selbst, den zusammengeführten geführten personenbezogenen Datenbestand mit den Mitbewerbern zu teilen, ist hierin eine andere Verarbeitungssituation zu sehen, als im Falle einer behördlichen Verpflichtung zur Zugangsgewährung, wie sie oben dargestellt wurde. Der Verantwortliche, also das Unternehmen, entscheidet selbst über die Zwecke und Mittel der Verarbeitung. Das Unternehmen verfolgt mit der Zugangsgewährung dann den Zweck der Genehmigung des Zusammenschlusses.

Verpflichtungen einzugehen, die den Zusammenschluss mit dem Gemeinsamen Markt vereinbar machen. Demnach steht den Unternehmen ein Initiativrecht zu.[509] Hinsichtlich der Auflagen und Bedingungen, die durch die Kommission erteilt werden können, ist diese an die Vorschläge der relevanten Unternehmen gebunden, sie ist nicht befugt, selbst Maßnahmen vorzuschlagen und aufzutragen.[510] Zur Absicherung der Unternehmenszusagen können die genannten Nebenbestimmungen von der Kommission in Stellung gebracht werden. Mit der Mitteilung der wettbewerbsrechtlichen Bedenken durch die Kommission können die Unternehmen ihr Verpflichtungszusagen darauf ausrichten und durch die Einhaltung eine positive Bescheidung erzielen. Die Kommission kann die Einhaltung der Zusagen noch mit Auflagen und Bedingungen versehen.[511] Sollte festgestellt werden, dass gegen Zusagen verstoßen wurde, stehen der Kommission die Befugnisse gemäß Art. 8 Abs. 4 FKVO zur Verfügung.

In Anwendung dieser Möglichkeiten sollten sich Unternehmen zu Maßnahmen verpflichten, die gleichermaßen zu Wettbewerbs- und Datenschutz führen.

aa) Verpflichtung zur Einholung einer wirksamen Einwilligung

Mit dem Ziel des Datenschutzes könnten Unternehmen sich im Rahmen der Fusionskontrolle verpflichten, die Datenverarbeitungen rechtskonform auszuführen. Da gesetzliche Erlaubnistatbestände für eine Zusammenführung der Datenbestände durch die Unternehmen im Datenschutzrecht eher nicht vorliegen, wird im wahrscheinlichsten Fall auf die Einwilligung der betroffenen Personen zurückgegriffen. Die oben beschriebene „Widerspruchslösung" reicht nicht aus.

Die Unternehmen sollten sich zu einer rechtskonformen Datenverarbeitung im Rahmen des Zusammenschlusses verpflichten. Dazu gehört im Falle einer Einwilligung, dass diese konkret ausgestaltet und in einem weiteren Schritt einer behördlichen datenschutzrechtlichen Prüfung unterzogen wird. Das Ergebnis der datenschutzrechtlichen Prüfung wird sodann in das kartellrechtliche Verfahren einbezogen. Die Bedingung könnte lauten, dass der Zusammenschluss solange nicht als genehmigt gilt, bis eine rechtskonforme (zumeist formularmäßige) Einwilligung vorliegt. Bei einem späteren Verstoß sollte der Kommission die Befugnis zustehen, einen zunächst genehmigten Zusammenschluss

509 *Siegert*, in: Schröter/Jakob/Klotz/Mederer, EU-WettbR, FKVO, Art. 8 Rn. 7.
510 *Siegert*, in: Schröter/Jakob/Klotz/Mederer, EU-WettbR, FKVO, Art. 8 Rn. 7.
511 *Siegert*, in: Schröter/Jakob/Klotz/Mederer, EU-WettbR, FKVO, Art. 8 Rn. 9.

rückgängig zu machen, damit negative Auswirkungen wie im Fusionsfall Facebook/WhatsApp vermieden werden.

Eine solche Maßnahme wirkt sich in erster Linie positiv auf den Datenschutz der betroffenen Personen aus. Der Wettbewerb ist auch bei einer rechtskonformen Datenzusammenführung gefährdet. Die wettbewerbsrechtlichen Bedenken, die mit massenhaften Datenübermittlungen einhergehen, können dadurch nicht ausgeräumt werden. Durch eine solche Maßnahme könnte aus kartellrechtlicher Sicht lediglich sichergestellt werden, dass Unternehmen sich durch Rechtsverstöße keinen weiteren wettbewerblichen Vorsprung erarbeiten, der anderen – rechtmäßig arbeitenden – kleineren Unternehmen verwehrt bleibt. Mithin ist die Verpflichtung zur rechtskonformen Verarbeitung nur bedingt wirksam, um einen effektiven und zugleich simultanen Wettbewerbs- und Datenschutz zu gewährleisten.

bb) Verpflichtung zur Zugangserleichterung

Weiterhin könnten sich die zusammenschließenden Unternehmen verpflichten, ihren (im Anschluss an die Fusion) gemeinsamen Datenbestand mit den Mitbewerbern zu teilen. Wie bereits im Rahmen des Behinderungsmissbrauchs gemäß § 19 Abs. 2 Nr. 4 GWB beschrieben, sollte bei der Entscheidung über einen Zugangsgewährungsanspruch der Wettbewerbs- und Datenschutz gleichermaßen berücksichtigt werden. Nur dann kann gewährleistet werden, dass der Wettbewerb effektiv geschützt und der Datenschutz nicht beeinträchtigt wird. Lediglich eine Zugangserleichterung zu einem anonymisierten Datensatz sowie eine ergänzende Einbeziehung des Rechts auf Datenübertragbarkeit gemäß Art. 20 DS-GVO können für gleichzeitigen Wettbewerbs- und Datenschutz sorgen, wobei der Wettbewerbsschutz deutlich geringer ausfallen würde als im Falle einer Zugangserleichterung zu personenbezogenen Datenbeständen.

cc) Verpflichtung zur Trennung der Datenbestände

Eine weitere Maßnahme, die den Daten- und Wettbewerbsschutz gleichermaßen effektiv fördern könnte, ist eine Verpflichtung der Unternehmen, eine Datenverknüpfung im Wege der Fusion erst gar nicht vorzunehmen.[512] Damit könnte zumindest verhindert werden, dass sich Datenbestände sprunghaft vermehren. Das Datenschutzrecht wäre nicht betroffen, es würden keine personenbezogenen Daten zusammengeführt bzw. im datenschutzrechtlichen Sinne verarbeitet.

---

512 *Holzweber*, NZKart 2016, S. 104 (111).

Die Datentrennung würde zudem dazu beitragen, dass ein etwaiger wettbewerblicher Vorsprung der zusammenschließenden Unternehmen nicht uneinholbar wird bzw. sich vergrößert. Mit einer derartigen Verpflichtung würden sämtliche Unternehmenszusammenschlüsse, die auf eine Datenzusammenführung abzielen, im Voraus unterbunden. Das Ergebnis wäre quasi ein absolutes Zusammenschlussverbot für datenbasierte Geschäftsmodelle, da die entsprechenden Unternehmen im Falle eines Zusammenschlusses gerade die Vorteile aus einer Datenkumulation ziehen wollen, um bspw. Innovationen und neue Produkte für die Verbraucher zu entwickeln. Insoweit könnte sich ein solches Zusammenschlussverbot auch als Wettbewerbshindernis bzw. „Innovationsbremse" herausstellen.[513] Eine Trennungsverpflichtung kann insoweit nicht nur eindimensional betrachtet werden, alle Auswirkungen auf den Wettbewerb müssen im Einzelfall Berücksichtigung finden.

Diskutiert werden könnte in diesem Zusammenhang auch eine nachträgliche Trennung der Datenbanken. Zuletzt waren vermehrt die Stimmen zu vernehmen, dass nur eine Entflechtung der Unternehmen auf lange Sicht zu einer Unterbindung von datenschutzrechtswidrigem Verhalten und zu einer Verbesserung der Marktsituation führen könne. Der Mitbegründer von Facebook *Chris Hughes* fordert von den amerikanischen Kartellbehörden nicht weniger als eine nachträgliche Untersagung der Übernahmen von WhatsApp und Instagram bzw. eine Erzwingung der Aufspaltung des Facebook-Unternehmens.[514] Damit wird auch eine strikte Trennung der Datenbestände gefordert.

Auf deutscher sowie auf europäischer Ebene sind solche Entflechtungsmaßnahmen normativ vorgesehen. Gemäß Art. 8 Abs. 4 FKVO kann die Kommission unter den dortigen Voraussetzungen den beteiligten Unternehmen aufgeben, den Zusammenschluss rückgängig zu machen, insbesondere durch die Auflösung der Fusion oder die Veräußerung aller erworbenen Anteile oder Vermögensgegenstände, um den Zustand vor dem Vollzug des Zusammenschlusses wiederherzustellen. Auch § 41 Abs. 3 S. 2 GWB sieht eine Auflösungskompetenz des Bundeskartellamtes vor. Fraglich ist nur, ob bspw. die Übernahmen von WhatsApp und Instagram durch Facebook die Voraussetzungen für eine Entflechtung auf Grundlage dieser Normen erfüllen. Demnach müsste die Kommission feststellen, dass ein Zusammenschluss bereits vollzogen wurde und dieser Zusammenschluss für unvereinbar mit dem Gemeinsamen Markt erklärt

513 *Körber*, NZKart 2016, S. 348 (350).

514 https://www.faz.net/aktuell/wirtschaft/diginomics/facebook-mitgruender-chris-hughes-fordert-zerschlagung-16179013.html, Abrufdatum: 4.06.2019.

worden ist oder unter Verstoß gegen eine Bedingung gemäß Art. 8 Abs. 2 FKVO vollzogen wurde.

Davon abgesehen, dass sich die Kommission bezüglich einer Unternehmensentflechtung eher zurückhält, wenn man bedenkt, dass erst in vier Fällen eine Entflechtung angeordnet wurde[515], treffen die Tatbestandsvoraussetzungen auf die genannten Unternehmensfusionen nicht zu. Eine Entflechtung der Unternehmen auf Grundlage nationaler oder europäischer Regelungen ist damit nicht möglich. Derartige Fälle könnten allenfalls durch Neuregelungen erfasst werden. Hierbei ist aber auch die Vorgehensweise des Bundeskartellamtes zu beachten, das im Facebook-Verfahren zumindest eine (nachträgliche) interne Entflechtung der Datenverarbeitungsvorgänge vorsieht bzw. Facebook vorgibt.[516] Möglicherweise ist es insoweit ein Ansatzpunkt im Rahmen eines (nachträglichen) Missbrauchsverfahrens, nicht aufgedeckte Missstände auszugleichen, die im Fusionskontrollverfahren nicht berücksichtigt wurden.[517]

5. *Zwischenergebnis*

Soweit die Kartellaufsicht feststellt, dass ein Unternehmenszusammenschluss negative Auswirkungen auf den bestehenden Wettbewerb haben könnte, sollten die beantragenden Unternehmen eine Freigabe dann noch erreichen können, wenn sie sich zu Maßnahmen verpflichten, die gleichzeitig Wettbewerbs- und Datenschutz bewirken. Insoweit hängen datenschutz- und kartellrechtliche Aspekte im Rahmen der Beurteilung eines Unternehmenszusammenschlusses eng zusammen. Ist eine Beeinträchtigung des Wettbewerbs nicht zu befürchten, müssen datenschutzrechtliche Risiken im Rahmen der fusionskontrollrechtlichen Prüfung grundsätzlich unberücksichtigt bleiben.

III. Fazit

Die kartellrechtliche Missbrauchs- und Fusionskontrolle sind für eine Berücksichtigung datenschutzrechtlicher Vorgaben prädestiniert. Beide Verfahrensarten bieten Anknüpfungspunkte für eine zusammenhängende und

515 Zu den Entscheidungen siehe: *Käseberg*, in: Langen/Bunte, EU-Kartellrecht, FKVO, Art. 8 Rn. 123.

516 *Hoeren*, MMR 2019, S. 137 spricht in diesem Zusammenhang von einer möglichen „konzerninternen Datenverarbeitungsentflechtung“.

517 Das Verhältnis von Fusions- und Missbrauchskontrolle diskutierend *Beisenherz*, DuD 2015, S. 600 (605).

aufeinander abgestimmte Betrachtung des Kartell- und Datenschutzrechts. Bestenfalls treffen Kartellbehörden Entscheidungen, die simultanen Wettbewerbs- und Datenschutz bewirken. Zumindest aber sollten Kartellbehörden im Falle einer – durchaus möglichen – Schutzzielkollision zwischen dem Kartell- und Datenschutzrecht darauf achten, dass Entscheidungen nicht auf Kosten des Datenschutzrechts durchgesetzt werden, sondern vielmehr ein angemessener Ausgleich zwischen den Belangen des Wettbewerbs- und Datenschutzes herbeigeführt wird. Während mittels der Missbrauchskontrolle der Status Quo im Wettbewerb untersucht wird, kann die Fusionskontrolle präventiven Wettbewerbs- und Datenschutz bewirken. Insoweit könnte ein System der Vorabkontrolle, ausgerichtet auf simultanen Wettbewerbs- und Datenschutz, etabliert werden.

Das Kartellrecht vollzieht im Überschneidungsbereich zum Datenschutzrecht damit eine weitreichende Öffnung hinsichtlich einer Einbeziehung außerkartell- bzw. datenschutzrechtlicher Belange, welche zudem durch eine Berücksichtigung datenschutzrechtlicher Verstöße im Rahmen der kartellrechtlichen Sektoruntersuchung nach § 32e Abs. 5 GWB abgesichert wird. Demnach gelten die Vorgaben zur Sektoruntersuchung auch bei begründetem Verdacht des Bundeskartellamtes auf erhebliche, dauerhafte oder wiederholte Verstöße gegen verbraucherrechtliche Vorschriften, die nach ihrer Art oder ihrem Umfang die Interessen einer Vielzahl von Verbraucherinnen und Verbrauchern beeinträchtigen. Diese Sicherungsfunktion kommt auch gerade dann zum Ausdruck, wenn man sich den unmittelbaren Zweck dieser – mit der 9. GWB-Novelle eingeführten – Norm vor Augen führt. Sektoruntersuchungen nach § 32e GWB dienen im Allgemeinen der Durchsetzung von Art. 101, 102 AEUV und §§ 1, 19, 20 GWB.[518] Speziell die Sektoruntersuchung nach § 32e Abs. 5 GWB soll dazu beitragen, bestehende Durchsetzungsdefizite bei verbraucherschützenden Vorschriften zu ermitteln.[519] Verbraucherschützende Vorschriften sind vor allem Verbraucherschutzgesetze im Sinne von § 2 Abs. 2 UKlaG[520] und damit auch datenschutzrechtliche Vorschriften gemäß § 2 Abs. 2 Nr. 11 UKlaG. Diesbezügliche Erkenntnisse können als Ausgangspunkt für die Einleitung eines Missbrauchsverfahrens dienen.

Mit der Einführung dieser Norm ist eine stärkere verbraucherschutzrechtliche Ausrichtung und eine typischerweise damit einhergehende Berücksichtigung

---

518 Siehe § 32e Abs. 2 S. 1 GWB; *Bach*, in: Immenga/Mestmäcker, WettbR, GWB, § 32e Rn. 3.

519 BT-Drs. 18/11446, S. 26.

520 BT-Drs. 18/11446, S. 26.

und Behandlung außerkartellrechtlicher Aspekte durch das Bundeskartellamt verbunden. § 32e Abs. 5 GWB zeigt insoweit den Zusammenhang von Kartell- und Datenschutzrecht auf.[521] Der Verdacht auf Verstöße gegen datenschutzrechtliche Vorschriften kann die Zuständigkeit des Bundeskartellamtes im Rahmen einer kartellrechtlichen Sektoruntersuchung begründen. § 32e Abs. 5 GWB verschafft der kartellrechtlichen Aufsicht zudem die Möglichkeit, durch flächendeckende Untersuchungen von Sektoren möglichst früh außerkartellrechtliche Probleme zu erkennen, um diese schnellstmöglich etwa zum Gegenstand eines Missbrauchskontrollverfahrens zu machen.

Die Rechtsverletzungen, die in § 32e Abs. 5 GWB untersucht werden können, müssen dem Normwortlaut nach erheblich, dauerhaft oder wiederholt sein und eine Vielzahl von Verbraucherinnen und Verbrauchern beeinträchtigen. Man möchte meinen, dass auch diese Norm speziell auf die Verhinderung von Datenschutzrechtsverletzungen durch Unternehmen wie Facebook, Google, Amazon und Co. abzielt.[522]

---

521 Vgl. 2017, S. 391, der von einer „engen Verbindung von Kartellrecht, Lauterkeitsrecht und Verbraucherschutzrecht" spricht.

522 Die verbraucherschutzrechtliche Sektoruntersuchung wurde insbesondere mit Blick auf das Vollzugsdefizit im Datenschutzrecht eingeführt: *Weitbrecht*, NJW 2017, S. 1574 (1578).

3. Teil Verfahrensmäßige Abstimmung des Datenschutz- und Wettbewerbsrechts

Das Wettbewerbs- und Datenschutzrecht bedürfen sowohl einer materiell-rechtlichen als auch einer verfahrensmäßigen Abstimmung.[523] Das Erfordernis einer Abstimmung behördlicher Beurteilungen oder Entscheidungen zwecks einheitlicher Rechtsanwendung ergibt sich insbesondere im Verhältnis Kartell- und Datenschutzrecht.[524] In diesem Rahmen stehen sich auf beiden Seiten mehrere nationale und europäische Behörden gegenüber, die in die öffentliche Rechtsdurchsetzung involviert sein können. Im Falle von Zuständigkeitsüberschneidungen wären potentiell einander widersprechende Beurteilungen/Entscheidungen möglich.[525] Um diese zu verhindern, sollten die jeweils zuständigen Behörden untereinander kooperieren.[526]

A. Verfahrensmäßige Abstimmung des Datenschutz- und Lauterkeitsrechts

Da auf nationaler Ebene keine lauterkeitsrechtliche Behördenstruktur besteht, ist eine Kollision zweier rechtsgebietsspezifischer behördlicher Aufsichten zunächst ausgeschlossen. Das Lauterkeitsrecht wird grundsätzlich auf privatrechtlichem Wege durchgesetzt, das Datenschutzrecht auf privatrechtlichem, aber auch auf behördlichem Wege. Besonders im Verhältnis Lauterkeits- und Datenschutzrecht kommt es also darauf an, dass die Gerichte die rechtsgebietsspezifischen Aspekte sowie auftretenden Wechselwirkungen in ihrer Entscheidungsfindung gleichermaßen beachten.

Im Rahmen der Prüfung eines Rechtsbruchs gemäß § 3a UWG wurden etwaige Wechselwirkungen zwischen dem Lauterkeits- und Datenschutzrecht – allerdings

---

523 S.a. *Kieck*, PinG 2017, S. 67 (72); BT-Drs. 19/3300, S. 261 Rn. 690 – *Monopolkommission*, 22. Hauptgutachten; *Butarelli*, Stellungnahme – August 2016, S. 12; *v. Lewinski/Hermann*, PinG 2017, S. 209 (211).

524 Vgl. *v. Lewinski*, DSB 2016, S. 78 (79).

525 *Monopolkommission*, 22. Hauptgutachten, S. 261 Rn. 690; *Körber*, NZKart 2019, S. 187 (194).

526 *Kieck*, PinG 2017, S. 67 (72); *v. Lewinski/Hermann*, PinG 2017, S. 209 (211).

noch unter der alten Rechtslage – hinreichend berücksichtigt. Ob Gerichte auch künftig unter der DS-GVO auf etwaige Wechselwirkungen eingehen können, steht nun zur Diskussion. Die prozessrechtliche Frage nach der Durchsetzung datenschutzrechtlicher Vorgaben in Anwendung von § 3a UWG ist – wie bereits ausgeführt – sehr umstritten. Sollte sich die Ansicht durchsetzen, die eine Anspruchsberechtigung unter der DS-GVO ablehnt, könnten sich die aufgeführten Wechselwirkungen zwischen Lauterkeits- und Datenschutzrecht im Rahmen von § 3a UWG auflösen. Zwar würden die datenschutzrechtlichen Vorschriften nach wie vor die Voraussetzungen des lauterkeitsrechtlichen Tatbestandsmerkmals der marktverhaltensregelnden Funktion erfüllen, einer möglichen zivilgerichtlichen Durchsetzung stünde jedoch die fehlende Aktivlegitimation der Parteien entgegen. Der Streit um die Natur datenschutzrechtlicher Vorschriften erhielte eine lediglich theoretische Dimension.

Im Bereich der behördlichen Durchsetzung des Datenschutzrechts war die Einbeziehung lauterkeitsrechtlicher Aspekte in die datenschutzrechtliche Beurteilung einer Verarbeitung von personenbezogenen Daten zu Werbezwecken bisher erfolgreich.[527] Dieser aufsichtsbehördlichen Verfahrensweise folgend setzte auch die Rechtsprechung unter der alten Rechtslage eine wechselseitige Berücksichtigung um.[528] Die Berücksichtigung lauterkeitsrechtlicher Aspekte im Rahmen datenschutzrechtlicher Verfahren sollte nunmehr auch unter der DS-GVO aufsichtsbehördlich und gerichtlich fortgesetzt werden.[529]

Verfahrensmäßige Abstimmungsprobleme ergeben sich im Verhältnis von Lauterkeits- und Datenschutzrecht sonach nicht. Es fehlt in diesem Verhältnis bereits an zwei separaten Behördenstrukturen, die Gefahr laufen, zu kollidieren. Die bestehenden Wechselwirkungen werden auf behördlicher und gerichtlicher Ebene bereits hinreichend berücksichtigt. Weitergehende koordinative Maßnahmen sind daher nicht erforderlich.

B. Verfahrensmäßige Abstimmung des Datenschutz- und Kartellrechts

Problematischer ist hingegen die Koordination der behördlichen Verfahrenswege im Verhältnis Kartell- und Datenschutzrecht.[530] Beide Rechtsgebiete

527 Siehe dazu bereits S. 55.

528 Bspw. VG Saarland, Urt. v. 9.03.2018 – 1 K 257/17 – ZD 2019, 94.

529 *DSK*, Kurzpapier zur Verarbeitung personenbezogener Daten für Werbung – Dezember 2018, S. 2.

530 Die Problematik aufwerfend: *Louven*, WRP 2019, Editorial.

verfolgen zu einem großen Teil das Ziel einer effektiven behördlichen Rechtsdurchsetzung. Die Schnittstellen des Wettbewerbs- und Datenschutzrechts auf materiell-rechtlicher Ebene ziehen zwangsläufig aufsichtsbehördliche Zuständigkeitsüberschneidungen nach sich.[531] Damit besteht die Gefahr einer uneinheitlichen Rechtsanwendung sowie einander widersprechender behördlicher Entscheidungen.[532] Zur Vermeidung negativer Auswirkungen in Folge der materiell-rechtlichen Wechselwirkungen sollten die rechtsgebietsspezifischen Aufsichtsbehörden untereinander bestmöglich kooperieren. Das Resultat einer engeren Zusammenarbeit zwischen Kartell- und Datenschutzbehörden sind bestenfalls Maßnahmen bzw. Entscheidungen, die den Wettbewerb schützen, die Bedeutung des einzelnen Datums im Wettbewerb berücksichtigen und dem Schutz der Privatsphäre des Verbrauchers ausreichend Rechnung tragen.[533]

I. Behördenstrukturen im Kartell- und Datenschutzrecht

Im Schnittstellenbereich des Kartell- und Datenschutzrechts stehen sich auf beiden Seiten eine Vielzahl nationaler und europäischer Behörden gegenüber.

1. Behörden im Kartellrecht

Zunächst ist im kartellrechtlichen Kontext zwischen den nationalen und europäischen Aufsichtsinstanzen zu unterscheiden. Auf nationaler Ebene sind gemäß § 48 Abs. 1 GWB als Kartellbehörden das Bundeskartellamt, das Bundesministerium für Wirtschaft und Energie und die nach Landesrecht zuständigen obersten Landesbehörden zuständig. Auf europäischer Ebene kann die Europäische Kommission die Aufgaben und Befugnisse einer Kartellbehörde übernehmen.

Gemäß Art. 4 VO (EG) Nr. 1/2003 verfügt die Kommission zur Anwendung der Art. 101 AEUV (ehemals Art. 81) und Art. 102 AEUV (ehemals Art. 82) über die in der VO (EG) Nr. 1/2003 vorgesehenen Befugnisse. Somit kommt der europäischen Kommission grundsätzlich die Aufgabe zu, als Kartellbehörde die Funktionsfähigkeit des Wettbewerbs zu gewährleisten. Diesbezüglich kann sie im Rahmen eines Missbrauchskontrollverfahrens nach Art. 102 AEUV oder im Rahmen eines Fusionskontrollverfahrens nach den Vorschriften der FKVO tätig werden. Gemäß Art. 5 S. 1 VO (EG) Nr. 1/2003 sind die Wettbewerbsbehörden der Mitgliedstaaten für die Anwendung der Art. 101 und 102 AEUV in

531 Vgl. *v. Lewinski/Herrmann*, PinG 2017, S. 209 (210).
532 Vgl. *Paal*, GRUR 2019, S. 43 (50); *Hoeren*, MMR 2019, S. 137 (138).
533 So auch *Butarelli*, Stellungnahme – August 2016, S. 12.

Einzelfällen zuständig. Das kartellrechtliche Behördensystem weist eine dezentrale Struktur auf.

Die nationalen und europäischen Behörden arbeiten gemäß Art. 11 Abs. 1 VO (EG) Nr. 1/2003 bei der Anwendung der Wettbewerbsregeln der Gemeinschaft eng zusammen. Die Behördenzusammenarbeit steht diesbezüglich nicht nur im Ermessen der Behörden, vielmehr unterliegen sie einer Pflicht zur Zusammenarbeit.[534] Die Behörden sind Teil des sog. Netzes der europäischen Wettbewerbsbehörden (ECN). Grundlegend für das ECN sind Art. 11 Abs. 1 VO (EG) Nr. 1/2003 und die Gemeinsame Erklärung des Rates und der Kommission zur Arbeitsweise des Netzes der Wettbewerbsbehörden [535] und der Netzwerkbekanntmachung der Kommission[536]. Dieses System soll für eine effiziente Arbeitsteilung zwischen parallel zuständigen Wettbewerbsbehörden und eine kohärente Anwendung der Art. 101 und 102 AEUV sorgen.[537] Dabei ist das Leitmotiv zur Arbeitsteilung im ECN, dass sich diejenige Behörde eines Falles annehmen soll, die „gut geeignet" ist.[538]

Ergänzend regelt der europäische Gesetzgeber in Art. 12 VO (EG) Nr. 1/2003 die Verwendung der nach Art. 11 VO (EG) Nr. 1/2003 übermittelten Informationen und führt aus, dass für die Zwecke der Anwendung der Art. 101 und 102 AEUV die Kommission und die Wettbewerbsbehörden der Mitgliedstaaten befugt sind, einander tatsächliche oder rechtliche Umstände einschließlich vertraulicher Angaben mitzuteilen und diese Informationen als Beweismittel zu verwenden.

---

534 *Ritter*, in: Immenga/Mestmäcker, EU-WettbR, VO 1/2003, Art. 11 Rn. 5.

535 „Gemeinsame Erklärung", http://ec.europa.eu/competition/ecn/joint_statement_de.pdf, Abrufdatum: 4.07.2019.

536 Bekanntmachung der Kommission über die Zusammenarbeit innerhalb des Netzes der Wettbewerbsbehörden, ABl. C 101 v. 27.4.2004, https://eur-lex.europa.eu/legal-content/DE/TXT/HTML/?uri=CELEX:52004XC0427(02)&from=DE, Abrufdatum: 4.07.2019.

537 Bekanntmachung der Kommission über die Zusammenarbeit innerhalb des Netzes der Wettbewerbsbehörden, ABl. C 101 v. 27.4.2004, https://eur-lex.europa.eu/legal-content/DE/TXT/HTML/?uri=CELEX:52004XC0427(02)&from=DE, Abrufdatum: 4.07.2019.

538 Siehe *Henning/Leupold*, in: von der Groeben/Schwarze/Hatje, EuUnionsR, VO (EG) 1/2003, Art. 11 Rn. 5.

2. *Behörden im Datenschutzrecht*

Gemäß Art. 55 DS-GVO ist jede Aufsichtsbehörde für die Erfüllung der Aufgaben und die Ausübung der Befugnisse, die ihr mit dieser Verordnung übertragen wurden, im Hoheitsgebiet ihres eigenen Mitgliedstaats zuständig. Nach Art. 56 Abs. 1 DS-GVO ist unbeschadet des Art. 55 die Aufsichtsbehörde der Hauptniederlassung oder der einzigen Niederlassung des Verantwortlichen oder des Auftragsverarbeiters gemäß dem Verfahren nach Art. 60 die zuständige federführende Aufsichtsbehörde für die von diesem Verantwortlichen oder diesem Auftragsverarbeiter durchgeführte grenzüberschreitende Verarbeitung.

Mit Art. 56 DS-GVO erhält das sog. „One-Stop-Shop-Prinzip" Einzug in das Datenschutzrecht.[539] Demnach soll es für Betroffene eines datenschutzrechtlichen Verfahrens (Verantwortliche und betroffene Personen) lediglich eine zentrale Anlaufstelle geben.[540] Dieses Prinzip gilt jedenfalls dann, wenn die Voraussetzungen gemäß Art. 56 DS-GVO gegeben sind, insbesondere wenn eine grenzüberschreitende Datenverarbeitung gemäß Art. 4 Nr. 23 DS-GVO vorliegt.

Nach Art. 60 DS-GVO arbeitet die – als zentrale Anlaufstelle fungierende – federführende Aufsichtsbehörde mit den anderen betroffenen Aufsichtsbehörden im Einklang mit diesem Artikel zusammen und bemüht sich dabei, einen Konsens zu erzielen. Die federführende Aufsichtsbehörde und die weiteren betroffenen Aufsichtsbehörden tauschen untereinander alle zweckdienlichen Informationen aus. Die Betroffenheit der Datenschutzbehörde richtet sich nach Art. 4 Nr. 22 DS-GVO. Nach Art. 63 DS-GVO arbeiten die Aufsichtsbehörden im Rahmen des in diesem Abschnitt beschriebenen Kohärenzverfahrens untereinander und gegebenenfalls mit der Kommission zusammen, um zur einheitlichen Anwendung dieser Verordnung in der gesamten Union beizutragen.

Auch das System der Datenschutzbehörden ist dezentral organisiert.[541] Zur Förderung der Zusammenarbeit der Datenschutzbehörden untereinander wurde in Anlehnung an den ECN der europäische Datenschutzausschuss installiert (EDSA)[542]. Der EDSA soll die einheitliche Anwendung der Datenschutz-Grundverordnung in der Europäischen Union sicherstellen, übernimmt also die Funktion einer Clearing-Instanz.[543]

---

539 *Selmayr*, in: Ehmann/Selmayr, DS-GVO, Art. 55 Rn. 2.

540 *Selmayr*, in: Ehmann/Selmayr, DS-GVO, Art. 56 Rn. 5.

541 *Selmayr*, in: Ehmann/Selmayr, DS-GVO, Art. 51 Rn. 4.

542 Zu den Rechtsgrundlagen siehe: Art. 68 ff. DS-GVO.

543 *Caspar*, in: Kühling/Buchner, DS-GVO/BDSG, Art. 63 Rn. 3.

II. Koordination im kartellrechtlichen Hauptsacheverfahren

Das Kartell- und das Datenschutzrecht sind jeweils auf eine kohärente behördliche Rechtsanwendung angewiesen. Für das Kartellrecht ergibt sich das Erfordernis einer kohärenten Anwendung der entsprechenden Vorgaben bspw. aus ErwG 17 und 22 der VO 1/2003. Gemäß ErwG 22 S. 1 der VO 1/2003 müssen in einem System paralleler Zuständigkeiten im Interesse der Rechtssicherheit und der einheitlichen Anwendung der Wettbewerbsregeln der Gemeinschaft einander widersprechende Entscheidungen vermieden werden. Mit Blick auf die noch recht junge DS-GVO ist eine kohärente Anwendung und Beurteilung der datenschutzrechtlichen Vorgaben besonders wichtig. Die nicht zu überschätzende Bedeutung dieses Erfordernisses lässt sich nicht zuletzt daraus ableiten, dass die DS-GVO für den europäischen Raum ein eigenes Kapitel zur „Zusammenarbeit und Kohärenz“ beinhaltet. Gemäß ErwG 135 der DS-GVO sollte von den Mitgliedstaaten ein Verfahren zur Gewährleistung einer einheitlichen Rechtsanwendung für die Zusammenarbeit zwischen den Aufsichtsbehörden eingeführt werden, um die einheitliche Anwendung dieser Verordnung in der gesamten Union sicherzustellen.

Das durch die DS-GVO vorgegebene Erfordernis einer kohärenten Anwendung des Datenschutzrechts steht währenddessen nicht der Berücksichtigung, Beurteilung und Auslegung von konkreten datenschutzrechtlichen Vorgaben im Rahmen eines kartellbehördlichen Verfahrens entgegen.[544] Auch Kartellbehörden können sich mit datenschutzrechtlichen Fragen beschäftigen und eine entsprechende Beurteilung in bspw. Missbrauchs- oder Fusionskontrollverfahren integrieren.[545] Die DS-GVO gibt nicht vor, dass eine Beurteilung und Auslegung von datenschutzrechtlichen Vorgaben – im Sinne einer unbedingten Kohärenz – nur den Datenschutzbehörden vorbehalten sein soll. Aus den Kohärenzregelungen ergibt sich kein Auslegungsmonopol der Datenschutzaufsicht.[546] Nun kann die Abwesenheit von Regelungen, die die Beurteilung und Auslegung von datenschutzrechtlichen Vorgaben explizit der Datenschutzaufsicht zuweisen oder andere Aufsichten ausschließen, unterschiedlich ausgelegt werden. Entweder hat der europäische Gesetzgeber schlichtweg übersehen, dass auch andere als die Datenschutzbehörden gezwungen sein könnten, das Datenschutzrecht anzuwenden. Oder der europäische Gesetzgeber hält eine Beurteilung und Anwendung

---

544 *BKartA*, Beschl. v. 6.02.2019 – B6-22/16 – Facebook-Verfahren, S. 177 Rn. 544 ff.
545 *BKartA*, Beschl. v. 6.02.2019 – B6-22/16 – Facebook-Verfahren, S. 177 Rn. 544 ff.
546 *BKartA*, Beschl. v. 6.02.2019 – B6-22/16 – Facebook-Verfahren, S. 177 Rn. 544 ff.

datenschutzrechtlicher Vorgaben durch bspw. Kartellbehörden ohne weiteres für zulässig bzw. überhaupt nicht problematisch, sodass es keiner ausdrücklichen Regelung bzw. Zuständigkeitszuweisung bedurfte.

Vieles spricht für letztere Vermutung. Dem europäischen Gesetzgeber geht es primär um eine einheitliche Anwendung der DS-GVO. Die Erreichung dieses Ziels hängt letztlich von der Kooperation und der Zusammenarbeit der nationalen und europäischen Behörden untereinander ab.[547] Dies gilt zunächst im Bereich der nationalen und europäischen Datenschutzaufsicht. Kartell- oder Wettbewerbsbehörden sind nicht unmittelbare Normadressaten der in der DS-GVO festgelegten Anforderungen an eine kohärente Anwendung der Vorgaben. Die Kohärenzanforderungen der DS-GVO gelten aber zumindest auch mittelbar für die Auslegung und Beurteilung der datenschutzrechtlichen Vorgaben durch andere Behörden als die Datenschutzbehörden. Es kann keinen Unterschied machen, ob nun hinsichtlich der Auslegung einer konkreten Vorschrift der DS-GVO Kartellbehörden mit Datenschutzbehörden oder Datenschutzbehörden mit Datenschutzbehörden eng zusammenarbeiten, um eine kohärente Entscheidung herbeizuführen; am Ende zählt nur eine einheitliche Auslegung datenschutzrechtlicher Vorgaben. Damit hindert das datenschutzrechtliche Kohärenzverfahren Kartellbehörden nicht an einer Auslegung des Datenschutzrechts. Es verdeutlicht aber nachdrücklich das Erfordernis einer engen – auch rechtsgebietsübergreifenden – Zusammenarbeit, damit bestenfalls einander widersprechende Entscheidungen und Beurteilungen auf Behördenebene vermieden werden können.[548]

Problematisch könnte in diesem Zusammenhang insbesondere die wirksame Umsetzung des mit der DS-GVO eingeführten One-Stop-Shop-Prinzips werden. Gemäß Art. 56 Abs. 6 DS-GVO ist die federführende Aufsichtsbehörde der einzige Ansprechpartner der Verantwortlichen oder der Auftragsverarbeiter für Fragen der von diesem Verantwortlichen oder diesem Auftragsverarbeiter durchgeführten grenzüberschreitenden Verarbeitung. Die datenschutzrechtlichen Aufsichtsbehörden werden insoweit zu einer schnellen einheitlichen Anwendung und Beurteilung datenschutzrechtlicher Vorgaben verpflichtet.[549]

---

547 Zu diesem Problem im Facebook-Verfahren: *Mundt*, NZKart 2019, S. 117 (118).

548 Dass das Datenschutzrecht auch eine zivilrechtliche Durchsetzung vorsieht und damit auch eine inkohärente Durchsetzung auf zivilrechtlicher Ebene in Kauf nimmt, heißt nicht, dass dies auch für die behördliche/öffentliche Rechtsdurchsetzung gilt bzw. in Kauf zu nehmen wäre.

549 *Dix*, in: Kühling/Buchner, DS-GVO/BDSG, Art. 56 Rn. 17.

Beschäftigen sich die Kartellbehörden mit datenschutzrechtlichen Fragen, stehen sie – wie soeben gezeigt – zunächst in keinerlei Verhältnis zur zentralen Anlaufstelle in Form der federführenden Aufsichtsbehörde im Sinne der DS-GVO. Eine Kartellbehörde ist keine Aufsichtsbehörde im Sinne von Art. 51 DS-GVO, sie ist somit auch nicht von vornherein in das One-Stop-Shop-System integriert, wenn es um Fragen im Kontext der DS-GVO geht. Damit wäre eine lückenhafte Umsetzung des datenschutzrechtlichen One-Stop-Shop-Prinzips zu befürchten, die neuen Regelungen der DS-GVO drohen durch datenschutzrechtliche Auslegungen der Kartellbehörden unterlaufen zu werden. Mit Blick auf die Signalwirkung des Facebook-Verfahrens des Bundeskartellamtes und die darauf möglicherweise folgenden datenschutzrechtlichen Auslegungen durch andere Kartellbehörden oder durch das Bundeskartellamt in anderen Verfahren, müssen die Kohärenzanforderungen der DS-GVO auf die Kartellaufsicht ausstrahlen. Nur so lässt sich gewährleisten, dass die DS-GVO künftig kohärent um- und durchgesetzt und das generelle Datenschutzniveau auf europäischer Ebene angehoben wird.

Damit im Falle paralleler rechtsgebietsübergreifender Zuständigkeiten also weiterhin eine kohärente Anwendung des Datenschutzrechts gewährleistet ist, sollten konkrete Verfahrensabläufe und -wege festgelegt werden. Dies gilt für die rechtsgebietsübergreifende aber auch für die rechtsgebietsinterne Zusammenarbeit der Behörden. Ziel ist insofern ein abgestimmtes rechtsgebietsübergreifendes Kohärenzverfahren.

Die im Folgenden vorgeschlagenen Abstimmungskonzepte können als Grundlage für etwaige koordinative Maßnahmen des Gesetzgebers dienen. Sie gehen von der Hypothese aus, dass je enger die Behörden zusammenarbeiten, desto eher können einander widersprechende Beurteilungen vermieden und gleichzeitig wettbewerbs- und datenschützende Entscheidungen gefördert werden. Dabei darf nicht unberücksichtigt bleiben, dass der Grad der Zusammenarbeit gleichzeitig den Umsetzungsaufwand beeinflusst und möglicherweise auch Auswirkungen auf die Verfahrensdauer hat. Die dezentral angelegten Behördenstrukturen in beiden Rechtsbereichen könnten eine Koordination zudem erschweren. Die folgenden Konzepte sind als Abstimmungsleitlinien zu verstehen, die hinsichtlich des Grades der Zusammenarbeit sowie des Umsetzungsaufwandes erheblich variieren.

1. Informationskonzept

Ein sog. Informationskonzept fand bereits Eingang in den kartellrechtlichen Regelungskomplex. Die §§ 50a, 50b und 50c GWB regeln de lege lata die

Zusammenarbeit von Aufsichtsbehörden im kartellrechtlichen Kontext. §§ 50a und 50b GWB beziehen sich auf die Zusammenarbeit von nationalen und ausländischen Wettbewerbsbehörden. § 50a GWB kodifiziert etwa die Zusammenarbeit im Netzwerk der europäischen Wettbewerbsbehörden. § 50c Abs. 1 GWB regelt daneben die rechtsgebietsübergreifende Zusammenarbeit von nationalen Aufsichtsbehörden im Rahmen eines Informationskonzeptes.[550]

Nach § 50c Abs. 1 GWB können die Kartellbehörden, Regulierungsbehörden, die oder der Bundesbeauftragte für den Datenschutz und die Informationsfreiheit und die Landesbeauftragten für Datenschutz sowie die zuständigen Behörden im Sinne des § 2 des EG-Verbraucherschutzdurchsetzungsgesetzes unabhängig von der jeweils gewählten Verfahrensart untereinander Informationen einschließlich personenbezogener Daten und Betriebs- und Geschäftsgeheimnisse austauschen, soweit dies zur Erfüllung ihrer jeweiligen Aufgaben erforderlich ist, sowie diese in ihren Verfahren verwerten.

§ 50c Abs. 1 GWB regelt damit als erste Norm im Regelungsgefüge des Wettbewerbs- und Datenschutzrechts das Zusammenarbeitsverhältnis der beiden unterschiedlichen nationalen behördlichen Aufsichten: Kartellaufsicht und Datenschutzaufsicht. In der Gesetzesbegründung heißt es dazu: „Insbesondere in der digitalen Wirtschaft können Daten und der Zugang zu Datenquellen eine erhebliche Bedeutung für die Marktstellung von Unternehmen haben. In kartellbehördlichen Verfahren können daher auch datenschutzrechtliche Fragen und Belange zu berücksichtigen sein. Umgekehrt kann auch die Marktmacht eines Unternehmens bei der Prüfung des Datenschutzrechts eine Rolle spielen. Für ihre Aufgabenerfüllung sind die Kartellbehörden und die Datenschutzbeauftragten von Bund und Ländern daher auf die Möglichkeit eines umfassenden Austauschs angewiesen, der auch personenbezogene Daten oder Betriebs- und Geschäftsgeheimnisse erfassen kann […]“[551]

Der nationale Gesetzgeber versteht unter Behördenzusammenarbeit somit zunächst einmal einen umfassenden Informationsaustausch zwischen Behörden, also bspw. die Übermittlung von verfahrensrelevanten Informationen. Diese Ermessensvorschrift stellt eine Rechtsgrundlage für die Datenübermittlung bzw. den Austausch von Informationen zwischen den Behörden dar.[552] Maßgeblich ist, dass es sich um Informationen handelt, die für die Erfüllung der der Adressatin gesetzlich übertragenen Aufgaben erforderlich sind.[553] Der

550 *Kieck*, PinG 2017, S. 67 (71); *v. Lewinski*, NVwZ 2017, S. 1483 (1488).
551 BT-Drs. 18/10207, S. 81.
552 *Schneider*, in: Langen/Bunte, Kartellrecht, GWB, § 50c Rn. 13.
553 *Stockmann*, in: Immenga/Mestmäcker, WettbR, GWB, § 50c Rn. 12.

Begriff der Informationen ist somit sehr weit auszulegen und sollte sonach auch rechtliche Beurteilungen, Stellungnahmen oder Ähnliches umfassen. Unter den Austausch von Informationen im Sinne von Abs. 1 S. 1 fallen, wie auch in Abs. 2 S. 2, alle Formen der Kommunikation, mit denen eine Behörde der anderen die Informationsinhalte zugänglich machen kann.[554] Ob ein solches Informationskonzept im Sinne von § 50c Abs. 1 GWB jedoch ausreicht, um einander widersprechende Entscheidungen auszuschließen, bleibt fraglich.[555]

Darüber hinaus ist § 50c Abs. 1 GWB problematisch, da sich die Norm zunächst auf nationale Sachverhalte zu beziehen scheint. Angesprochen wird eine Kooperation zwischen Kartellbehörden und Bundes- sowie Landesbeauftragten für Datenschutz, also den nationalen Datenschutzbehörden. Wie bereits ausgeführt können bei grenzüberschreitenden Sachverhalten die zuständigen federführenden Behörden jedoch auch im EU-Ausland liegen. Diesbezüglich würde sich dann die Frage stellen, ob auch mit diesen Behörden im Rahmen von § 50c Abs. 1 GWB Informationen ausgetauscht werden dürfen. Zudem fehlt es an einer entsprechenden Regelung auf europäischer Ebene, sodass fraglich wäre, ob die Kommission in einem Fusionskontrollverfahren bspw. mit einer federführenden Datenschutzbehörde Informationen austauschen darf.

Zudem stößt ein bloßes Informationskonzept dann seine Grenzen, wenn eine datenschutzrechtliche Fragestellung noch nicht behördlich oder gerichtlich beurteilt und entschieden worden ist. Gerade in solchen Fällen kommt es darauf an, dass sich die datenschutzbehördliche Aufsicht ausführlich mit der Fragestellung auseinandersetzt und die Kartellaufsicht eine abschließende Beurteilung der Datenschutzaufsicht übernimmt.[556] Dies gilt vor allem in Zeiten neuer Regelungen, wie sie derzeit im Datenschutzrecht vorherrschen.[557] Diesbezüglich sollten vor allem Kartellbehörden davon absehen, eigene bzw. isolierte Bewertungen vorzunehmen.[558]

Zwar kann ein Informationskonzept durchaus zu einer widerspruchsfreien Rechtsanwendung trotz paralleler Zuständigkeiten führen, wie die Arbeit im ECN gemäß Art. 11 und 12 VO (EG) Nr. 1/2003 zeigt.[559] Dabei ist allerdings

---

554 *Stockmann*, in: Immenga/Mestmäcker, WettbR, GWB, § 50c Rn. 17.

555 *Monopolkommission*, 22. Hauptgutachten, S. 262.

556 Ähnlich *Buttarelli*, Stellungnahme – August 2016, S. 12.

557 Dies hervorhebend: *Körber*, NZKart 2019, S. 187 (194).

558 *Monopolkommission*, 22. Hauptgutachten, S. 261.

559 Siehe *Henning/Leupold*, in: von der Groeben/Schwarze/Hatje, EuUnionsR, VO (EG) 1/2003, Art. 11 Rn. 11.

zu beachten, dass sich die dortigen parallelen Zuständigkeiten auf das nationale und europäische Kartellrecht beschränken. Bezüglich rechtsgebietsübergreifender paralleler Zuständigkeiten in zwei dezentral angelegten Behördensystemen liegen bisher nur wenig Erfahrungswerte vor, aus denen mit Sicherheit geschlossen werden kann, dass ein Informationskonzept sich widersprechende Behördenentscheidungen verhindert. Die erste in jedem Fall erfolgreiche Umsetzung des Informationskonzeptes stellt das Facebook-Verfahren des Bundeskartellamtes dar. Laut Bundeskartellamt hat die Beschlussabteilung die relevanten Datenschutzbehörden bei der Prüfung des Datenschutzrechts einbezogen.[560] Auffällig ist, dass bereits von einer „Einbeziehung der Datenschutzbehörden" gesprochen wird, und nicht nur von einem „Informationsaustausch". Es klingt fast so, als wäre der Grad der Zusammenarbeit deutlich enger gewesen als dies im Rahmen des Informationskonzeptes gemäß § 50c GWB vorgesehen ist.

Das Informationskonzept ist mithin Grundlage für eine weitergehende Abstimmung der rechtsgebietsübergreifenden Zusammenarbeit.[561] Die Problematik der sich überschneidenden Zuständigkeitsbereiche wurde auf nationaler Ebene zwar erkannt[562], ob § 50c Abs. 1 GWB aber tatsächlich effektiv Abhilfe schaffen kann, bleibt abzuwarten. In Anbetracht dessen, dass § 50c GWB lediglich ein bloßes Informationskonzept darstellt und der Grad der Zusammenarbeit insoweit auf ein Minimum reduziert ist, nämlich auf einen einfachen im Ermessen der Behörden stehenden Informationsaustausch, bedarf es eines inhaltlich weitergehenden bzw. strengeren Konzeptes.[563]

560 *BKartA*, Beschl. v. 6.02.2019 – B6-22/16 – Facebook-Verfahren, S. 181 Rn. 556.

561 *V. Lewinski/Herrmann* sprechen von „rudimentären Vorgaben", PinG 2017, S. 209 (210).

562 Dies begrüßend *Kieck*, PinG 2017, S. 67 (71).

563 Gegen eine weitergehende Regelung: *Podszun*, Stellungnahme als Sachverständiger im Wirtschaftsausschuss des Deutschen Bundestags zur Vorbereitung der Anhörung am 23.1.2017 – Die 9. Novelle des Gesetzes gegen Wettbewerbs-beschränkungen (GWB), https://www.google.com/url?sa=t&rct=j&q=&esrc=s&source=web&cd=2&ved=2ahUKEwiX1Inl6prjAhVL3KQKHYxyB04QFjABegQIARAC&url=https%3A%2F%2Fwww.bundestag.de%2Fresource%2Fblob%2F489168%2Fefffffe1ad50da2f28f43442b2d8be7c1%2Fpodszun-data.pdf&usg=AOvVaw0BebPczpZ7TWTTNKnWqxxK, Abrufdatum: 4.07.2019, S. 63.

2. *Benehmenskonzept*

Für eine rechtsgebietsübergreifende Behördenzusammenarbeit könnte de lege ferenda ferner eine Art Benehmensherstellung nutzbar gemacht werden.[564] Dabei könnte in erster Linie § 50c Abs. 1 GWB hinsichtlich der zu übermittelnden Informationen konkretisiert und zudem eine Bindungswirkung vorgesehen werden. Exemplarisch käme eine Benehmensregelung etwa mit folgendem Inhalt in Betracht:

> *„Ist die Beurteilung einer datenschutzrechtlichen (oder allgemeiner: einer außerkartellrechtlichen) Fragestellung erforderlich, kann eine darauf aufbauende Entscheidung nur getroffen werden, wenn mit den Behörden, deren Zuständigkeitsbereich durch die Fragestellung berührt wird, das Benehmen hergestellt worden ist."*

Benehmenskonzepte sind im deutschen Recht fest verankert. So fordern z.B. § 113f Abs. 1 S. 2 TKG, § 36 Abs. 5 S. 2 RStV und § 74 Abs. 6 S. 1 Nr. 2 VwVfG, dass im Rahmen der jeweils zu treffenden Entscheidung ein Benehmen zwischen Behörden herzustellen ist. Überwiegend wird die Benehmensherstellung als eine Gelegenheit zur Stellungnahme aufgefasst.[565] Sie soll aber über eine bloße Anhörung der jeweiligen Behörde hinausgehen, also über eine gutachtliche oder interessenwahrende Einflussnahme auf die Entscheidung, die sich in der Gelegenheit zur Stellungnahme binnen angemessener Frist erschöpft.[566] Zwar besteht hinsichtlich einer Stellungnahme bei der Benehmensherstellung keine Bindungswirkung[567], gleichwohl dürfen „erhebliche Einwände oder Bedenken" der stellungnehmenden Behörde nicht unberücksichtigt bleiben.[568] Die die Stellungnahme in Empfang nehmende Behörde muss die sachlichen und rechtlichen Erwägungen sorgfältig prüfen und nach Möglichkeit inhaltliche Differenzen ausgleichen, bevor sie eine abweichende Sachentscheidung trifft.[569] Zwar soll die Benehmensherstellung über eine einfache Anhörung hinausgehen, nichtsdestotrotz ist sie nur eine relative „schwache" Beteiligungsform anderer (rechtsgebietsfremder) Behörden.

---

564 Vgl. auch *Kieck*, PinG 2017, S. 67 (70).

565 BVerwG, Urt. 29.04.1993 – 7 A 2.92 – NVwZ 1993, 890, Rn. 18; OVG Lüneburg, Beschl. v. 24.09.2002 – 7 MS 180/02 – NVwZ-RR 2003, 478, Rn. 6.

566 *Müller-Terpitz*, in: BeckOK InfoMedienR, RStV, § 31 Rn. 59.

567 OVG Lüneburg, Beschl. v. 24.09.2002 – 7 MS 180/02 – NVwZ-RR 2003, 478, Rn. 6; Vgl. *Bonk/Neumann/Siegel*, in: Stelkens/Bonk/Sachs, VwVfG, § 58 Rn. 27.

568 Siehe BSG, Urt. v. 24.08.1994 – 6 RKa 15/93 – BSGE 75, 37, Rn. 20

569 *Müller-Terpitz*, in: BeckOK InfoMedienR, RStV, § 31 Rn. 59.

Vermutet bzw. erkennt die zuständige Kartellbehörde einen Eingriff in das Recht auf informationelle Selbstbestimmung und eine damit einhergehende datenschutzrechtliche Problematik, sollte die spezifische Frage zur Beurteilung der Datenschutzaufsicht übermittelt werden. Die zuständigen Datenschutzbehörden übermitteln sodann ihre Stellungnahme an die Kartellaufsicht.

Die Übermittlung einer solchen Stellungnahme kann insbesondere auf Art. 58 Abs. 3 lit. b DS-GVO gestützt werden. In Art. 58 DS-GVO stattet der europäische Gesetzgeber die Aufsichtsbehörden mit einer Reihe von Genehmigungs- und Beratungsbefugnissen aus, welche auch gegenüber anderen Behörden oder öffentlichen Stellen gelten.[570] Laut Abs. 3 lit. b DS-GVO ist es der Aufsichtsbehörde gestattet, zu allen Fragen, die im Zusammenhang mit dem Schutz personenbezogener Daten stehen, von sich aus oder auf Anfrage Stellungnahmen an das nationale Parlament, die Regierung des Mitgliedstaats oder im Einklang mit dem Recht des Mitgliedstaats an sonstige Einrichtungen und Stellen sowie an die Öffentlichkeit zu richten. Ein derartiges Konzept würde insoweit den Begriff der ausgetauschten Informationen gemäß § 50c Abs. 1 GWB konkretisieren. Zwischen den Behörden werden dann Stellungnahmen hinsichtlich der rechtsgebietsspezifischen Fragen ausgetauscht, wobei die Kartellaufsicht verpflichtet ist, die Erwägungen der Datenschutzaufsicht sorgfältig zu prüfen. Da im Rahmen dieses Konzeptes keine (strenge) Bindungswirkung im eigentlichen Sinne besteht, könnte die Kartellbehörde trotzdem zu einer von der Datenschutzaufsicht abweichenden rechtlichen Beurteilung kommen und diese in das kartellrechtliche Verfahren einfließen lassen. Widerspruchsfreie Entscheidungen wären nicht in jedem Fall gewährleistet.

3. *Einvernehmenskonzept*

Ferner könnte de lege ferenda auf die Entwicklung eines rechtsgebietsübergreifenden Einvernehmenskonzeptes hingewirkt werden. [571] In Betracht käme etwa folgende Regelung:

> *„Ist die Beurteilung einer datenschutzrechtlichen (oder allgemeiner: einer außerkartellrechtlichen) Fragestellung erforderlich, kann eine darauf aufbauende Entscheidung nur getroffen werden, wenn mit den Behörden, deren Zuständigkeitsbereich durch die Fragestellung berührt wird, Einvernehmen erreicht wurde.“*

570 *Selmayr*, in: Ehmann/Selmayr, DS-GVO, Art. 58 Rn. 4; *Körffer*, in: Paal/Pauly, DS-GVO/BDSG, Art. 58 Rn. 3.
571 Diesen Ansatz in Betracht ziehend *Kieck*, PinG 2017, S. 67 (70).

Unter „Einvernehmen" ist eine Willensübereinstimmung der beteiligten Verwaltungen zu verstehen.[572] Demnach wäre gewährleistet, dass die zuständige Kartellbehörde bspw. grundsätzlich keine von der Datenschutzaufsicht abweichende Beurteilung der relevanten Frage vornimmt. Insoweit würde der Einvernehmensherstellung bezüglich der rechtsgebietsübergreifenden Fragestellung eine gewisse „Sicherungsfunktion" zukommen.[573] Fehlt es an der erforderlichen Übereinstimmung der rechtlichen Beurteilungen, sollte etwa die Kartellaufsicht das eigene Verfahren nicht ohne weiteres abschließen dürfen, damit die „Sicherungsfunktion" nicht unterlaufen wird. In Fällen fehlender Übereinstimmung müsste ein Vermittlungsverfahren zwischen den rechtsgebietsspezifischen Behörden implementiert werden, ggfs. eine Übereinstimmung oder Entscheidung auf der Ebene der jeweils obersten Behörden herbeigeführt werden.[574] Um eine zumindest faktische Bindungswirkung in das Konzept zu integrieren, könnten insbesondere gesetzliche Bestimmungen vorsehen, dass der Einschätzung der jeweils sachnäheren Behörde bei widerstreitenden rechtlichen Beurteilungen eine Art Vorrangwirkung zukommt. Eine solche Vorrang- bzw. Bindungswirkung innerhalb des Einvernehmenskonzeptes wäre ausreichend aber auch notwendig, um zu gewährleisten, dass eine effektive Abstimmung erfolgt. Diesbezüglich wäre die oben stehende Regelung um folgenden Passus zu ergänzen:

> *„Kann ein Einvernehmen zwischen den behördlichen Aufsichten nicht hergestellt werden, kommt der rechtlichen Beurteilung der jeweils sachnäheren Behörde eine Bindungswirkung zu".*

4. *Konsultationskonzept*

Losgelöst von bereits bestehenden Kooperationskonzepten im Verwaltungsverfahrensrecht könnte eine Art Konsultationskonzept erfolgsversprechend sein. Sollten sich in einem kartellrechtlichen Verfahren datenschutzrechtliche Fragen

---

572 Zum Begriff des Einvernehmens: *Gröpl*, in: Maunz/Dürig, GG, Art. 89 Rn. 141.

573 Bspw. zur Sicherungsfunktion des Einvernehmens im Baurecht: *Söfker*, in: EZBK, BauGB, § 36 Rn. 9.

574 Hier stellt sich jedoch schon die Frage, welche Behörden der Datenschutzaufsicht „oberste" Behörden sind. Die Datenschutzbehörden sind jeweils Landesbehörden, das BKartA die oberste Bundesbehörde. Das Zuständigkeitssystem stellt nicht auf Landes- oder Bundesbehörden ab, sondern auf betroffene und federführende Aufsichtsbehörden ab. Möglicherweise müsste hinsichtlich spezieller datenschutzrechtlicher Fragen ein Vermittlungsverfahren zwischen dem BKartA und der jeweiligen federführenden Behörde herbeigeführt werden.

oder andersherum in einem datenschutzrechtlichen Verfahren kartellrechtliche Fragen ergeben, könnte – in Anlehnung an das Leitmotiv des ECN[575] – die jeweils sachnähere oder „besser geeignete“ Behörde konsultiert werden, um die rechtsgebietsspezifischen Fragen einer belastbaren rechtlichen Beurteilung zuzuführen.

Dabei soll im Ergebnis die Entscheidung bzw. das der Entscheidung vorgehende Verfahren der sachnäheren Aufsicht bezüglich einer rechtsspezifischen Frage in das laufende Verfahren der jeweils anderen Aufsicht gewissermaßen integriert werden.

a) Ansätze eines Konsultationskonzeptes

Die hier im Fokus stehende Konsultation bezieht sich dabei im Grundsatz nur auf bestimmte Teilaspekte des von der konsultierenden Behörde geführten Hauptverfahrens, wie bspw. die datenschutzrechtliche Zulässigkeit einer Datenverarbeitung.[576] Das Konzept einer vorherigen Konsultation wurde auch bereits in die DS-GVO integriert, allerdings nur im Verhältnis Verantwortlicher und Aufsichtsbehörde. Nach Art. 36 DS-GVO konsultiert der Verantwortliche vor der Verarbeitung die Aufsichtsbehörde, wenn aus einer Datenschutz-Folgenabschätzung gemäß Art. 35 DS-GVO hervorgeht, dass die Verarbeitung ein hohes Risiko zur Folge hätte, sofern der Verantwortliche keine Maßnahmen zur Eindämmung des Risikos trifft. Diese Konsultationspflicht dient insbesondere der Umsetzung der Beratungsfunktion der Aufsichtsbehörden nach Art. 58 Abs. 3 lit. a DS-GVO. In Abgrenzung zu Art. 36 DS-GVO soll das hier vorgeschlagene Konsultationskonzept das Verhältnis der rechtsgebietsspezifischen Aufsichtsbehörden untereinander betreffen.

Auch das GWB enthält eine Norm, die auf eine mögliche Konsultation – allerdings nicht bezogen auf andere Behörden – abstellt. Gemäß § 25 S. 1 und 2 GWB hat die Kartellbehörde nichtbeteiligten Unternehmen der gleichen Wirtschaftsstufe, Wirtschafts- und Berufsvereinigungen der durch die Wettbewerbsregeln betroffenen Lieferanten und Abnehmer sowie den Bundesorganisationen der beteiligten Wirtschaftsstufen Gelegenheit zur Stellungnahme zu geben. Gleiches gilt für Verbraucherzentralen und andere Verbraucherverbände, die mit öffentlichen Mitteln gefördert werden, wenn die Interessen der Verbraucher erheblich

575 Siehe *Henning/Leupold*, in: von der Groeben/Schwarze/Hatje, EuUnionsR, VO (EG) 1/2003, Art. 11 Rn. 5.

576 Dem Konzept ist insoweit eine gewisse Ähnlichkeit zum Amtshilfeersuchen zu attestieren, vgl. zur Amtshilfe: *Ibler*, in: Maunz/Dürig, GG, Art. 87 Rn. 59.

berührt sind. § 25 S. 2 GWB enthält einen wichtigen Aspekt, der in das hier vorgeschlagene Konsultationskonzept einbezogen werden könnte. Verbraucherzentralen und Verbraucherverbände sollen im Falle einer erheblichen Berührung von Verbraucherinteressen konsultiert werden. Dies wäre immer der Fall, wenn zu befürchten ist, dass die Verbraucher in ihrem Recht auf informationelle Selbstbestimmung verletzt werden.[577] Letztlich greift § 25 GWB aber zu kurz, da etwaige (Datenschutz-)Behörden dem Wortlaut nach nicht einbezogen sind.

Im Unterschied zu den vorher beschriebenen Konzepten soll die rechtsgebietsspezifische Frage von einer sachnäheren Behörde bindend beurteilt bzw. entschieden werden. Die konsultierende Behörde unterläge im weiteren Verfahrensverlauf hinsichtlich der getroffenen rechtlichen Beurteilung in einer rechtsgebietsübergreifenden Fragestellung dann einer echten/strengen Bindungswirkung.[578] Vorteil gegenüber dem Einvernehmenskonzept wäre etwa, dass die Bindungswirkung von vornherein besteht und nicht erst faktisch entstehen könnte, wenn eine absolute Willensübereinstimmung der Behörden nicht erreicht wurde. Auf die Herbeiführung einer Willensübereinstimmung kommt es im Rahmen des Konsultationskonzeptes nicht an, es bedarf keiner Zustimmung der sachfernen (die rechtsgebietsübergreifende Fragestellung abgebende) Behörde. Die ausführliche Beurteilung der rechtsgebietsübergreifenden Fragestellung nimmt nur die sachnähere Behörde in bindender Weise vor. Insbesondere im Falle eines positiven Rechtsverstoßes soll die Entscheidung gegenüber der Kartellaufsicht Bindungswirkung entfalten und entscheidungsleitend sein. Eine solche Vorrangs- oder Bindungswirkung wäre sicherlich auch im Sinne der Unabhängigkeit der Datenschutzbehörden.[579] Stellt die Datenschutzaufsicht keinen Datenschutzrechtsverstoß fest, kann ein möglicher Eingriff in das Recht auf informationelle Selbstbestimmung und die in diesem Zusammenhang angestellten datenschutzbehördlichen Überlegungen trotzdem in das kartellrechtliche Verfahren einfließen, sei es in die vorzunehmende Interessenabwägung in einem Missbrauchsverfahren oder im Falle der Genehmigung einer Fusion im Rahmen eines Zusammenschlussverfahrens. Dieses Konzept baut insoweit auf den vorgenannten Konzepten auf und konkretisiert die Zusammenarbeit, es wirft

---

577 An die Hürde der „erhebliche Berührung" sind nicht allzu große Anforderungen zu stellen: *Schneider*, in: Langen/Bunte, Kartellrecht, GWB, § 25 Rn. 4.

578 Die Bindungswirkung von Entscheidungen der Datenschutzaufsicht im Verhältnis zum Verbraucherschutzrecht (Verbraucherschutzverbände usw.) diskutierend und durchaus befürwortend: *V. Lewinski/Herrmann*, PinG 2017, S. 209 (212 und 213.).

579 *V. Lewinski/Herrmann*, PinG 2017, S. 209 (215).

aber gleichzeitig eine Reihe von Fragen auf, die es im Vorfeld einer möglichen (gesetzlichen) Umsetzung auf der Verfahrensebene zu klären gilt.

Zunächst stellt sich die Frage, welche konkreten Behörden in einem kartellrechtlichen Hauptsacheverfahren bezüglich der zu klärenden Aspekte zu konsultieren wären. Als Grundlage für die Vornahme einer solchen Konsultation in einem aufsichtsübergreifenden Verfahren könnte Art. 57 Abs. 1 lit. h DS-GVO aktiviert werden. Demnach dürfen Datenschutzbehörden Untersuchungen über die Anwendung der DS-GVO auch auf Grundlage von Informationen einer anderen Aufsichtsbehörde oder einer anderen Behörde durchführen. Zunächst unterscheidet sich Art. 57 Abs. 1 lit. h von Art. 57 Abs. 1 lit. a DS-GVO, der grundsätzlich die Möglichkeit der Datenschutzbehörden vorsieht, von Amts wegen tätig zu werden. Art. 57 Abs. 1 lit. h DS-GVO ist gewissermaßen eine (versteckte) Kooperationsnorm. Die Norm regelt den Fall, dass eine Datenschutzbehörde erst auf Grundlage von Informationen einer anderen Behörde eine datenschutzrechtliche Untersuchung durchführt, lit. h stellt damit eine speziellere Befugnis dar. Grundlage eines solchen von Amts wegen eingeleiteten Verfahrens können gemäß Art. 57 Abs. 1 lit. h DS-GVO Informationen einer anderen Behörde sein, bspw. die einer Wettbewerbsbehörde[580], also nach hier vertretener Ansicht auch die Übermittlung oben genannter, das Datenschutzrecht betreffender Fragestellungen an die Datenschutzaufsicht. Solche relevanten externen Informationen sollen nach Wunsch des Gesetzgebers vor allem künftig noch stärker Berücksichtigung finden.[581] Insoweit fördert Art. 57 Abs. 1 lit. h DS-GVO den Austausch über datenschutzrechtliche Fragestellung zwischen Wettbewerbs- und Datenschutzbehörden.

b) Sachliche Geeignetheit der konsultierten Behörde

Der Idee des Konsultationskonzeptes folgend sollte das kartellrechtliche Hauptsacheverfahren erst dann abgeschlossen werden können, wenn eine abschließende valide Beurteilung einer geeigneten Behörde bezüglich der konkreten außerkartellrechtlichen Fragestellung vorliegt. Bezüglich der Geeignetheit könnte auf die Sachnähe der jeweiligen Behörde abgestellt werden. Eine Datenschutzbehörde weist dann die erforderliche bzw. besondere Sachnähe auf, wenn die relevante Fragestellung in einem engen Zusammenhang mit dem Eingriff in das Recht auf informationelle Selbstbestimmung steht, also wenn personenbezogene Daten durch einen Verantwortlichen verarbeitet werden und fraglich ist, ob die

580 *Selmayr*, in: Ehmann/Selmayr, DS-GVO, Art. 57 Rn. 9.
581 *Boehm*, in: Kühling/Buchner, DS-GVO/BDSG, Art. 57 Rn. 13.

Verarbeitung rechtmäßig ist. Um die Geeignetheit bzw. die Sachnähe festzustellen, könnte in entsprechender Weise das Leitmotiv zur Arbeitsteilung im Netzwerk europäischer Wettbewerbsbehörden herangezogen werden. Demnach soll sich grundsätzlich die Behörde mit einem Fall auseinandersetzen, die diesbezüglich „gut geeignet" ist. Der kartellrechtlichen Netzwerkbekanntmachung[582] nach gilt eine Behörde als „gut geeignet", wenn die Vereinbarung oder Verhaltensweise (1.) wesentliche, unmittelbare, tatsächliche oder absehbare Auswirkungen auf den Wettbewerb innerhalb des Hoheitsgebiets dieser Behörde hat, in deren Hoheitsgebiet umgesetzt wird oder in deren Hoheitsgebiet ihren Ursprung hat, wenn die Behörde (2.) die gesamte Zuwiderhandlung wirksam beenden kann, d. h. sie kann eine Verbotsentscheidung erlassen, deren Wirksamkeit ausreicht, die Zuwiderhandlung zu beenden, und sie kann ggf. die Zuwiderhandlung angemessen ahnden und wenn sie (3.) ggf. mit Unterstützung anderer Behörden die zum Nachweis der Zuwiderhandlung erforderlichen Beweise erheben kann.

Auf den hier besprochenen Anwendungsfall bezogen wäre eine (Datenschutz-)Behörde für die Beurteilung der rechtsgebietsspezifischen Frage in Anlehnung an oben aufgezeigte kartellrechtliche Grundsätze „gut" oder „besser" geeignet, wenn die Verarbeitung personenbezogener Daten durch ein privatrechtliches Unternehmen (1.) wesentliche, unmittelbare, tatsächliche oder absehbare Auswirkungen[583] auf die Rechte der betroffenen Personen, bspw. auf die Ausübung ihres Rechts auf informationelle Selbstbestimmung, innerhalb des Hoheitsgebiets der nach der DS-GVO (örtlich) zuständigen Behörde hat. Weiterhin ist von einer „Geeignetheit" auszugehen, wenn der gesamte Datenschutzrechtsverstoß (2.) durch diese Datenschutzbehörde wirksam beendet werden könnte, bspw. durch eine Verbots- oder Unterlassungsverfügung entsprechend der Befugnisse gemäß Art. 58 Abs. 2 DS-GVO. Schließlich müsste die Datenschutzbehörde (3.) ggf. mit Unterstützung anderer betroffener Behörden die zum Nachweis des Datenschutzrechtsverstoßes erforderlichen Beweise erheben können. Diesbezüglich könnten die Ermittlungsbefugnisse der jeweiligen Datenschutzbehörde weiterhelfen. Gemäß Art. 58 Abs. 1 lit. a haben die Datenschutzbehörden etwa die Befugnis, den Verantwortlichen, den Auftragsverarbeiter und gegebenenfalls

582 Bekanntmachung der Kommission über die Zusammenarbeit innerhalb des Netzes der Wettbewerbsbehörden, ABl. C 101 v. 27.4.2004, https://eur-lex.europa.eu/legal-content/DE/TXT/HTML/?uri=CELEX:52004XC0427(02)&from=DE, Abrufdatum: 4.07.2019.

583 Dies entspricht insbesondere dem Rechtsgedanken der Konsultationspflicht gemäß § 25 S. 2 GWB.

den Vertreter des Verantwortlichen oder des Auftragsverarbeiters anzuweisen, alle Informationen bereitzustellen, die für die Erfüllung ihrer Aufgaben erforderlich sind.

c) *Örtliche Zuständigkeit der sachlich geeigneten Behörde*

Nach der Feststellung, dass eine Datenschutzbehörde potentiell sachlich „besser geeignet" ist, die relevante Fragestellung zu beurteilen, muss festgestellt werden, welche konkreten Behörden im System der Datenschutzaufsicht, insbesondere unter dem Gesichtspunkt der örtlichen Zuständigkeit, einbezogen werden sollten. Im Bereich der Kartellaufsicht kann auf europäischer Ebene in erster Linie die Kommission ein kartellrechtliches (Hauptsache-) Verfahren gegen ein Unternehmen einleiten. Auf nationaler Ebene kommt dem Bundeskartellamt in den meisten Fällen die Aufgabe zu, ein Verfahren einzuleiten. Im Bereich der Kartellaufsicht arbeiten jedenfalls beide Behördenebenen im ECN eng zusammen. Ausgehend von einem grenzüberschreitenden Sachverhalt in einem Missbrauchsverfahren des Bundeskartellamtes gegen ein international operierendes Unternehmen, deren Geschäftsmodell auf der Verarbeitung personenbezogener Daten beruht, müsste zunächst geklärt werden, welche konkrete Datenschutzbehörde zu konsultieren ist.

In Betracht kommt in einem solchen Fall die Konsultation der federführenden Behörde oder der betroffenen Behörden im Sinne der DS-GVO in Betracht. Für eine Erstkonsultation der federführenden Behörde, die auf Art. 57 Abs. 1 lit. h DS-GVO gestützt werden kann, spräche, dass sich die Zuständigkeit nach Art. 56 DS-GVO für eine derartige grenzüberschreitende Datenverarbeitung verhältnismäßig leicht und gleichzeitig präzise feststellen lässt. Demgemäß wird an die Hauptniederlassung oder die einzige Niederlassung des Verantwortlichen angeknüpft. Ob und wo eine solche Niederlassung besteht, sollte die Kartellaufsicht schnell feststellen können oder im Hauptsacheverfahren bereits festgestellt haben.

Zudem würde eine solche Erstkonsultation auch dem in die DS-GVO eingeführten One-Stop-Shop-Prinzip entsprechen. Nach Art. 56 Abs. 6 DS-GVO ist die federführende Aufsichtsbehörde der einzige Ansprechpartner der Verantwortlichen oder der Auftragsverarbeiter für Fragen der von diesem Verantwortlichen oder diesem Auftragsverarbeiter durchgeführten grenzüberschreitenden Verarbeitung. Das Recht, eine abschließende Beurteilung vorzunehmen und diese an die Kartellaufsicht zu übermitteln, sollte in diesem Fall auch der federführenden Behörde zukommen. Nimmt die federführende Behörde den Fall bzw. die entscheidungsrelevante Frage im Missbrauchsverfahren an, so findet nach

Art. 56 Abs. 4 S. 1 das Verfahren gemäß Art. 60 DS-GVO statt, also ein Kohärenzverfahren zwischen der federführenden Aufsichtsbehörde und den anderen betroffenen Aufsichtsbehörden. Für die Zusammenarbeit der jeweiligen Datenschutzaufsichtsbehörden gelten dann die Art. 60 ff. DS-GVO. Diesbezüglich kann unter anderem eine Zusammenarbeit zwischen den jeweiligen Aufsichtsbehörden, der europäischen Kommission und des europäischen Datenschutzausschuss stattfinden. Das Ergebnis dieser Zusammenarbeit, also bestenfalls die abschließende Entscheidung der für das Missbrauchsverfahren relevanten Frage, übermittelt die federführende Behörde als zentrale Anlaufstelle wiederum der Kartellaufsicht. Stellt die Datenschutzaufsicht einen positiven (Datenschutz-) Rechtsverstoß fest, ist die Kartellaufsicht an die Entscheidung gebunden., Kann der Eingriff in das Recht auf informationelle Selbstbestimmung gerechtfertigt werden, gehen die von der Datenschutzaufsicht behandelten Aspekte in die Entscheidung der Kartellaufsicht trotzdem ein, sie sind jedoch nicht an einzelne Ausführungen gebunden. Daher kann die Kartellaufsicht trotz datenschutzrechtlicher Legalität ein (aus kartellrechtlicher Perspektive) missbräuchliches Verhalten feststellen und sanktionieren. Bezogen auf die Durchführung einer Fusionskontrolle durch die Kommission im Falle eines grenzüberschreitenden Sachverhalts, stellt sich das Verfahren in ähnlicher Weise dar.

d) Vor- und Nachteile eines Konsultationskonzeptes

Durch eine derartige wechselseitige Einbeziehung wird vor allem aufwendige Doppelarbeit vermieden. Die jeweilige Kartellbehörde muss sich nicht unter großem Aufwand die relevanten datenschutzrechtlichen Kenntnisse aneignen, und die Datenschutzbehörde beschäftigt sich mit einer für die Aufsicht klassischen Frage und kann daher unter Umständen schneller zu einem validen Ergebnis gelangen. Daneben kann die Kartellbehörde den Fokus auf die wettbewerbsrechtlichen Aspekte legen, während die Datenschutzaufsicht die Rechtsanwendung der DS-GVO konkretisiert. Dabei handelt es sich um eine klassische Arbeitsteilung der Behörden, die zu effektiven Ergebnissen führen kann. Dieser Grad an Zusammenarbeit schließt einander widersprechende Entscheidungen aus und entspricht damit der Zielsetzung einer verfahrensmäßigen Koordination.

Allerdings kann sich eine derart enge Zusammenarbeit – wie oben angemahnt – auf die Verfahrensdauer, die einzusetzenden Ressourcen und damit auf die Verwaltungseffizienz erheblich auswirken.[584] Je mehr Behörden sich

584 Insoweit könnte sich das Konzept negativ auf den Beschleunigungsgrundsatz

untereinander abstimmen müssen, desto eher könnte das Verfahren eine unverhältnismäßige Verlängerung erfahren. Auf der anderen Seite ist zu beachten, dass auch widersprüchliche Behördenentscheidungen zu einer Verfahrensverzögerung führen können, insbesondere dann, wenn die Behörde auf Grundlage nachträglicher gerichtlicher Entscheidungen neu be- oder entscheiden muss.

Ein weiterer Vorteil des Konsultationskonzeptes wäre eine klare Zuständigkeitserhaltung. Unternehmen, die sich gegen eine Entscheidung des Bundeskartellamtes wehren, könnten stets eine Unzuständigkeit der Kartellbehörde hinsichtlich der datenschutzrechtlichen Fragezustellung anführen.[585] Mangels formeller Rechtmäßigkeit wäre dann fraglich, ob der gesamte Verwaltungsakt noch bestehen bleiben kann. Zunächst könnte man sicherlich argumentieren, dass das Bundeskartellamt nicht unzuständig sein kann, wenn die Verarbeitung von personenbezogenen Daten eine erhebliche wettbewerbsrechtliche Relevanz besitzt. Davon abgesehen könnte man dem Argument der Unzuständigkeit aber auch durch Anwendung des Konsultationskonzepts entgegentreten. In Anwendung des Konsultationskonzeptes wäre die Beurteilung der datenschutzrechtlichen Frage nämlich von einer zuständigen Datenschutzbehörde getroffen worden, lediglich das Ergebnis würde von der Kartellbehörde in die eigene Entscheidung integriert bzw. übernommen. Schließlich könnte man insoweit dem Argument der Kritiker des Facebook-Verfahrens entgegentreten, wenn sie meinen, dass das Bundeskartellamt nunmehr eine „Superbehörde" werde, die auch DS-GVO-Fragen beurteile und entscheide. In Anwendung des Konsultationskonzeptes würden die Zuständigkeiten weiter sauber voneinander abgrenzt. Das Bundeskartellamt analysiert und beurteilt mögliche kartell- bzw. wettbewerbsrechtliche Implikationen, die konsultierte zuständige Datenschutzbehörde widmet sich den datenschutzrechtlichen Problemen, lediglich im Ergebnis werden beide Rechtsgebiete in einer Gesamtentscheidung verknüpft.

III. Koordination im datenschutzrechtlichen Hauptsacheverfahren

Im Datenschutzrecht fehlt ein Pendant zu § 50c GWB und damit ein gesetzlich niedergeschriebener Anknüpfungspunkt. „Andere Behörden" als die Datenschutzaufsichtsbehörden werden in der DS-GVO lediglich am Rande erwähnt,

---

auswirken, siehe zu diesem Grundsatz *Schneider*, in: Langen/Bunte, Kartellrecht, GWB, Vor § 54 Rn. 13 ff.

585 Das Problem aufwerfend: *Louven*, CR 2019, S. 352 (356).

etwa in Art. 57 Abs. 1 lit. h DS-GVO. Die soeben genannten Grundsätze müssen jedoch auch bei kartellrechtlichen Fragestellungen in datenschutzrechtlichen Verfahren gelten. Die Ziele der verfahrensmäßigen Koordination können durch das „Auslagern" einer kartellrechtlichen Fragestellung erreicht werden. Jedenfalls können die im Rahmen des Konsultationskonzeptes beschriebenen Grundsätze in das datenschutzrechtliche Hauptsacheverfahren übertragen werden, damit die verfahrensmäßige Koordination in beiden Richtungen erfolgreich umgesetzt werden kann.

IV. Koordination durch Clearinghouse-Konzept

Eine weitere Möglichkeit, Zuständigkeitsüberschneidungen künftig besser zu handhaben, ist die Einrichtung einer zentralen Vermittlungsstelle. In diesem Rahmen könnten Vertreter der einzelnen Rechtsgebiete Leitlinien für die materiell- und verfahrensrechtliche Behandlung einer Behörde von rechtsgebietsübergreifenden Fragen entwerfen. Damit könnte die Vermittlungsstelle wichtige Vorarbeiten für eine bessere Abstimmung leisten. Eine solche Vermittlungsstelle wurde auf EU-Ebene mit dem Digital Clearinghouse eingerichtet. Nachdem das Konzept im Jahr 2016 erstmals formuliert wurde, trat das Gremium am 29. Mai 2017 zum ersten Mal in Brüssel zusammen. Seitdem gab es vier weitere Treffen. Im Digital Clearinghouse werden Agenturen aus den Bereichen Wettbewerb, Verbraucherschutz und Datenschutz zusammengebracht, um Informationen zu Teilen und zusammen nach Lösungen zu suchen.[586] Bereits nach den ersten Treffen wird deutlich, dass das Konzept durchaus seinen Beitrag zur effektiven Abstimmung der Rechtsgebiete leisten kann. So wurde unter anderem sinngemäß besprochen, dass ein bewährtes Verfahren für die Einbeziehung der Datenschutzbehörden in ein Fusionskontrollverfahren im Falle von Zusammenschlüssen digitaler Sektoren entwickelt werden soll.[587] Zudem sollen institutionalisierte Kooperationsmechanismen und Informationsaustauschprotokolle zwischen Regulierungsbehörden und bestehende Netzwerke von Regulierungsbehörden untersucht werden.[588] Allerdings halten sich die Erkenntnisse sowie die tatsächlichen Vorgaben zur besseren Koordination noch in Grenzen. Alles

586 https://edps.europa.eu/data-protection/our-work/subjects/big-data-digital-clearinghouse_de; Abrufdatum: 11.10.2018.

587 https://edps.europa.eu/sites/edp/files/publication/17-11-30_statement_2nd_meeting_dch_en.pdf; Abrufdatum: 11.10.2018.

588 https://edps.europa.eu/sites/edp/files/publication/17-11-30_statement_2nd_meeting_dch_en.pdf; Abrufdatum: 11.10.2018.

in allem ist das Clearinghouse-Konzept eine gute Möglichkeit für die jeweiligen Behörden, sich rechtsgebietsübergreifende Kenntnisse anzueignen. Falls die Vermittlungsstelle tatsächlich Leitlinien entwerfen kann, würde dies sicherlich dazu beitragen, dass einander widersprechende Entscheidungen vermieden werden.

4. Teil Zusammenfassende Bemerkungen

Eine isolierte Betrachtung des Wettbewerbs- oder Datenschutzrechts ist nicht mehr zeitgemäß.[589] Wettbewerbs- und datenschutzrechtliche Vorgaben sowie deren Schutzziele stehen in einem untrennbaren Zusammenhang, der sich materiell- wie auch verfahrensrechtlich niederschlägt. Von einer besseren Abstimmung der Rechtsgebiete können neben den Verbrauchern auch der Wettbewerb sowie die an diesem teilnehmenden privaten Unternehmen gleichermaßen profitieren.

A. Effektiver Schutz personenbezogener Verbraucherdaten

Ein wesentliches Ziel einer besseren Abstimmung des Datenschutz- und Wettbewerbsrechts ist die Förderung des Verbraucherschutzes bei der Verarbeitung von personenbezogenen Daten durch am Wettbewerb teilnehmende, private Unternehmen.[590]

Verbraucher haben seit Geltung der DS-GVO vielfältige Möglichkeiten, ihre Rechte bei einer Verletzung des informationellen Selbstbestimmungsrechts geltend zu machen, insoweit ist bereits ein hohes Schutzniveau bei der Verarbeitung personenbezogener Daten gewährleistet. Die Rechte der Betroffenen gemäß Art. 12-23 DS-GVO reichen von einfachen Informations- und Auskunftsansprüchen bis hin zu Löschungs- und Datenübertragungsansprüchen. Theoretisch sind die Voraussetzungen für einen effektiven Verbraucherschutz im Falle einer Datenverarbeitung also gegeben.

Die individuelle und kollektive private Durchsetzung des Datenschutzrechts fristen allerdings nach wie vor ein „Schattendasein".[591] Dass die betroffenen Verbraucher ihre Rechte bei Datenschutzverstößen nur selten wahrnehmen,

589 Siehe *BKartA*, Beschluss v. 6.02.2019 – B6-22/16 – Facebook-Verfahren, S. 1 ff.; *Hustinx,* Vorl. Stellungnahme – März 2014, S. 43 f.; *Buttarelli*, Stellungnahme – August 2016, S. 20 f; mit Blick auf die Fusionskontrolle *Beisenherz*, DuD 2015, S. 600 (605); *Podszun/de Toma*, NJW 2016, S. 2987 (2989) u. *Buchner*, DuD 2008, S. 724 (728); *Weichert*, VuR 2006, S. 377 (379); mit Blick auf die behördliche Zusammenarbeit *Kieck*, PinG 2017, S. 67 (69); *BKartA/Arbeitskreis Kartellrecht*, Wettbewerb und Verbraucherverhalten – Konflikt oder Gleichlauf zwischen Verbraucherschutz und Kartellrecht? – Oktober 2016, S. 34.

590 Vgl. a. *Paal*, in: Körber/Kühling, Regulierung – Wettbewerb – Innovation, S. 163.

591 S.a. *Buchner*, in: ABBFL, FS 2014, S. 51 ff.

resultiert vor allem aus der Eigenart einer Verletzung des Persönlichkeitsrechts. Obwohl ein relevanter rechtswidriger Eingriff in das Selbstbestimmungsrecht vorliegt, wird die Grenze eines Bagatellschadens für den Einzelnen in der Regel nicht überschritten.[592] Individueller zivilrechtlicher Rechtsschutz scheitert daher bereits an der Erheblichkeit der Rechtsverletzung sowie an einer darauf basierenden fehlenden Initiative der betroffenen Personen, sich gegen datenschutzrechtswidrige unternehmerische Maßnahmen zu wehren.[593] Vor diesem Hintergrund wurde 2016 das Gesetz zur Verbesserung der zivilrechtlichen Durchsetzung von verbraucherschützenden Vorschriften des Datenschutzrechts eingeführt. Mit der Einführung einer erweiterten Klagebefugnis im Rahmen des Verbandsklagerechts gemäß § 2 Abs. 2 Nr. 11 UKlaG ging die Hoffnung eines gesteigerten Datenschutzes für den Verbraucher einher. Die Idee einer kollektiven zivilrechtlichen Durchsetzung überzeugt durchaus. Verbraucherschutzverbände haben zumeist weiter reichende rechtliche Kenntnisse und Erfahrungswerte als ein einzelner Verbraucher. Zudem können sie aus ressourcentechnischen Gründen im Zweifel auch eher eine Vielzahl von vermeintlichen informationellen Bagatellschäden überprüfen und deren Unterbindung anstreben. Dass eine konstruktive Umsetzung des den Mitgliedstaaten in Art. 80 Abs. 2 DS-GVO gewährten Spielraums die datenschutzrechtliche Rechtsdurchsetzung fördern würde, steht außer Frage. Jedoch scheint auch die bisher im nationalen Recht veranlagte kollektive zivilrechtliche Rechtsdurchsetzung nicht die erhoffte Effektivität und Rechtsschutzsteigerung zu generieren[594], zumal unter Geltung der DS-GVO umstritten ist, ob das UKlaG überhaupt noch Anwendung finden kann.

Aufgrund bestehender rechtlicher und praktischer Unzulänglichkeiten im Bereich der zivilrechtlichen Rechtsdurchsetzung kommt der behördlichen Rechtsdurchsetzung also weiterhin eine zentrale Schutzfunktion zu. Der Bedeutung dieser Schutzfunktion wird die datenschutzbehördliche Rechtsdurchsetzung allerdings immer noch nicht gerecht. Dafür fehlt es der gesamten Datenschutzaufsicht beklagenswerter Weise an Personal, sachlichen Ressourcen und finanziellen Mitteln.[595] Vor dem Hintergrund der umfangreichen Aufgaben

592 Allgemein zur Problematik von Bagatellschäden: *Alexander*, in: Säcker/Schmidt-Preuß, Grundsatzfragen des Regulierungsrechts, S. 128.

593 *Buchner*, in: TBHP, Einführung in das Datenschutzrecht, S. 327; *Elbrecht/Michaela*, K&R 2015, S. 361 (361).

594 *Ritter/Schwichtenberg*, VuR 2016, 95 (97 ff.); *Bergt*, in: Kühling/Buchner, DS-GVO/BDSG, Art. 80 Rn. 13.

595 Siehe *Laoutoumai/Hoppe*, K&R 2018, S. 533 (536).

im öffentlichen und nichtöffentlichen Bereich vermag dies nicht zu verwundern. Speziell die Umsetzung der Anforderungen der DS-GVO scheint die nationalen Datenschutzbehörden zu überfordern, so wird etwa die Fülle an neuen Aufgaben bei gleichzeitig unveränderter Personalausstattung beklagt.[596] Insbesondere bei der Überprüfung potentieller Datenschutzverstöße durch marktmächtige Unternehmen wie Google, Facebook und Co. stoßen die schlecht ausgestatteten[597] öffentlichen Kontrollinstanzen im nichtöffentlichen Bereich an ihre Grenzen. Und falls sich eine Datenschutzbehörde doch einmal den Verarbeitungsbedingungen einiger großer Unternehmen entgegenstellt und sogar durch gerichtliche Entscheidungen unterstützt wird, nimmt man diese scheinbar nicht ernst.[598] Eine solche Ohnmacht bei der datenschutzrechtlichen Rechtsdurchsetzung ist nicht weiter hinnehmbar. Eine bessere Abstimmung des Wettbewerbs- und Datenschutzrechts kann diesbezüglich Abhilfe schaffen.

Durch die gezeigte Abstimmung des Lauterkeits- und Datenschutzrechts kann der Datenschutz gefördert werden.[599] Soweit eine Anspruchsberechtigung der Mitbewerber und Verbände im Falle eines Rechtsbruches nach § 3a UWG anerkannt wird, kann die in diesem Rahmen zivilrechtliche Verfolgung wettbewerblicher Ansprüche zu einer Erhöhung des gesamten Datenschutzniveaus beitragen.[600] Mitbewerber und Verbände sind, aus ressourcentechnischer sowie wettbewerblicher Sicht, eher bestrebt und in der Lage, Datenschutzverletzungen geltend zu machen. Dabei geht es den Mitbewerbern freilich nicht um den Schutz der betroffenen Personen, sondern um eine Sanktionierung des rechtswidrigen Marktverhaltens und eines damit im Zusammenhang stehenden unberechtigten

---

596 https://www.heise.de/newsticker/meldung/Strengerer-EU-Datenschutz-bringt-Aufsichtsbehoerden-an-ihre-Grenzen-4158365.html, Abrufdatum: 27.05.2019; https://www.welt.de/newsticker/dpa_nt/infoline_nt/brennpunkte_nt/article178077238/Ein-Monat-DSGVO-Neue-Regeln-ueberlasten-Datenschutz-Behoerden.html, Abrufdatum: 27.05.2019.

597 So *Caspar*, Stellungnahme zum Entwurf eines Gesetzes zur Verbesserung der zivilrechtlichen Durchsetzung von verbraucherschützenden Vorschriften des Datenschutzrechts, S. 2.

598 Auch nach den Entscheidungen des OVG Hamburg, Beschl. v. 26.02.2018 – 5 Bs 93/17 13 – DuD 2018, 384; VG Hamburg, Beschl. v. 24.04.2017 – 13 E 5912/16 – DuD 2017, 688 verarbeitete Facebook die personenbezogenen Daten unverändert weiter.

599 *Buchner*, in: ABBFL, FS 2014, S. 61, spricht von einer „zentralen Rolle" des Wettbewerbsrechts, wenn es darum geht zu verhindern, dass sich Unternehmen die Einwilligung des Einzelnen in eine Datenverarbeitung mit unlauteren Mitteln verschaffen.

600 Vgl. *Laoutoumai/Hoppe*, K&R 2018, S. 533 (536).

wettbewerblichen Vorsprungs. Im Ergebnis läuft diese aus wettbewerbsrechtlicher Sicht relevante Sanktionierung zumindest mittelbar auf einen erhöhten Schutz der betroffenen Personen hinaus.

Zudem kann mit der Berücksichtigung von § 7 Abs. 2 und Abs. 3 UWG innerhalb der datenschutzrechtlichen Interessenabwägung für eine Erhöhung des Schutzniveaus bei der Verarbeitung personenbezogener Daten zu Werbezwecken gesorgt werden. Durch eine kumulative Betrachtung der lauterkeits- und datenschutzrechtlichen Anforderungen ist die rechtliche Konformität von Werbemaßnahmen in doppelter Hinsicht gewährleistet. Durch die gemeinsame Betrachtung wird ein gewisser Mindestschutzstandard eingehalten, eine datenschutzrechtliche Beurteilung kann den durch das UWG festgelegten Schutzstandard nicht unterlaufen. Zudem schützt die Vereinheitlichung der (strengen) Anforderungen an eine Einwilligungserklärung den Verbraucher im Rahmen von Werbemaßnahmen und einer diesbezüglichen Datenverarbeitung.

Eine bessere Abstimmung des Kartell- und Datenschutzrechts kann den Datenschutz zudem erheblich fördern. Voraussetzung ist insoweit die Koordinierung der behördlichen Zuständigkeitsüberschneidungen. Soweit die Behörden sich unter Berücksichtigung der oben genannten Konzepte abstimmen, können sich die genannten Wechselwirkungen positiv auf den Datenschutz auswirken.[601] Aufgrund mangelnder Ressourcen und Durchschlagskraft der datenschutzbehördlichen Praxis kann die Bearbeitung datenschutzrechtlicher Fragen im Rahmen eines kartellbehördlichen Verfahrens das Datenschutzniveau erhöhen. Im Allgemeinen wird den Kartellbehörden eher zugetraut, dass sie massenhafte Datenschutzverstöße der großen digitalen Unternehmen eindämmen können. Wenn man berücksichtigt, in welch einem Umfang sich das Bundeskartellamt nunmehr mit der Auslegung datenschutzrechtlicher Vorschriften befasst hat, scheint diese Hoffnung begründet zu sein. Vor allem die Fusionskontrolle kann in Zukunft ihren Beitrag zu mehr Datenschutz leisten, indem man ihre präventive Funktion nutzt. Zudem können kartellrechtliche Sektoruntersuchungen mangelnden Datenschutz im Wettbewerb aufdecken und so die Grundlage für weitergehende Verfahren im Sinne des Datenschutzes liefern.

Schließlich bietet es sich sicherlich an, im Rahmen der datenschutzrechtlichen Sanktionspraxis den kartellrechtlichen Unternehmensbegriff aufzugreifen.[602]

601 Vgl. *v. Lewinski*, DSB 2016, S. 78 (79).

602 *Steinrötter*, EWS 2018, S. 61 (71): Das Kartellrecht „steht Pate" bei der Durchsetzung des Datenschutzrechts; weitergehende Ausführungen zur Übernahme des kartellrechtlichen Unternehmensbegriffs siehe *Cornelius*, NZWiSt 2016, S. 421 ff.

Gemäß Art. 83 Abs. 4 DS-GVO werden bei Verstößen gegen Bestimmungen der DS-GVO im Einklang mit Abs. 2 Geldbußen von bis zu 20.000.000 EUR oder im Fall eines Unternehmens von bis zu 4 % seines gesamten weltweit erzielten Jahresumsatzes des vorangegangenen Geschäftsjahrs verhängt, je nachdem, welcher der Beträge höher ist. Nur in Anwendung des kartellrechtlichen Unternehmensbegriffs kann sichergestellt werden, dass gemäß Art. 84 Abs. 1 S. 2 DS-GVO die (verwaltungsrechtlichen) Sanktionen wirksam, verhältnismäßig und abschreckend sind.[603] Eine Übertragung der Begrifflichkeiten führt dazu, dass sich Unternehmen nicht durch „Tricks“ wie etwa gezielte Insolvenzen eines Unternehmens des Konzerns einer Sanktion entziehen können. Im EU-Kartellrecht gilt die Konzernhaftung.[604] Das heißt, dass das Verhalten von Tochtergesellschaften grundsätzlich der Muttergesellschaft zugerechnet wird, sodass am Ende der Umsatz des gesamten Konzerns für die Bußgeldberechnung als Maßstab gilt.[605]

B. Auflösung von Schutzzielkollisionen und simultaner Wettbewerbs- und Datenschutz

Durch eine bessere Abstimmung können ferner Kollisionen der rechtsgebietsspezifischen Schutzziele bei der Anwendung des Wettbewerbs- und Datenschutzrechts rechtzeitig aufgelöst werden. Zwar sind das Wettbewerbs- und das Datenschutzrecht beide (auch) auf den Schutz des Verbrauchers bei der Verarbeitung personenbezogener Daten durch ein am Wettbewerb teilnehmendes privates Unternehmen ausgerichtet, teilweise stehen sich die primären Schutzziele des Wettbewerbs- und Datenschutzes aber in einem Spannungsverhältnis gegenüber. Daher kann es bei fehlender Abstimmung im beschriebenen Schnittstellenbereich zu Schutzzielkollisionen kommen. Die Anwendung bzw. die Rechtsfolge einer kartellrechtlichen Norm könnte sich im ungünstigsten Fall etwa negativ auf den Schutzzweck datenschutzrechtlicher Vorschriften auswirken.

Ziel ist daher – insbesondere im Verhältnis Kartell- und Datenschutzrecht – die Gewährleistung gleichzeitiger wettbewerbs- und datenschutzrechtlicher Konformität von behördlichen oder gerichtlichen Entscheidungen bzw. Maßnahmen. Bestenfalls wird etwa die konkrete Rechtsfolge einer kartellrechtlichen Norm dem freien Wettbewerb und der Ausübung des Rechts auf informationelle

603 S.a. *Albrecht/Jotzo*, Das neue Datenschutzrecht in der EU, S. 130 Rn. 34.
604 EuGH, Urt. v. 10.9.2009 – C-97/08 P – EuZW 2009, 816.
605 *Bergt*, DuD 2017, S. 555 (556).

Selbstbestimmung in gleicher Weise Rechnung tragen, sodass die Umsetzung der originären Schutzzwecke des Wettbewerbs- und Datenschutzrechts gefördert wird.

Ausgangspunkt und zugleich Vorbild eines solchen simultanen, aufeinander abgestimmten Schutzes ist das Recht auf Datenübertragbarkeit gemäß Art. 20 DS-GVO. Die Norm führt die Schutzzwecke des Wettbewerbs- und Datenschutzrechts zusammen und zeigt, dass diese durchaus – ohne zu kollidieren – gemeinsam durchgesetzt werden können.

Ein solcher Gleichlauf der Schutzziele ist bspw. auch im Rahmen der Prüfung eines kartellrechtlichen Konditionenmissbrauchs nach § 19 Abs. 1 GWB anzutreffen. Die Generalklausel nach § 19 Abs. 1 GWB vereint die Aspekte des vertikal wirkenden Ausbedeutungsmissbrauchs in seiner Form des Konditionenmissbrauchs sowie des horizontal wirkenden Behinderungsmissbrauchs. Die nationale Norm schützt mithin Verbraucher und Mitbewerber bzw. den Wettbewerb als solchen simultan. Die in diesem Zusammenhang potentiell zu treffenden Maßnahmen der zuständigen Behörde können gleichzeitig Wettbewerbs- und Datenschutz bewirken. Innerhalb dieses kartellrechtlichen Kontextes kann das Datenschutzrecht sogar unmittelbar (mit-) durchgesetzt werden.[606]

Daneben könnte auch eine gerichtliche Entscheidung hinsichtlich § 3a UWG zu Wettbewerbs- und Datenschutz führen, sofern die Frage nach der Antragsbefugnis im Falle einer Datenschutzrechtsverletzung bejaht wird. Ferner kann die Berücksichtigung lauterkeitsrechtlicher Belange im Rahmen datenschutzrechtlicher Prüfungen eine einheitliche Rechtsanwendung, genauer eine simultane lauterkeits- und datenschutzrechtliche Konformität einer Werbemaßnahme und der damit in einem engen Zusammenhang stehenden Datenverarbeitung bewirken.

Bei der Prüfung eines Behinderungsmissbrauchs, insbesondere in Form einer Zugangsverweigerung nach § 19 Abs. 2 Nr. 4 GWB, sowie im Rahmen einer Fusionskontrolle, besteht die Gefahr von Schutzzielkollisionen. Die Abstimmung der Rechtsgebiete soll in diesen Fällen vermeiden, dass nur einseitig das Wettbewerbs- oder Datenschutzrecht durchgesetzt wird. Zu vermeiden sind sämtliche Kollisionen, deren Resultat die Förderung eines Rechtsguts (bspw. des Wettbewerbs) und gleichzeitig die (erhebliche) Beeinträchtigung eines anderen Rechtsguts (bspw. des Datenschutzes) ist. Damit soll behördlichen Entscheidungen im Rahmen einer Missbrauchs- oder Fusionskontrolle entgegengewirkt

---

606 *BKartA/Arbeitskreis Kartellrecht*, Wettbewerb und Verbraucherverhalten – Konflikt oder Gleichlauf zwischen Verbraucherschutz und Kartellrecht? – Oktober 2016, S. 21.

werden, die zwar eine wettbewerbsfördernde Wirkung aufweisen, gleichzeitig aber einen Verstoß gegen datenschutzrechtliche Vorgaben oder zumindest eine erhebliche Beeinträchtigung des jeweils anderen Rechtsguts zur Folge hätten.

Die Vermeidung solcher Schutzzielkollisionen würde zudem verhindern, dass die betroffenen Unternehmen stets das jeweilige andere Rechtsgebiet, soweit gegen dessen Vorgaben verstoßen wird, als Argument oder Rechtfertigung bspw. für die Verweigerung einer behördlich angeordneten Maßnahme nutzen könnten.

C. Umfassende Rechtssicherheit für Unternehmen

Nicht zuletzt käme eine bessere Abstimmung der Rechtsgebiete sicherlich auch den betroffenen, am Wettbewerb teilnehmenden Unternehmen zugute. So könnte durch eine effektive Abstimmung eine Art materiell- und prozessrechtlicher Konzentrationswirkung etabliert werden. Grundsätzlich kann mittels einer Konzentrationswirkung die Dauer und der Aufwand innerhalb eines Verfahrens verringert und gleichzeitig die Rechtssicherheit für die betroffenen Parteien erhöht werden.[607]

Ist eine „Big-Data-Fusion“ im oben dargestellten Sinne geplant, könnte im Rahmen eines in der Folge eingeleiteten Fusionskontrollverfahrens fraglich sein, ob und wie die Zusammenlegung der jeweiligen personenbezogenen Unternehmensdatenbestände (aus datenschutzrechtlicher Sicht) gerechtfertigt werden kann. Im Zweifel sind die anfragenden Unternehmen daran interessiert, dass sämtliche rechtliche Fragen von einer Behörde in einer Gesamtschau beurteilt werden und nicht von vielen verschiedenen einzelnen Behörden. Zentrale Anlaufstellen verkürzen grundsätzlich die Verfahrensdauer und den Aufwand für die jeweiligen Unternehmen, hieran knüpfen auch die Vorgaben der DS-GVO zum One-Stop-Shop-Prinzip.[608] Im Falle einer „Big-Data-Fusion“ wäre den Unternehmen daran gelegen, dass die Fragen nach der kartellrechtlichen Zulässigkeit der Fusion sowie nach der datenschutzrechtlichen Konformität der geplanten Datenzusammenlegung einheitlich und abschließend beurteilt bzw. beschieden werden. Damit entgehen sie der Gefahr, im Falle von

---

607 Siehe bspw. zur Konzentrationswirkung im Umweltrecht: *Ewer*, in: Landmann/Rohmer, UmweltR, BBodSchG, § 16 Rn. 18.

608 Unternehmen entgehen der Gefahr widersprüchlicher Behördenentscheidungen, die Rechtssicherheit und Einheitlichkeit wird grundsätzlich gefördert: *Polenz*, in: Simitis/Hornung/Spieker, DS-GVO/BDSG, Art. 60 Rn. 1.

datenschutzrechtlichen Bedenken nach bereits festgestellter kartellrechtlicher Konformität des Zusammenschlusses Bußgelder der Datenschutzaufsicht auferlegt zu bekommen. Bestenfalls wird die datenschutzrechtliche Konformität im bereits laufenden Verfahren mitent- bzw. mitbeschieden. Da eine „Big-Data-Fusion" zumeist auf einer rechtskonform ablaufenden Datenzusammenlegung basiert, ist die behördliche Beurteilung der Rechtmäßigkeit der Datenverarbeitungen entscheidend. Dies wäre jedoch nur dann möglich, wenn hinter der datenschutzrechtlichen Beurteilung (auch) eine datenschutzrechtliche Behörde steht, die ihr Know-How eingebracht hat. Mit einer derartigen verfahrensmäßigen Bündelung sollte auf unternehmerischer Seite dann allerdings auch immer die entsprechende Schulung, Ausbildung oder Einstellung von Juristen einhergehen. Wenn man den Datenschutz als Wettbewerbsvorteil versteht, sollten Unternehmen vor allem auf Juristen setzen, die sich auf beiden Gebieten auskennen, und diese fördern, um sich damit möglicherweise eine exponierte Wettbewerbsposition zu verschaffen.

D. Kohärente Anwendung des Kartell- und Datenschutzrechts auf behördlicher Ebene

Mit den beschriebenen Wechselwirkungen und dem Bestreben, eine bessere materiell-rechtliche Abstimmung der Rechtsgebiete zu gewährleisten, gehen behördliche Doppelzuständigkeiten einher. Da das Verfahrensrecht gemeinhin dem materiellen Recht folgt, führen die materiell-rechtlichen Schnittstellen des Kartell- und Datenschutzrechts zwangsläufig zu verfahrensmäßigen Zuständigkeitsüberschneidungen.[609] Sich überschneidenden Zuständigkeiten haftet grundsätzlich die Gefahr einander widersprechender bzw. inkohärenter behördlicher Beurteilungen und Entscheidungen an.[610] Bspw. ist das Bundeskartellamt eine Behörde, die primär die Einhaltung im Kern wettbewerbsrechtlicher Vorgaben überwacht. Im Falle einer Auslegung datenschutzrechtlicher Vorschriften durch das Bundeskartellamt besteht die Gefahr schlichtweg unvertretbarer Beurteilungen, da der Kartellaufsicht im Regelfall – die zum Teil über Jahre gesammelten – datenschutzrechtliche Spezialkenntnisse und Erfahrungen fehlen werden.[611] Dies würde eine insbesondere unter der DS-GVO zwingend

609 Vgl. *v. Lewinski/Herrmann*, PinG 2017, S. 209 (210); *Monopolkommission*, 22. Hauptgutachten, S. 261 Rn. 687.
610 *Monopolkommission*, 22. Hauptgutachten, S. 261 Rn. 690.
611 Ähnlich *v. Lewinski*, DSB 2016, S. 78 (79).

notwendige Rechtsfortbildung erheblich behindern und wohl auch die kohärente Anwendung der Vorgaben der DS-GVO erschweren, die den Behörden der Mitgliedstaaten durch den europäischen Gesetzgeber in aller Deutlichkeit[612] aufgetragen wurde.

Falls Wettbewerbsbehörden datenschutzrechtliche Belange (oder Datenschutzbehörden wettbewerbsrechtliche Belange) berücksichtigen, sollte die Beurteilung der „rechtsgebietsfremden" Fragen/Belange nicht im Widerspruch zur Beurteilung der relevanten Fragen/Belange durch die sachnäheren Fachaufsichtsbehörden stehen. Ziel ist insoweit nicht die Verhinderung von Kollisionen zwischen den Schutzzielen des Wettbewerbs- und Datenschutzrechts, sondern die Vermeidung von widersprüchlichen Beurteilungen einer zuständigen Behörde in einer grundsätzlich „sachfremden" Frage.

Befürchtet das Bundeskartellamt bspw. im Rahmen eines Missbrauchskontrollverfahrens, dass ein Unternehmen missbräuchlich im Sinne der Vorschrift handelt, weil es sich datenschutzrechtswidrig verhält, sollte die Frage der Rechtswidrigkeit der Datenverarbeitung stets in Zusammenarbeit mit der sachnäheren (in diesem Fall einer zuständigen) Datenschutzbehörde beurteilt werden. Gleiches gilt, wenn die zuständige Kartellbehörde im Falle einer kartellrechtlich relevanten Zugangsverweigerung eine Maßnahme trifft, bspw. in Form einer Anordnung der Zugangsgewährung, die sich möglicherweise auf das Datenschutzrecht auswirkt. Bei einer solchen behördlichen Anordnung kann es zu einer Kollision der Schutzziele kommen. Bspw. bestünde die Gefahr, dass die Anordnung einer Zugangsgewährung gegen datenschutzrechtliche Vorgaben verstößt. Ob ein Datenschutzrechtsverstoß tatsächlich zu befürchten wäre bzw. wahrscheinlich ist, sollte zwecks Belastbarkeit der rechtlichen Beurteilung – insbesondere mit Blick auf die Möglichkeiten der betroffenen natürlichen oder juristischen Personen, Rechtsmittel einzulegen, – in enger Abstimmung mit den

612 Siehe Kapitel VII der DS-GVO „Zusammenarbeit und Kohärenz"; ErwG 123 der DS-GVO: „Die Aufsichtsbehörden sollten die Anwendung der Bestimmungen dieser Verordnung überwachen und zu ihrer einheitlichen Anwendung in der gesamten Union beitragen, um natürliche Personen im Hinblick auf die Verarbeitung ihrer Daten zu schützen und den freien Verkehr personenbezogener Daten im Binnenmarkt zu erleichtern."; ErwG 129 der DS-GVO: „Um die einheitliche Überwachung und Durchsetzung dieser Verordnung in der gesamten Union sicherzustellen, [...]"; ErwG 135 der DS-GVO: „Um die einheitliche Anwendung dieser Verordnung in der gesamten Union sicherzustellen, sollte ein Verfahren zur Gewährleistung einer einheitlichen Rechtsanwendung (Kohärenzverfahren) für die Zusammenarbeit zwischen den Aufsichtsbehörden eingeführt werden".

sachnäheren Behörden erörtert werden. Ergibt die Einschätzung der sachnäheren Behörde, dass ein Datenschutzrechtsverstoß nicht zu befürchten ist, ist auch keine Kollision der Schutzziele zu erwarten. Die Anwendung bzw. die Rechtsfolge der kartellrechtlichen Norm läge dann nicht im datenschutzrechtlichen Anwendungsbereich.

Hilfreich sind diesbezüglich Vorgaben zur Zusammenarbeit der Behörden und/oder Gerichte. Bereits der nationale Gesetzgeber erkannte mit der Regelung von § 50c GWB, dass behördliche Widersprüche auftreten können, aber gleichzeitig zwingend zu vermeiden sind. Dazu führte er ursprünglich aus, dass sich bspw. beim wirtschaftlichen Verbraucherschutz sowie dem vom Bundeskartellamt zu gewährleistenden Wettbewerbsschutz hinsichtlich der vorzunehmenden Wertungen Überschneidungen ergäben.[613] Um widersprüchliche Entscheidungen zu vermeiden, sei es erforderlich, dass in parallelen Verfahren eine enge Abstimmung zwischen den zuständigen Behörden i. S. des EG-Verbraucherschutzdurchsetzungsgesetzes und dem Bundeskartellamt erfolgt.[614] Die oben dargestellten Abstimmungskonzepte können zur Vermeidung einer inkohärenten und widersprüchlichen Rechtsanwendung und Rechtsfortbildung beitragen. Während das Informationskonzept lediglich auf einen unverbindlichen Austausch von verfahrensrelevanten Informationen ausgerichtet ist und insoweit nach wie vor die Gefahr einander widersprechender Entscheidungen besteht, zielt das Konsultationskonzept, das auf eine integrative Zusammenarbeit von Kartell- und Datenschutzbehörden setzt, darauf ab, diese Gefahr vollständig auszuschließen.

613 BT-Drs. 16/2930, S. 25.
614 BT-Drs. 16/2930, S. 25.

Literaturverzeichnis

Ackermann, Thomas: Kartellrecht und Verbraucherschutz, NZKart 2016, S. 397-398 (zitiert: *Ackermann*, NZKart 2016).

Albers, Michael: Der „more economic approach“ bei Verdrängungsmissbräuchen: Zum Stand der Überlegungen der Europäischen Kommission, http://ec.europa.eu/competition/antitrust/art82/albers.pdf, Abrufdatum: 4.07.2019 (zitiert: *Albers*, Der „more economic approach“ bei Verdrängungsmissbräuchen: Zum Stand der Überlegungen der Europäischen Kommission).

Albrecht, Jan Philipp/Jotzo, Florian: Das neue Datenschutzrecht in der EU – Grundlagen/Gesetzgebungsverfahren/Synopse, 1. Auflage, Baden-Baden 2017 (zitiert: *Albrecht/Jotzo*, Das neue Datenschutzrecht in der EU).

Alexander, Christian: Neue Aufgaben des Bundeskartellamtes bei Verstößen gegen Verbraucherschutzbestimmungen, NZKart 2017, S. 391-397 (zitiert: *Alexander*, NZKart 2017).

Alexander, Christian/Bornkamm, Joachim/Buchner, Benedikt/Fritzsche, Jörg/Lettl, Tobias (Hrsg.): Festschrift für Helmut Köhler zum 70. Geburtstag, München 2014 (zitiert: *Autor*, in: ABBFL, FS 2014).

Auernhammer, Herbert: DSGVO/BDSG – Datenschutz-Grundverordnung, Bundesdatenschutzgesetz und Nebengesetze, 5. Auflage, Köln 2018 (zitiert: *Bearbeiter*, in: Auernhammer, DS-GVO/BDSG).

Auer-Reinsdorff, Astrid/Conrad, Isabell (Hrsg.): Handbuch IT- und Datenschutzrecht, 3. Auflage, München 2019 (zitiert: *Bearbeiter*, in: Auer-Reinsdorff/Conrad, Handbuch IT- und Datenschutzrecht).

Bäumler, Helmut/Von Mutius, Albert (Hrsg.): Datenschutz als Wettbewerbsvorteil – Privacy sells: Mit modernen Datenschutzkomponenten Erfolg beim Kunden, 1. Auflage, Braunschweig/Wiesbaden 2002 (zitiert: *Autor*, in: Bäumler/Von Mutius, Datenschutz als Wettbewerbsvorteil).

Barth, Günter: Wettbewerbsrechtliche Abmahnung von Verstößen gegen das neue Datenschutzrecht – Wer darf Verstöße gegen die DSGVO und die E-Privacy-Verordnung privatrechtlich durchsetzen?, WRP 2018, S. 790-794 (zitiert: *Barth*, WRP 2018).

Bechtold, Rainer/Bosch, Wolfgang: Kommentar zum Gesetz gegen Wettbewerbsbeschränkungen, 9. Auflage, München 2018 (zitiert: *Bechtold/Bosch*, GWB).

Bechtold, Rainer/Bosch, Wolfgang/Brinker, Ingo: Kommentar zum EU-Kartellrecht, 3. Auflage, München 2014 (zitiert: *Bechtold/Bosch/Brinker*, EU-Kartellrecht).

Beisenherz, Maja: Im toten Winkel der Kartellbehörden, Personenbezogene Daten und Datenschutz in der Fusionskontrolle, DuD 2015, S. 600-605 (zitiert: *Beisenherz*, DuD 2015).

Berg, Werner/Mäsch, Gerald: Kommentar zum Deutschen und Europäischen Kartellrecht, 3. Auflage, Köln 2018 (zitiert: *Bearbeiter*, in: Berg/Mäsch, Deutsches und Europäisches Kartellrecht).

Bergt, Matthias: Sanktionierung von Verstößen gegen die Datenschutz-Grundverordnung, DuD 2017, S. 555-561 (zitiert: *Bergt*, DuD 2017).

Beyer, Annamia/Beyer, Alexander: Verkauf von Kundendaten in der Insolvenz – Verstoß gegen datenschutzrechtliche Bestimmungen?, NZI 2016, S. 241-245 (zitiert: *Beyer/Beyer*, NZI 2016).

Bien, Florian: Die Berücksichtigung nichtwettbewerblicher Aspekte in der Fusionskontrolle – Gibt es Alternativen zur Ministererlaubnis?, NZKart 2016, S. 445-446 (zitiert: *Bien*, NZKart 2016).

Birnstiel, Alexander/Eckel, Philipp: Das Paper „Competition Law and Data" des Bundeskartellamts und der Autorité de la concurrence – eine zusammenfassende Analyse, WRP 2016, S. 1189-1195 (zitiert: *Birnstiel/Eckel*, WRP 2016).

Böhme, Markus: Datenschutz im Smart Home, K&R 2018, Die Erste Seite - Heft 3 (zitiert: *Böhme*, K&R 2018, Die Erste Seite - Heft 3).

Bornkamm, Joachim/Montag, Frank/Säcker, Jürgen (Hrsg.): Münchener Kommentar, Europäisches und Deutsches Kartellrecht, Band 1 – Europäisches Wettbewerbsrecht 2. Auflage, München 2015 (zitiert: *Bearbeiter*, in: MüKo EuWettbR).

dies.: Münchener Kommentar, Europäisches und Deutsches Kartellrecht, Band 2 – Gesetz gegen Wettbewerbsbeschränkungen (GWB), 2. Auflage, München 2015 (zitiert: *Bearbeiter*, in: MüKo WettbR).

Bräutigam, Peter/Rücker, Daniel (Hrsg.): E-Commerce – Rechtshandbuch, 1. Auflage, München 2017 (zitiert: *Bearbeiter*, in: Bräutigam/Rücker, E-Commerce).

Brinkmann, Kyra: Marktmachtmissbrauch durch Verstoß gegen außerkartellrechtliche Rechtsvorschriften – Eine Untersuchung unter besonderer Berücksichtigung des Facebook-Verfahrens des Bundeskartellamtes, Baden-Baden 2018 (zitiert: *Brinkmann*, Marktmachtmissbrauch durch Verstoß gegen außerkartellrechtliche Rechtsvorschriften).

Buchner, Benedikt, Wissen ist Macht? – Zum Verhältnis zwischen Datenschutz und Wettbewerbsrecht, DuD 2008, S. 724-728 (zitiert: *Buchner*, DuD 2008).

ders.: Grundsätze und Rechtmäßigkeit der Datenverarbeitung unter der DS-GVO, DuD 2016, S. 155-161 (zitiert: *Buchner*, DuD 2016).

ders.: Die Einwilligung in Werbung, WRP 2018, S. 1283-1289 (zitiert: *Buchner*, WRP 2018).

ders.: Die Einwilligung im Datenschutzrecht, DuD 2010, S. 39-43 (zitiert: *Buchner*, DuD 2010).

ders.: Alles neu im Datenschutz?, Wirtschaftsinformatik & Management 2019, S. 43-44 (zitiert: *Buchner*, Wirtschaftsinformatik & Management 2019).

ders.: Datenschutz und Kartellrecht – Zugleich Anmerkung zu den Facebook-Beschlüssen des BKartA, 06.02.2019 – B6–22/16 und des OLG Düsseldorf, 26.08.2019 – VI-Kart 1/19 (V), WRP 2019, S. 1243-1248 (zitiert: *Buchner*, WRP 2019).

Buchner, Benedikt/Sperlich, Tim: Schutz besonders sensibler Daten, http://dtb-kassel.de/upload/veroeffentlichungen/AiB_EXTRA_2018/Buchner Sperlich_AiB_EXTRA_2018_dtb_Datenschutz-DSGVO.pdf, Abrufdatum: 3.07.2019 (zitiert: *Buchner/Sperlich*, AiB extra August 2018).

Bundeskartellamt: Arbeitspapier Marktmacht von Plattformen und Netzwerken – Juni 2016, https://www.bundeskartellamt.de/SharedDocs/Publikation/DE/Berichte/Think-Tank-Bericht.pdf?__blob=publicationFile&v=2, Abrufdatum: 3.07.2019 (zitiert: *BKartA*, Arbeitspapier Marktmacht von Plattformen und Netzwerken – Juni 2016).

dass.: Bundeskartellamt untersagt Facebook die Zusammenführung von Nutzerdaten aus verschiedenen Quellen – Hintergrundinformationen zum Facebook-Verfahren des Bundeskartellamtes, https://www.bundeskartellamt.de/SharedDocs/Publikation/DE/Pressemitteilungen/2019/07_02_2019_Facebook_FAQs.pdf?__blob=publicationFile&v=8, Abrufdatum: 3.07.2019 (zitiert: *BKartA*, Hintergrundinformationen zum Facebook-Verfahren – Februar 2019).

dass.: Big Data und Wettbewerb – Schriftenreihe „Wettbewerb und Verbraucherschutz in der digitalen Wirtschaft" – Oktober 2017, https://www.bundeskartellamt.de/SharedDocs/Publikation/DE/Schriftenreihe_Digitales/Schriftenreihe_Digitales_1.pdf?__blob=publicationFile&v=3, Abrufdatum: 4.07.2019 (zitiert: *BKartA*, Big Data und Wettbewerb – Schriftenreihe „Wettbewerb und Verbraucherschutz in der digitalen Wirtschaft" – Oktober 2017).

Bundeskartellamt/Arbeitskreis Kartellrecht: Digitale Ökonomie – Internetplattformen zwischen Wettbewerbsrecht, Privatsphäre und Verbraucherschutz – Tagung des Arbeitskreises Kartellrecht – 1. Oktober 2015, https://www.bundeskartellamt.de/SharedDocs/Publikation/DE/Diskussions_Hintergrundpapier/AK_Kartellrecht_2015_Digitale_Oekonomie.pdf?__blob=publicationFile&v=2, Abrufdatum: 3.07.2019 (zitiert: *BKartA/Arbeitskreis Kartellrecht*, Digitale Ökonomie – Internetplattformen zwischen Wettbewerbsrecht, Privatsphäre und Verbraucherschutz – Oktober 2015).

dies.: Wettbewerb und Verbraucherverhalten – Konflikt oder Gleichlauf zwischen Verbraucherschutz und Kartellrecht? – Tagung des Arbeitskreises Kartellrecht – 6. Oktober 2016, https://www.bundeskartellamt.de/SharedDocs/Publikation/DE/Diskussions_Hintergrundpapier/AK_Kartellrecht_2016_Wettbewerb_und_Verbraucherverhalten.pdf?__blob=publicationFile&v=4, Abrufdatum: 3.07.2019 (zitiert: *BKartA/Arbeitskreis Kartellrecht*, Wettbewerb und Verbraucherverhalten – Konflikt oder Gleichlauf zwischen Verbraucherschutz und Kartellrecht? – Oktober 2016).

Butarelli, Giovanni: Stellungnahme 8/2016 – Stellungnahme des EDSB zur kohärenten Durchsetzung von Grundrechten im Zeitalter von Big Data, https://edps.europa.eu/sites/edp/files/publication/16-09-23_bigdata_opinion_de.pdf, Abrufdatum: 3.07.2019 (zitiert: *Butarelli*, Stellungnahme – August 2016).

Caspar, Johannes: Stellungnahme zum Entwurf eines Gesetzes zur Verbesserung der zivilrechtlichen Durchsetzung von verbraucherschützenden Vorschriften des Datenschutzrechts; https://www.google.com/url?sa=t&rct=j&q=&esrc=s&source=web&cd=4&cad=rja&uact=8&ved=2ahUKEwiou6uE6pPjAhWhysQBHaFLDlcQFjADegQIBRAC&url=https%3A%2F%2Fwww.bundestag.de%2Fblob%2F373540%2Fdfa875e79c70deaa7c188933c2b5048b%2Fcaspar-data.pdf&usg=AOvVaw1bdRhQG1f9Df9CjKVR_KgV, Abrufdatum: 1.07.2019 (zitiert: *Caspar*, Stellungnahme zum Entwurf eines Gesetzes zur Verbesserung der zivilrechtlichen Durchsetzung von verbraucherschützenden Vorschriften des Datenschutzrechts).

Cornelius, Kai: Die „datenschutzrechtliche Einheit" als Grundlage des bußgeldrechtlichen Unternehmensbegriff nach der EU-DSGVO, NZWiSt 2016, S. 421-426 (zitiert: *Cornelius*, NZWiSt 2016).

Datenschutzkonferenz (DSK): Kurzpapier Nr. 3 – Verarbeitung personenbezogener Daten für Werbung – Stand Dezember 2018, https://www.datenschutzkonferenz-online.de/media/kp/dsk_kpnr_3.pdf, Abrufdatum: 3.07.2019 (zitiert: *DSK*, Kurzpapier zur Verarbeitung personenbezogener Daten für Werbung – Dezember 2018).

Dehmel, Susanne/Hullen, Nils: Auf dem Weg zu einem zukunftsfähigen Datenschutz in Europa? – Konkrete Auswirkungen der DS-GVO auf Wirtschaft, Unternehmen und Verbraucher, ZD 2013, S. 147-153 (zitiert: *Dehmel/Hullen*, ZD 2013).

Dewenter, Ralf/Rösch, Jürgen/Terschüren, Anna: Abgrenzung zweiseitiger Märkte am Beispiel von Internetsuchmaschinen, NZKart 2014, 387-394 (zitiert: *Dewenter/Rösch/Terschüren*, NZKart 2014).

Dix, Alexander: Daten als Bezahlung – Zum Verhältnis zwischen Zivilrecht und Datenschutzrecht, ZEuP 2017, S. 1-5 (zitiert: *Dix*, ZEuP 2017).

Drexl, Josef: Neue Regeln für die Europäische Datenwirtschaft? – Ein Plädoyer für einen wettbewerbspolitischen Ansatz – Teil 1, NZKart 2017, 339-344 (zitiert: *Drexl*, NZKart 2017).

ders.: Neue Regeln für die Europäische Datenwirtschaft? – Ein Plädoyer für einen wettbewerbspolitischen Ansatz – Teil 2, NZKart 2017, 415-421 (zitiert: *Drexl*, NZKart 2017).

Düsseldorfer Kreis: Anwendungshinweise der Datenschutzaufsichtsbehörden zur Erhebung, Verarbeitung und Nutzung von personenbezogenen Daten für werbliche Zwecke – September 2014, https://www.datenschutzkonferenz-online.de/media/ah/201409_ah_werbliche_zwecke.pdf, Abrufdatum: 3.07.2019 (zitiert: *Düsseldorfer Kreis*, Anwendungshinweise der Datenschutzaufsichtsbehörden zur Werbedatenverarbeitung – September 2014).

Eckhardt, Jens/Rheingans, Helke: Direktmarketing bei Bestandskunden ohne Einwilligung? – Bewertung der Wechselwirkung von Datenschutz- und Wettbewerbsrecht, ZD 2013, S. 318-326 (zitiert: *Eckhardt/Rheingans*, ZD 2013).

Ehmann, Eugen/Selmayr, Martin: Datenschutz-Grundverordnung, 2. Auflage, München 2018 (zitiert: *Bearbeiter*, in: Ehmann/Selmayr, DS-GVO).

Elbrecht, Carola/Schröder, Michaela: Verbandsklagebefugnisse bei Datenschutzverstößenc für Verbraucherverbände, K&R 2015, S. 361-366 (zitiert: *Elbrecht/Michaela*, K&R 2015).

Ernst, Stefan: Kundendaten und der „Asset Deal" – Ein Datenschutzproblem, DuD 2016, S. 792-796 (zitiert: *Ernst*, DuD 2016).

Ernst, Werner/Zinkahn, Willy/Bielenberg, Walter/Krautzberger, Michael: Kommentar zum Baugesetzbuch, 132. EL, München 2019 (zitiert: *Bearbeiter*, in: EZBK, BauGB).

Esser, Michael/Höft, Jan Christoph: Fusions- und Missbrauchskontrolle 4.0 – Die 9. GWB-Novelle als Antwort auf die Herausforderungen der Digitalisierung?, NZKart 2017, S. 259-264 (zitiert: *Esser/Höft*, NZKart 2017).

Fezer, Karl-Heinz/Büscher, Wolfgang/ Obergfell, Eva Ines: Kommentar zum UWG, Band 2 – §§ 3a bis 20 UWG, 3. Auflage, München 2016 (zitiert: *Bearbeiter*, in: Fezer/Büscher/Obergfell, UWG).

Ettig, Diana: Direktwerbung unter der DSGVO – Orientierungshilfe der Aufsichtsbehörden, DSB 2019, S. 7-8 (zitiert: *Ettig*, DSB 2019).

Franck, Jens-Uwe: Eine Frage des Zusammenhangs: Marktbeherrschungsmissbrauch durch rechtswidrige Konditionen, ZWeR 2016, S. 137-164 (*Franck*, ZWeR 2016).

Frenz, Walter: Datenschutz durch Kartellrecht, EWS 2014, S. 193-200 (zitiert: *Frenz*, EWS 2014).

Gärtner, Anette/Heil, Ulf: Kodifizierter Rechtsbruchtatbestand und Generalklausel – Zur Bedeutung des Marktbezugs im neuen UWG, WRP 2005, S. 20-24 (zitiert: *Gärtner/Heil*, WPR 2005).

Galetzka, Christian: Datenschutz und unlauterer Wettbewerb – Sind Verstöße gegen datenschutzrechtliche Vorschriften wettbewerbsrechtlich abmahnfähig?, K&R 2015, S. 77-83 (zitiert: *Galetzka*, K&R 2015).

Geradin, Damien/Kuschewsky, Monika: Competition Law and Personal Data: Preliminary Thoughts on a Complex Issue, https://ssrn.com/abstract=2216088, Abrufdatum: 4.07.2019 (zitiert: *Geradin/Kuschewsky*, Competition Law and Personal Data: Preliminary Thoughts on a Complex Issue).

Gersdorf, Hubertus/Paal, Boris P.: BeckOK Informations- und Medienrecht, 24. Edition, München 2019 (zitiert: *Bearbeiter*, in: BeckOK InfoMedienR).

Gierschmann, Sibylle: Gestaltungsmöglichkeiten bei Verwendung von personenbezogenen Daten in der Werbung – Auslegung des Art. 6 Abs. 1 lit. f DS-GVO und Lösungsvorschläge, MMR 2018, S. 7-12 (zitiert: *Gierschmann*, MMR 2018).

Götting, Horst-Peter/Nordemann, Axel (Hrsg.): Kommentar zum UWG, 3. Auflage, Baden-Baden 2016 (zitiert: *Bearbeiter*, in: Götting/Nordemann, UWG).

Gola, Peter: DS-GVO, 2. Auflage, München 2018 (zitiert: *Bearbeiter*, in: Gola, DS-GVO).

Gola, Peter/Klug, Christoph/Körffer, Barbara/Schomerus, Rudolf: Kommentar zum BDSG a.F., 12. Auflage, München 2015 (zitiert: *Bearbeiter*, in: Gola/Schomerus, BDSG a.F.).

Grave, Carsten/Nyberg, Jenny: Die Rolle von Big Data bei der Anwendung des Kartellrechts, WuW 2017, S. 363-368 (zitiert: *Grave/Nyberg*, WuW 2017).

Halfmeier, Axel: Die neue Datenschutzverbandsklage, NJW 2016, S. 1126-1129 (zitiert: *Halfmeier*, NJW 2016).

Haucap, Justus/ Heimeshoff, Ulrich: Düsseldorfer Institut für Wettbewerbsökonmonie: Ordnungspolitik in der digitalen Welt, http://www.dice.hhu.de/fileadmin/redaktion/Fakultaeten/Wirtschaftswissenschaftliche_Fakultaet/DICE/Ordnungspolitische_Perspektiven/090_OP_Haucap_Heimeshoff.pdf, Abrufdatum: 3.07.2019 (zitiert: *Haucap/Heimeshoff*, Ordnungspolitik in der digitalen Welt).

Hennemann, Moritz: Personalisierte Medienangebote im Datenschutz- und Vertragsrecht, ZUM 2017, S. 544-552 (zitiert: *Hennemann*, ZUM 2017).

Heermann, Peter/Schlingloff, Jochen (Hrsg.): Münchener Kommentar zum Lauterkeitsrecht, Band 1 und 2, 2. Auflage, München 2014 (zitiert: *Bearbeiter*, in: MüKo Lauterkeitsrecht).

Hinterhuber, Hans H./Matzler, Kurt (Hrsg.): Kundenorientierte Unternehmensführung – Kundenorientierung/Kundenzufriedenheit/Kundenbindung, 6. Auflage, Wiesbaden 2009 (zitiert: *Autor*, in Hinterhuber/Matzler, Kundenorientierte Unternehmensführung).

Hoeren, Thomas: Kartell- oder Datenschutzrecht: BKartA untersagt Facebook die Zusammenführung von Nutzerdaten, MMR 2019, S. 137-138 (zitiert: *Hoeren*, MMR 2019).

Hoffer, Raoul/Lehr, Leo Alexander: Onlineplattformen und Big Data auf dem Prüfstand – Gemeinsame Betrachtung der Fälle Amazon, Google und Facebook, NZKart 2019, S. 10-20 (zitiert: *Hoffer/Lehr*, NZKart 2019).

Holzweber, Stefan: Daten als Machtfaktor in der Fusionskontrolle, NZKart 2016 (zitiert: *Holzwerber*, NZKart 2016).

Hupptertz, Peter/Ohrmann, Christoph: Wettbewerbsvorteile durch Datenschutzverletzungen? – Datenschutzbestimmungen als Marktverhaltensregel iS.d. UWG am Beispiel von „Google Analytics" und Facebooks „I-Like-Buttons", CR 2011, S. 449-454 (zitiert: *Hupperts/Ohrmann*, CR 2011).

Hustinx, Peter: Vorläufige Stellungnahme des Europäischen Datenschutzbeauftragten – Privatsphäre und Wettbewerbsfähigkeit im Zeitalter von „Big Data": das Zusammenspiel zwischen Datenschutz, Wettbewerbsrecht und Verbraucherschutz in der digitalen Wirtschaft – März 2014, https://edps.europa.eu/sites/edp/files/publication/14-03-26_competitition_law_big_data_de.pdf, Abrufdatum: 3.07.2019 (zitiert: *Hustinx*, Vorl. Stellungnahme – März 2014).

Immenga, Ulrich/Mestmäcker, Ernst-Joachim (Hrsg.): Wettbewerbsrecht, Band 1: EU – Kommentar zum Europäischen Kartellrecht, 5. Auflage, München 2012 (zitiert: *Bearbeiter*, in: Immenga/Mestmäcker, 5. Auflage, EU-WettbR).

dies.: Wettbewerbsrecht, Band 1: EU – Kommentar zum Europäischen Kartellrecht, 6. Auflage, München 2019 (zitiert: *Bearbeiter*, in: Immenga/Mestmäcker, EU-WettbR).

dies.: Wettbewerbsrecht, Band 2: GWB – Kommentar zum Deutschen Kartellrecht, 5. Auflage, München 2014 (zitiert: *Bearbeiter*, in: Immenga/Mestmäcker, WettbR, GWB).

Jandt, Silke/Roßnagel, Alexander: Social Networks für Kinder und Jugendliche – Besteht ein ausreichender Datenschutz?, MMR 2011, S. 637-642 (zitiert: *Jandt/Roßnagel*, MMR 2011).

Jarass, Hans D.: Charta der Grundrechte der Europäischen Union, 3. Auflage, München 2016 (zitiert: *Jarass*, EU-GRCh).

Jülicher, Tim/Röttgen, Charlotte/v. Schönfeld, Max: Das Recht auf Datenübertragbarkeit – Ein datenschutzrechtliches Novum, ZD 2016, S. 358-362 (zitiert: *Jülicher/Röttgen/v. Schönfeld*, ZD 2016).

Kamann, Hans-Georg/Miller, Dominik: Kartellrecht und Datenschutzrecht – Verhältnis einer „Hass-Liebe"?, NZKart 2016, S. 405-412 (zitiert: *Kamann/Miller*, NZKart 2016).

Kerber, Wolfgang: Digital Markets, Data and Privacy: Competition Law, Consumer Law and Data Protection, GRUR Int. 2016, S. 639-647 (zitiert: *Kerber*, GRUR Int. 2016).

Kersting, Christian/Podszun, Rupprecht (Hrsg.): Die 9. GWB-Novelle – Kartellschadensersatz, Digitale Ökonomie, Fusionskontrolle, Bußgeld, Verbraucherschutz, 1. Auflage, München 2017 (zitiert: *Bearbeiter*, in: Kersting/Podszun, 9. GWB-Novelle).

Kieck, Annika: Zum Verhältnis von Datenschutz- und Kartellaufsicht, PinG 2017 (zitiert: *Kieck*, PinG 2017).

Kiparski, Gerd/Thoenes, Ralf: Der Wechsel des Anschlussanbieters – Rechtliche Gesichtspunkte zur umfassenden Neuregelung des § 46 TKG, MMR 2013, S. 565-571 (zitiert: *Kiparski/Thoenes*, MMR 2013).

Köhler, Helmut: Zur Konkurrenz lauterkeitsrechtlicher und kartellrechtlicher Normen, WRP 2005, S. 645-654 (zitiert: *Köhler*, WRP 2005).

Köhler, Helmut/Bornkamm, Joachim/Feddersen, Jörn: Gesetz gegen den unlauteren Wettbewerb: UWG mit Preisangabenverordnung, Unterlassungsklagengesetz, Dienstleistungs-Informationspflichten-Verordnung, 37. Auflage, München 2019 (zitiert: *Bearbeiter*, in: Köhler/Bornkamm/Feddersen, UWG).

Körber, Torsten: Die Facebook-Entscheidung des Bundeskartellamtes – Machtmissbrauch durch Verletzung des Datenschutzrechts?, NZKart 2019, S. 187-195 (zitiert: *Körber*, NZKart 2019).

ders.: „Ist Wissen Marktmacht?" Überlegungen zum Verhältnis von Datenschutz, „Datenmacht" und Kartellrecht – Teil 1, NZKart 2016, S. 303-310 (zitiert: *Körber*, NZKart 2016).

ders.: „Ist Wissen Marktmacht?" Überlegungen zum Verhältnis von Datenschutz, „Datenmacht" und Kartellrecht – Teil 2, NZKart 2016, S. 348-356 (zitiert: *Körber*, NZKart 2016).

ders.: Analoges Kartellrecht für digitale Märkte?, WuW 2015, S. 120-133 (zitiert: *Körber*, WuW 2015).

Körber, Torsten/Immenga, Ulrich (Hrsg.): Daten und Wettbewerb in der digitalen Ökonomie – Referate der 5. Göttinger Kartellrechtsgespräche vom 22. Januar 2016, 1. Auflage, Baden-Baden 2017 (zitiert: *Autor*, in: Körber/Immenga, Daten und Wettbewerb in der digitalen Ökonomie).

Körber, Torsten/Kühling, Jürgen (Hrsg.): Regulierung – Wettbewerb – Innovation, 1. Auflage, Baden-Baden 2017 (zitiert: *Autor*, in: Körber/Kühling, Regulierung – Wettbewerb – Innovation).

Koreng, Ansgar/Lachenmann, Matthias: Formularhandbuch Datenschutzrecht, 2. Auflage, München 2018 (zitiert: *Bearbeiter*, in: Koreng/Lachenmann, Formularhandbuch Datenschutzrecht).

Kühling, Jürgen/Buchner, Benedikt: DS-GVO und BDSG, 2. Auflage, München 2018 (zitiert: *Bearbeiter*, in: Kühling/Buchner, DS-GVO/BDSG).

Kühling, Jürgen/Martini, Mario: Die Datenschutz-Grundverordnung: Revolution oder Evolution im europäischen und deutschen Datenschutzrecht?, EuZW 2016, S. 448-454 (zitiert: *Kühling/Martini*, EuZW 2016).

Langen, Eugen/Bunte, Hermann-Josef: Kommentar zum Kartellrecht – Band 1: Deutsches Kartellrecht, 13. Auflage, Köln 2018 (zitiert: *Bearbeiter*, in: Langen/Bunte, Kartellrecht).

Langen, Eugen/Bunte, Hermann-Josef: Kommentar zum Kartellrecht – Band 2: Europäisches Kartellrecht, 13. Auflage, Köln 2018 (zitiert: *Bearbeiter*, in: Langen/Bunte, EU-Kartellrecht).

Laoutoumai, Sebastian/Hoppe, Adrian: Setzt die DSGVO das UWG Schachmatt?, Können Datenschutzverstöße auch weiterhin über das Recht des unlauteren Wettbewerbs verfolgt werden?, K&R 2018, S. 533-537 (zitiert: *Laoutoumai/Hoppe*, K&R 2018).

Lettl, Tobias: Missbräuchliche Ausnutzung einer marktbeherrschenden Stellung nach Art. 102 AEUV, § 19 GWB und Rechtsbruch, WUW 2016, S. 214-221 (zitiert: *Lettl*, WuW 2016).

Link, Jörg (Hrsg.): Wettbewerbsvorteile durch Online Marketing – Die strategischen Perspektiven elektronischer Märkte, 2. Auflage, Berlin/Heidelberg 1998, 2000 (zitiert: *Autor*, in: Link, Wettbewerbsvorteile durch Online Marketing).

Loewenheim, Ulrich/Meessen, Karl M./Riesenkampff, Alexander/Kersting, Christian/Meyer-Lindemann, Hans Jürgen (Hrsg.): Kartellrecht – Kommentar: Europäisches und Deutsches Kartellrecht, 3. Auflage, München 2016 (zitiert: *Bearbeiter*, in: LMRKM, Kartellrecht).

Louven, Sebastian: Pionierin unter den Kartellbehörden, WRP 2019, Editorial (zitiert: *Louven*, WRP 2019).

ders.: Datenmacht und Zugang zu Daten, NZKart 2018, S. 217-222 (zitiert: *Louven*, NZKart 2018).

ders.: Kartellrecht als Hebel für die Durchsetzung des Datenschutzrechts?, CR 2019, S. 352-358 (zitiert: *Louven*, CR 2019).

Lundqvist, Björn: Competition and Data Pools, EuCML 2018, S. 146-154 (zitiert: *Lundqvist*, EuCML 2018).

Maunz, Theodor/Dürig, Günter: Grundgesetz Kommentar, 86 EL, München Januar 2019 (zitiert: *Bearbeiter*, in: Maunz/Dürig, GG).

Mestmäcker, Ernst-Joachim/Schweitzer, Heike: Europäisches Wettbewerbsrecht, 3. Auflage, München 2014 (zitiert: *Mestmäcker/Schweitzer*, EU-WettbR).

Meyer, Jürgen (Hrsg.): Charta der Grundrechte der Europäischen Union, 4. Auflage, Baden-Baden 2014 (zitiert: *Bearbeiter*, in: Meyer, EU-GRCh).

Meyer-Ladewig, Jens/Nettesheim, Martin/Von Raumer, Stefan (Hrsg.): Handkommentar zur EMRK, 4. Auflage, Baden-Baden 2017 (zitiert: *Bearbeiter*, in: Meyer-Ladewig/Nettesheim/Von Raumer, EMRK).

Mohr, Jochen: Kartellrechtlicher Konditionenmissbrauch durch datenschutzwidrige Allgemeine Geschäftsbedingungen, EuZW 2019, S. 265-273 (zitiert: *Mohr*, EuZW 2019).

Monopolkommission: Sondergutachten 68: Wettbewerbspolitik: Herausforderung digitale Märkte, Baden-Baden 2015 (zitiert: *Monopolkommission*, 68. Sondergutachten).

dies.: Hauptgutachten 22: Wettbewerb 2018, Baden-Baden 2018, (zitiert: *Monopolkommission*, 22. Hauptgutachten).

dies.: Hauptgutachten 20: Eine Wettbewerbsordnung für die Finanzmärkte 2012/2013, Baden-Baden 2014 (zitiert: *Monopolkommission*, 20. Hauptgutachten).

Moos, Fleming: Datenschutz- und Datennutzungsverträge, 2. Auflage, Köln 2018 (zitiert: *Bearbeiter*, in: Moos, Datenschutz- und Datennutzungsverträge).

Moos, Flemming/Schefzig, Jens/Arning, Marian: Die neue Datenschutz-Grundverordnung mit BDSG 2018, 1. Auflage, Berlin/Bosten 2018 (zitiert: *Bearbeiter*, in: Moos/Schefzig/Arning, DS-GVO).

Mundt, Andreas: Die Facebook-Entscheidung des Bundeskartellamtes, NZKart 2019, S. 117-118 (zitiert: *Mundt*, NZKart 2019).

ders.: Verbraucherschutz im Bundeskartellamt, WuW 2019, S. 181-186 (zitiert: *Mundt*, WuW 2019).

Nuys, Marcel: „Big Data" – Die Bedeutung von Daten im Kartellrecht, WuW 2016, S. 512-520 (zitiert: *Nuys*, WuW 2016).

Ohly, Ansgar/Sosnitza, Olaf: Gesetz gegen den unlauteren Wettbewerb mit Preisangabenverordnung, 7. Auflage, München 2016 (zitiert: *Bearbeiter*, in: Ohly/Sosnitza, UWG).

Paal, Boris P.: Internet-Suchmaschinen im Kartellrecht, GRUR Int. 2015, S. 997-1005 (zitiert: *Paal*, GRUR Int. 2015).

ders.: Missbrauchstatbestand und Algorithmic Pricing – Dynamische und individualisierte Preise im virtuellen Wettbewerb, GRUR 2019, S. 43-53 (zitiert: *Paal*, GRUR 2019).

ders.: Daten und Kartellrecht, NZKart 2018, 157-158 (zitiert: *Paal*, NZKart 2018).

Paal, Boris P./Hennemann, Moritz: Big Data im Recht – Wettbewerbs- und daten(schutz)rechtliche Herausforderungen, NJW 2017, S. 1697-1701 (zitiert: *Paal/Hennemann*, NJW 2017).

Paal, Boris P./Pauly, Daniel A.: Datenschutzgrundverordnung Bundesdatenschutzgesetz, 2. Auflage, München 2018 (zitiert: *Bearbeiter*, in: Paal/Pauly, DS-GVO/BDSG).

Plath, Kai-Uwe: DSGVO und BDSG, 3. Auflage, Köln 2018 (zitiert: *Bearbeiter*, in: Plath, DS-GVO/BDSG).

Podszun, Rupprecht: Stellungnahme als Sachverständiger im Wirtschaftsausschuss des Deutschen Bundestags zur Vorbereitung der Anhörung am 23.1.2017 – Die 9. Novelle des Gesetzes gegen Wettbewerbs-beschränkungen (GWB), https://www.google.com/url?sa=t&rct=j&q=&esrc=s&source=web&cd=2&ved=2ahUKEwiX1Inl6prjAhVL3KQKHYxyB04QFjABegQIARAC&url=https%3A%2F%2Fwww.bundestag.de%2Fresource%2Fblob%2F489168%2Feffffe1ad50da2f28f43442b2d8be7c1%2Fpodszun-data.pdf&usg=AOvVaw0BebPczpZ7TWTTNKnWqxxK, Abdrufdatum: 4.07.2019 (zitiert: *Podszun*, Stellungnahme als Sachverständiger im Wirtschaftsausschuss des Deutschen Bundestags zur Vorbereitung der Anhörung am 23.1.2017 – Die 9. Novelle des Gesetzes gegen Wettbewerbs-beschränkungen (GWB)).

Podszun, Rupprecht/de Toma, Michael: Die Durchsetzung des Datenschutzes durch Verbraucherrecht, Lauterkeitsrecht und Kartellrecht, NJW 2016, S. 2987-2994 (zitiert: *Podszun/de Toma*, NJW 2016).

Podszun, Rupprecht/Kersting, Christian: Eine Wettbewerbsordnung für das digitale Zeitalter – Wie lässt sich die kartellrechtliche Missbrauchsaufsicht modernisieren?, ZRP 2019, S. 34-38 (zitiert: *Podszun/Kersting*, ZRP 2019).

Podszun, Rupprecht/Schwalbe, Ulrich: Digitale Plattformen und GWB-Novelle: Überzeugende Regeln für die Internetökonomie?, NZKart 2017, S. 98-106 (zitiert: *Podszun/Schwalbe*, NZKart 2017).

Pomana, Andrea/Schneider, Maren: Wettbewerbsrecht und Datenschutz: Facebook im Visier des Bundeskartellamtes, BB 2018, S. 965-975 (zitiert: *Pomana/Schneider*, BB 2018).

Rempe, Christoph: Marktmachtmissbrauch durch Datenschutzverstöße, K&R 2017, S. 149-153 (zitiert: *Rempe*, K&R 2017).

Richter, Philipp: Datenschutz durch Technik und die Grundverordnung der EU-Kommission, DuD 2012, S. 576-580 (zitiert: *Richter*, DuD 2012).

Ritter, Franziska/Schwichtenberg, Simon: Die Reform des UKlaG zur Eliminierung des datenschutzrechtlichen Vollzugsdefizits – neuer Weg, neue Chancen?, VuR 2016, S. 95-102 (zitiert: *Ritter/Schwichtenberg*, VuR 2016).

Roßnagel, Alexander/Jandt, Silke: Rechtskonformes Direktmarketing – Gestaltungsanforderungen und neue Strategien für Unternehmen, MMR 2011, S. 86-91 (zitiert: *Roßnagel/Jandt*, MMR 2011).

Roßnagel, Alexander/Richter, Philipp/Nebel, Maxi: Besserer Internetdatenschutz für Europa – Vorschläge zur Spezifizierung der DS-GVO, ZD 2013, S. 103-108 (zitiert: *Roßnagel/Richter/Nebel*, ZD 2013).

Säcker, Franz Jürgen/Schmidt-Preuß, Matthias (Hrsg.): Grundsatzfragen des Regulierungsrechts, Baden-Baden 2015 (zitiert: *Autor*, in: Säcker/Schmidt-Preuß, Grundsatzfragen des Regulierungsrechts).

Satzky, Horst: Missbrauchsaufsicht und Verbraucherschutz im GWB, NZKart 2018, S. 554-560 (zitiert: *Satzky*, NZKart 2018).

Schmitt, Christian: Datenschutzverletzungen als Wettbewerbsverstöße? – Kritische Betrachtungen der neuen DSGVO unter strafrechtlichen und wettbewerbsrechtlichen Gesichtspunkten, WRP 2019, S. 27-33 (zitiert: *Schmitt*, WRP 2019).

Schneider, Jochen: Anmerkung zu OLG Karlsruhe, Urt. v. 9. 5. 2012 – 6 U 38/11, NJW 2012, S. 3315-3316 (zitiert: *Schneider*, NJW 2012).

Schröter, Helmuth/Jakob, Thinam/Klotz, Robert/Mederer, Wolfgang (Hrsg.): Kommentar zum Europäischen Wettbewerbsrecht, 2. Auflage, Baden-Baden 2014 (zitiert: *Bearbeiter*, in: Schröter/Jakob/Klotz/Mederer, EU-WettbR).

Schulte, Josef/Just, Christoph: Kommentar zum Kartellrecht – GWB, Kartellvergaberecht, EU-Kartellrecht, 2. Auflage, Köln 2016 (zitiert: *Bearbeiter*, in: Schulte/Just, Kartellrecht).

Schweitzer, Heike: Datenzugang in der Datenökonomie: Eckpfeiler einer neuen Informationsordnung, GRUR 2019, S. 569-580 (zitiert: *Schweitzer*, GRUR 2019).

Schweitzer, Heike/Haucap, Justus/Kerber, Wolfgang/Welker, Robert: Modernisierung der Missbrauchsaufsicht für marktmächtige Unternehmen – Endbericht – Projekt im Auftrag des Bundesministeriums für Wirtschaft und Energie (BMWi), https://www.bmwi.de/Redaktion/DE/Publikationen/Wirtschaft/modernisierung-der-missbrauchsaufsicht-fuer-marktmaechtige-unternehmen.pdf?__blob=publicationFile&v=15, Abrufdatum: 4.07.2019 (zitiert: *Schweitzer/Haucap/Kerber/Welker*, Modernisierung der Missbrauchsaufsicht für marktmächtige Unternehmen).

Simitis, Spiros/Hornung, Gerrit/Spiecker, Indra (Hrsg.): Datenschutzrecht: DSGVO mit BDSG, 1. Auflage, Baden-Baden 2019 (zitiert: *Bearbeiter*, in: Simitis/Hornung/Spiecker, DS-GVO/BDSG).

Stelkens, Paul/Bonk, Heinz Joachim/Sachs, Michael: Kommentar zum Verwaltungsverfahrensgesetz, 9. Auflage, München 2018 (zitiert: *Bearbeiter*, in: Stelkens/Bonk/Sachs, VwVfG).

Specht, Louisa/Mantz, Reto: Handbuch Europäisches und deutsches Datenschutzrecht, 1. Auflage, München 2019 (zitiert: *Bearbeiter*, in: Specht/Mantz, Handbuch DS-GVO).

Steinrötter, Björn: Feuertaufe für die EU-Datenschutz-Grundverordnung – und das Kartellrecht steht Pate, EWS 2018, S. 61-71 (zitiert: *Steinrötter*, EWS 2018).

Swire, Peter/Lagos, Yianni: Why the Right to Data Portability Likely Reduces Consumer Welfare: Antitrust and Privacy Critique, Maryland Law Review 2013, S. 335-380 (zitiert: *Swire/Lagos*, Maryland Law Review 2013).

Sydow, Gernot (Hrsg.): Europäische Datenschutzgrundverordnung, 2. Auflage, Baden-Baden 2018 (zitiert: *Bearbeiter*, in: Sydow, DS-GVO).

Taeger, Jürgen/ Gabel, Detlev: DSGVO und BDSG, 3. Auflage, Frankfurt a.M. 2019 (zitiert: *Bearbeiter*, in: Taeger/Gabel, DS-GVO/BDSG).

Tavanti, Pascal: Datenverarbeitung zu Werbezwecken nach der Datenschutz-Grundverordnung (Teil 2), RDV 2016, S. 295-306 (zitiert: *Tavanti*, RDV 2016).

Telle, Sebastian: Big Data und Kartellrecht, InTeR 2017, S. 3-10 (zitiert: *Telle*, InTeR 2017).

ders.: Konditionenmissbrauch durch Ausplünderung von Plattform-Nutzerdaten, WRP 2016, S. 814-820 (zitiert: *Telle*, WRP 2016).

Thomas, Stefan: Wettbewerbsschutz in der digital economy: Verbraucherschutz durch AGB-Kontrolle im Kartellrecht?, NZKart 2017, S. 92-98 (zitiert: *Thomas*, NZKart 2017).

Tinnefeld, Marie-Theres/Buchner, Benedikt/Petri, Thomas/Hof, Hans-Joachim (Hrsg.): Einführung in das Datenschutzrecht – Datenschutz und Informationsfreiheit in europäischer Sicht, 7. Auflage, Berlin/Bosten 2019 (zitiert: *Autor*, in: TBPH, Einführung in das Datenschutzrecht).

Uecker, Philip: Die Einwilligung im Datenschutzrecht und ihre Alternativen – Mögliche Lösungen für Unternehmen und Vereine, ZD 2019, S. 248-251 (zitiert: *Uecker*, ZD 2019).

Von Landmann, Robert/Rohmer, Ernst: Kommentar zum Umweltrecht, 89. EL, München 2019 (zitiert: *Bearbeiter*, in: Landmann/Rohmer, UmweltR).

Von Lewinski, Kai: Kartellrecht als neues Instrument des Datenschutzes, DSB 2016, S. 78-79 (zitiert: *V. Lewinski*, DSB 2016).

Von Lewinski, Kai/Herrmann, Christoph: Vorrang des europäischen Datenschutzrechts gegenüber Verbraucherschutz- und AGB-Recht – Teil 1: Materielles Recht, PinG 2017, (zitiert: *V. Lewinski/Hermann*, PinG 2017).

dies.: Vorrang des europäischen Datenschutzrechts gegenüber Verbraucherschutz- und AGB-Recht – Teil 2: Aufsichtsbehörden, PinG 2017, (zitiert: *V. Lewinski/ Hermann*, PinG 2017).

Von der Groeben, Hans/Schwarze, Jürgen/Hatje, Armin: Europäisches Unionsrecht, 7. Auflage, Baden-Baden 2015 (zitiert: *Bearbeiter*, in: von der Groeben/ Schwarze/Hatje, EuUnionsR).

Weichert, Thilo: Datenschutz im Wettbewerbs- und Verbraucherrecht, VuR 2006, S. 377-383 (zitiert: *Weichert*, VuR 2006).

Weitbrecht, Andreas: Eine neue Ära im Kartellschadensersatzrecht – Die 9. GWB-Novelle, NJW 2017, S. 1574-1578 (zitiert: *Weitbrecht*, NJW 2017).

Wendehort, Christiane/ Graf von Westphalen, Friedrich: Das Verhältnis zwischen Datenschutz-Grundverordnung und AGB-Recht, NJW 2016, S. 3745-3750 (zitiert: *Wendehorst/Graf von Westphalen*, NJW 2016).

Wolff, Heinrich Amadeus: UWG und DS-GVO: Zwei separate Kreise? – Qualifizierung von Datenschutzbestimmungen der DS-GVO als Marktverhaltensregelungen i.S.v. § 3a UWG, ZD 2018, S. 248-252 (zitiert: *Wolff*, ZD 2018).

Wolff, Heinrich Amadeus /Brink, Stefan: Beck-Online-Kommentar Datenschutzrecht, 28. Edition, München 2019 (zitiert: *Bearbeiter*, in: BeckOK Datenschutzrecht).

Ylinen, Johannes: Die Wahrheitspflicht in der Fusionskontrolle – Überblick und praktische Bedeutung für Unternehmen und Anwälte aus Anlass der Bußgeldentscheidung Facebook / Whatsapp, NZKart 2017, S. 421-425 (zitiert: *Ylinen*, NZKart 2017).

Zech, Herbert: Durchsetzung von Datenschutz mittels Wettbewerbsrecht?, WRP 2013, S. 1434-1436 (zitiert: *Zech*, WRP 2013).

www.ingramcontent.com/pod-product-compliance
Ingram Content Group UK Ltd.
Pitfield, Milton Keynes, MK11 3LW, UK
UKHW021938290926
8980IPUK00016B/1699

9 783631 850770